프렌즈
테마여행
시리즈
003

멍캉스 대백과

시바견문록 지음

중앙books

작가의 말

5년 전 추운 겨울, 코로나19로 온 세계가 난리가 났다. 나는 예전처럼 자유롭게 다니지 못했고 활동 반경 역시 좁혀야 했다. 그렇게 1년여를 몸 사리며 살았다. 퇴근 후에는 곧장 집으로 와야 했고, 주말에도 약속 없이 집에 있을 때가 많았다. '밖순이'가 '집순이'가 되어 버렸다. 하지만 집순이 생활도 나쁘지는 않았다. 당시 푹 빠졌던 취미가 강아지 랜선 집사 역할이었다.

'강아지를 한 마리 데려와볼까?' '아니야, 내가 무슨. 책임감이 강해야 하잖아.' '나중에 퇴직하고 키우면 되지 뭘.' '강아지 키우면 해외여행도 마음대로 못 가니깐.' '그런데 코로나 때문에 해외여행은 자주 갈 수 있을까? 앞으로 평생 마스크 쓰고 다녀야 한다는데….' 이런 생각들이 꼬리에 꼬리를 물다가 결국 '강아지 입양' 생각에 잠까지 설치게 되었다. 코로나로 변한 일상이 강아지를 갈망하는 마음에 불을 지펴버린 것이다. 2020년 12월 31일 얕은 눈발이 흐드러지던 날, 경기도 양평의 어느 한 가정에서 이제 갓 2개월을 넘긴 통통한 시바견 '로니'를 그렇게 데려오게 되었다.

세계 55개국을 배낭 하나 메고 다니며 청춘을 여행으로 채워나가던 시절이 있었다. 하지만 브레이크가 걸린 상황이다. '에잇, 코로나로 해외여행이 어려우면 국내 여행이라도 많이 다니지 뭐. 로니와 함께.' 그렇게 로니는 3개월 퍼피 시절부터 캠핑, 여행을 숱하게 다니기 시작했다. 한 달에 한 번은 캠핑을, 캠핑 쉬는 주간에는 여행을. 강원도에서 제주도까지, 인천에서 울릉도까지 전국을 누볐다.

이 책은 반려견과 함께 갈 수 있는 국내 여행지를 엮은 것이다. 반려견과의 여행을 어떻게 시작할지 모르는 분들, 집 주변 산책이 아닌 새로운 곳에서 함께 추억을 쌓고 싶은 분들, 가까운 여행지뿐 아니라 전국 곳곳을 돌아다니고 싶은 분들께 도움이 될 것이다. 앞으로 반려견과 행복하고 즐거운 여행을 하기를 진심으로 응원한다.

마지막으로, 로니와의 여행에 동참해 준 가족, 친구들에게 감사를 표하며 멋진 책이 나올 수 있도록 여러모로 힘써주신 허진 에디터, 권경덕 디자이너께도 깊은 감사의 인사를 전한다.

2025년 9월 23일
시바견문록

일러두기

이 책의 정보는 2025년 9월까지 수집한 정보를 담고 있습니다. 그러나 여행지 정보는 수시로 변하기에 책 속 운영시간과 요금 등의 정보 역시 바뀔 수 있습니다. 특히 반려견 동반 가능 여부는 더욱 유동적입니다. 어제까지 가능했던 곳이 오늘은 불가능으로 바뀌는 경우도 있고, 그 반대인 경우도 있습니다. 이를 감안하여 여행 계획을 세우시길 바라며, 혹여나 틀린 정보가 있다면 아래 이메일로 연락을 주시기 바랍니다. 정확한 정보에 귀 기울이겠습니다.

저자 이메일 hakueiii@naver.com

책의 구성

이 책은 크게 세 개의 파트로 구성된다. **PART 1 어디 갈지 계획하개! 추천 여행지**에서는 계절별, 테마별로 다양한 반려견 동반 여행지를 추천한다. 봄, 여름, 가을, 겨울 등 계절과 어울리는 명소를 소개하고, 반려견과 함께하는 해수욕장, 테마파크, 산책로, 캠핑장 등 다양한 테마 여행을 제안한다. 또한, 애견 동반이 가능한 식당, 쇼핑몰, 숙소 등의 정보를 함께 수록하여 여행을 더욱 풍성하게 만들어 준다.

PART 2 멍캉스를 떠나보개! 여행 실전에서는 전국 각 지역별로 당일치기, 1박 2일 등 일정별 추천 코스를 소개하여 반려인들이 더욱 효율적으로 여행을 계획할 수 있도록 도왔다. 또한 지역별 대표 관광지는 물론, 근처 맛집 및 카페 정보, 추가로 들르면 좋을 주변 명소 정보도 함께 제공하여 독자들이 자신만의 여행 호흡에 따라 자유롭게 여행 일정을 구성할 수 있도록 했다.

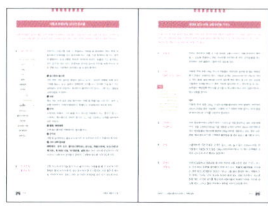

PART 3 떠나기 전 숙지하개! 여행 준비에서는 반려견과 함께 여행을 떠나기 전 필수적으로 알아야 할 사항들을 정리했다. 반려인의 의무와 펫티켓, 반려견 여행 필수 준비물, 응급상황에 대비한 안전수칙, 그리고 교통수단별(자차/대중교통/뚜벅이) 여행 팁까지 실용적인 정보를 담아 여행을 철저히 준비할 수 있도록 구성했다.

책 속 주인공, 로니를 소개합니다

로니는 2020년 10월 30일 경기도 양평의 한 가정집에서 태어났습니다. 블랙탄 아빠 '짱'과 적시바 엄마 '보리' 사이 3남 1녀 중 막내로 세상의 빛을 보았습니다. 그리고 태어난 지 63일째가 되던 날 엄마, 아빠 품을 떠나 저희 집으로 왔습니다.

- 견종은 시바이누입니다. 어릴 때는 입 주변이 짜장 묻은 듯 검어서 시고르자브종, 똥개 소리를 많이 들었습니다.

- 성별은 암컷입니다. 하지만 생김새 때문에 열에 아홉은 수컷으로 오해합니다(제가 봐도 수컷 같아 보입니다…).

- 사람과 개를 무척 좋아합니다. 아는 척하는 사람을 만나면 집까지 따라갈 기세고, 지나가는 개들에게도 인사를 꼭 하고 싶어 합니다.

- 온순한 편입니다. 사납거나 짖는 개를 보면 같이 덤비는 것이 아니라 모른 척 고개를 돌리고 피합니다. 반면 순한 개들에게는 부담스러울 정도로 들이댑니다.

- 집 밖에서만 배변하는 실외 배변견이라 매일 하루도 빠짐없이 2~3번 산책을 나갑니다. 비가 와도, 태풍이 불어도, 천둥번개가 쳐도, 폭설이 내려도….

반려견과 함께하는 안전 여행 가이드

반려견과의 여행은 꽤나 즐거우면서도 낭만적이다. 집 주변 산책 장소를 떠나 멀리 낯선 곳에서 함께 여행을 하고 경험을 공유한다는 건 형용할 수 없는 소중한 추억이 된다. 이러한 여행이 더욱 즐거우려면 아래 사항을 숙지하도록 하자.

첫째,
반려견의 체력을 고려해야 한다. 사람끼리 여행한다면 이곳저곳 많이 다닐 수 있지만 반려견 동반 시에는 이야기가 달라진다. 보통 강아지는 사람보다 체력이 약하기 때문에 산책이 좀 길다 싶으면 충분한 휴식을 제공해야 한다. 따라서 PART 2의 일정별 추천 코스는 하루에 많은 장소를 담지 않고, '반려견 동반 여행'이라는 콘셉트에 맞게 적절히 구성했다.

둘째,
장거리 이동 시 휴게소에 자주 들러야 한다. 장거리 이동 자체가 반려견에게 큰 스트레스가 될 수 있으므로, 최소 2시간마다 휴게소에 들러 가벼운 산책과 휴식을 취하게 하자. 요즘은 반려견 쉼터가 있는 고속도로 휴게소(P.031)도 많으니 출발 전 체크하고 가면 좋다.

셋째,
평소보다 식사 관리 및 수분 섭취에 신경 써야 한다. 많은 반려견들이 평소 먹던 사료를 여행 중에는 잘 먹지 않는 경향이 있다. 하지만 사료를 안 먹는다고 간식을 계속 주면, 여행을 마치고 집에 돌아왔을 때 사료를 거부하는 사태가 발생한다. 여행 중 식사 관리에 신경 쓰고, 물병을 항상 소지하여 신선한 물을 수시로 공급하자.

이 책의 활용법

스폿 소개글 하단의 아이콘은 ● 주소, ● 전화번호, ● 홈페이지, ● 운영 시간, ● 요금, ● 소요 시간, ● 애견 동반 정보를 나타냅니다. 아이콘을 참고하여 각 여행지의 기본 정보를 한눈에 확인해보세요.

스폿명 옆에 **별표(☆)**가 표시된 장소는 제휴 할인 및 서비스 쿠폰이 제공되는 곳입니다. 해당 쿠폰은 책 맨 뒤 페이지에 별도로 수록되어 있으니, 여행 시 적극 활용하시기 바랍니다.

002	…………	작가의 말
003	…………	일러두기
003	…………	책의 구성
004	…………	책 속 주인공, 로니를 소개합니다
005	…………	반려견과 함께하는 안전 여행 가이드
005	…………	이 책의 활용법

PART 1
어디 갈지 계획하개!

추천 여행지

제철에 떠나개! 계절별 명소

012	…………	꽃향기와 따스한 햇살을 만끽하개, 봄
014	…………	무더위를 시원하게 날리개, 여름
016	…………	선선한 바람을 만끽하개, 가을
018	…………	하얀 눈 속에서 동화를 펼치개, 겨울

취향 따라 떠나개! 테마별 명소

020	…………	멋진 사진 남겨보개, 견생샷 명소
022	…………	개캉스 떠나보개, 반려동물 전용 해수욕장
024	…………	일상에 활력을 더하개, 이색 체험·액티비티
026	…………	발맞추어 함께 걷개, 반려견 산책로
028	…………	별 보며 야영하개, 반려견 동반 캠핑장
030	…………	목줄 벗고 뛰어놀개, 반려견 테마파크
031	…………	[Special Page] 잠시 머물러 쉴 수 있개, 펫프렌들리 휴게소

눈치 보지 말고 함께하개! 식당·쇼핑·숙소

032	…………	함께 먹어서 더 맛있개, 애견 동반 식당·카페
034	…………	쇼핑하며 기분 전환하개, 애견 동반 쇼핑몰
036	…………	발 뻗고 편히 자개, 반려견 동반 숙소

PART 2
멍캉스를 떠나보개!

여행 실전

서울·경기·인천

일정별 추천 코스

041	…………	하루면 충분하개! 당일치기
045	…………	주말을 이용하개! 1박 2일
050	…………	서울
065	…………	수원
072	…………	이천
075	…………	양평
079	…………	용인
086	…………	하남
088	…………	평택
091	…………	안산
092	…………	화성
100	…………	시흥
101	…………	안성
103	…………	여주
106	…………	오산
108	…………	의왕
110	…………	구리

111	…………	남양주
112	…………	동두천
114	…………	가평
114	…………	포천
118	…………	파주
122	…………	고양
123	…………	인천
063	…………	[Special Page] 서울 윈터페스타 BEST 5
071	…………	[Special Page] 수원 스타필드 반려견과 함께 즐기기
083	…………	[Special Page] 롯데프리미엄아울렛 기흥점 즐기기
087	…………	[Special Page] 하남 스타필드 반려견과 함께 즐기기
093	…………	[Special Page] 루나쇼
099	…………	[Special Page] 제부도 즐기기
109	…………	[Special Page] 롯데프리미엄아울렛 의왕점 즐기기
113	…………	[Special Page] 니지모리 스튜디오 즐기기
131	…………	[Special Page] 더위크앤리조트 즐기기

강원도

일정별 추천 코스

133	…………	하루면 충분하개! 당일치기
138	…………	주말을 이용하개! 1박 2일
144	…………	평창
148	…………	춘천
156	…………	횡성
158	…………	홍천
161	…………	정선
165	…………	강릉
169	…………	철원
172	…………	인제
173	…………	태백
176	…………	고성
181	…………	속초
189	…………	양양
191	…………	영월
194	…………	삼척
195	…………	동해
149	…………	[Special Page] 반려견과 남이섬을 즐기는 방법 BEST 6
159	…………	[Special Page] 홍천 소노펫 알차게 즐기는 방법
163	…………	[Special Page] 정선아리랑시장 먹거리
164	…………	[Special Page] 반려견과 하이원 알차게 즐기기
179	…………	[Special Page] 켄싱턴리조트 설악밸리 즐기기
183	…………	[Special Page] 아바이마을의 볼거리
185	…………	[Special Page] 대포항 알차게 둘러보기
187	…………	[Special Page] 속초관광수산시장 대표 먹거리

충청도

일정별 추천 코스

197	…………	하루면 충분하개! 당일치기

199	주말을 이용하개! 1박 2일
202	대전
203	청주
207	진천
208	충주
211	아산
212	서산
213	예산
216	천안
217	태안
215	[Special Page] 예산시장 먹거리 이것만은 알고 가자!

전라도

일정별 추천 코스

225	하루면 충분하개! 당일치기
228	주말을 이용하개! 1박 2일
232	군산
238	전주
242	임실
243	고창
245	광양
246	순천
248	목포
248	신안
249	여수
237	[Special Page] 군산에 왔으면 짜장면 or 짬뽕
239	[Special Page] 전주한옥마을 한 바퀴 이렇게!
251	[Special Page] 이순신광장 먹거리
255	[Special Page] 서시장 먹거리 리스트
259	[Special Page] 유탑마리나에서 멍캉스 즐기기

경상도

일정별 추천 코스

261	하루면 충분하개! 당일치기
266	주말을 이용하개! 1박 2일
272	대구
277	부산
282	의성
283	청송
287	영양
288	울진
290	경주
302	포항
306	하동
307	통영
311	거제
285	[Special Page] 달기약수터 대표 약수탕 6곳
291	[Special Page] 황리단길 대표 먹거리 BEST 5

301	…………	[Special Page] 더케이호텔 경주 즐기기
310	…………	[Special Page] 통영의 식도락

제주도

일정별 추천 코스
315	…………	주말 끼고 알차개! 2박 3일
318	…………	서두르지 말고 여유롭개! 4박 5일
320	…………	제주
325	…………	서귀포

제주도 여행 준비
338	…………	이동 수단
342	…………	반려견 동반 식당
344	…………	반려견 동반 카페
346	…………	반려견 동반 숙소/운동장
332	…………	[Special Page] 애견 동반 가능 오름 BEST 7
334	…………	[Special Page] 섬 안의 섬, 우도
337	…………	[Special Page] 제주 핫플레이스를 티켓 하나로!

울릉도·독도

일정별 추천 코스
349	…………	주말 끼고 알차개! 2박 3일
350	…………	조금 더 여유롭개! 3박 4일
351	…………	울릉도
361	…………	독도

울릉도 여행 준비
364	…………	이동 수단
367	…………	여행 시 유용한 앱
367	…………	울릉도 물가
368	…………	반려견 동반 식당/카페
369	…………	반려견 동반 숙소
361	…………	[Special Page] 완벽한 독도 여행을 위한 STEP 6

PART3
떠나기 전 숙지하개!

여행 준비

372	…………	안전하게 대비하개, 안전수칙
373	…………	이것만은 지키개, 반려인의 의무와 펫티켓
374	…………	이렇게 준비하개, 반려견 준비물
375	…………	제대로 알고 타개, 교통수단별 가이드
376	…………	인덱스
379	…………	쿠폰

PART 1

어디 갈지
계획하개!

추천 여행지

제철에 떠나개! 계절별 명소

꽃향기와 따스한 햇살을 만끽하개 ▶ 봄

봄이 되면 웅크렸던 꽃망울이 만개하고 이에 발맞춰 전국 각지에서 꽃축제가 열린다. 이 중 반려견 동반으로 가볼 만한 봄꽃 명소, 봄꽃 축제를 몇 군데 소개한다.

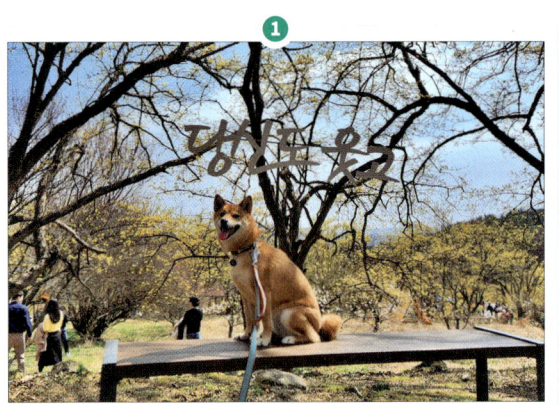

산수유꽃축제(경기 이천)

수도권 대표 봄꽃 축제로 밝고 화사한 노란 산수유꽃을 만날 수 있다. (P.072)

가실벚꽃길(경기 용인)

에버랜드와 호암미술관을 오가는 벚꽃 터널과 주변의 산에 빽빽이 피어 있는 벚꽃이 장관이다. (P.079)

③

미사 경정공원(경기 하남)
봄에 겹벚꽃이 예쁘게 피는 공원이며 이국적인 풍경을 즐길 수 있어 나들이 장소로 사랑받는다. (P.088)

④

무심천(충북 청주)
청주의 대표 벚꽃 명소로 하천 거리에 가득 피어 있는 벚꽃들을 만날 수 있다. (P.206)

⑤

각원사(충북 천안)
겹벚꽃과 수양벚꽃이 아름다운 사찰이다. 15m짜리 청동대불도 인상적인 곳. (P.217)

⑥

청보리밭 축제(전북 고창)
초록빛 물결이 바람에 따라 춤을 추는 곳. 4월부터 5월 중순 사이가 가장 예쁘다. (P.243)

⑦

매화마을 축제(전남 광양)
봄의 시작을 알리는 매화꽃 축제로 매년 100만 명이 넘게 찾는다. (P.245)

⑧

동촌유원지(대구)
봄철 벚꽃, 개나리 명소로 대구 시민들의 사랑을 받는 휴식처. 돗자리 들고 피크닉하기에 좋다. (P.272)

제철에 떠나개! 계절별 명소

무더위를 시원하게 날리개 ▶ **여름**

여름철은 야외 활동하기에 부담스러운 계절이다. 하지만 반려견과 계곡, 야간 명소, 여름꽃 명소 등을 찾아다닌다면 기분 좋은 여름을 보낼 수 있다.

방화수류정(경기 수원)
여름철 야간이 가장 예쁜 수원의 명소다.
풍류를 즐기며 한여름밤의 더위를 날리기에 제격. **(P.065)**

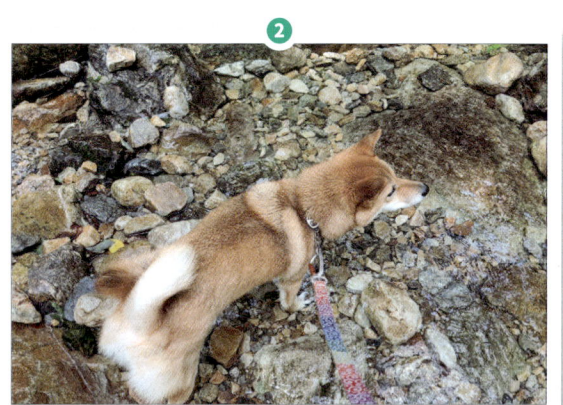

용문산 계곡(경기 양평)
반려견과 마음 편하게 찾을 수 있는 서울 근교의 계곡으로
근처의 용문사까지 다녀올 수 있다. **(P.077)**

❸ 내리문화공원(경기 평택)

약 20만 송이의 수국을 대규모 스케일로 감상할 수 있는 곳. 다양한 색의 수국이 있다. **(P.090)**

❹ 동탄호수공원 루나쇼(경기 화성)

매년 5월부터 10월 사이 금·토 저녁, 환상적인 야경 쇼 (멀티미디어 분수쇼)가 펼쳐진다. **(P.093)**

❺ 육백마지기(강원 평창)

6월 한 달 내내 샤스타데이지로 뒤덮여 마치 하얀 눈밭을 연상시키는 곳. **(P.144)**

❻ 아우라지(강원 정선)

시원한 강바람이 솔솔 불어와 더위를 잊게 해주는 아우라지. 얕은 강에 가볍게 발을 담글 수도 있다. **(P.161)**

❼ 팔공산 동산계곡(대구)

얕은 곳부터 깊은 곳까지 수심이 다양해, 반려견과 함께 물놀이를 즐기기에 좋은 계곡이다. **(P.276)**

❽ 보문정(경북 경주)

여름철 연못에 가득 피어 있는 연꽃과 화사한 배롱나무를 볼 수 있는 명소다. **(P.293)**

제철에 떠나개! 계절별 명소

선선한 바람을 만끽하개 ▶ 가을

가을은 여행하기에 가장 좋은 계절이다. 볼거리 또한 풍성하여 부지런히 여행 다닐 맛이 난다.
선선한 바람을 따라 가을 분위기를 마음껏 즐겨보자.

갯골생태공원(경기 시흥)
수도권의 억새, 갈대 명소로 산책로가 잘 되어 있다.
흔들 전망대는 필수. (P.100)

금광호수 하늘전망대(경기 안성)
전망대 위로 올라가면 호수 주변의 단풍이
한눈에 들어온다. (P.101)

❸ 당남리섬(경기 여주)
계절별 꽃들을 만날 수 있는 경관 단지로 가을엔 엄청난 규모의 코스모스를 만날 수 있다. (P.103)

❹ 강천섬(경기 여주)
경기도 대표 은행나무 명소로 드넓은 강천섬이 노란빛으로 물든다. (P.104)

❺ 안반데기(강원 강릉)
고랭지 배추밭이 만들어내는 이국적인 풍경. 배추를 출하하는 8~9월 풍경이 장관이다. (P.166)

❻ 장태산 자연휴양림(대전)
메타세쿼이아 숲으로 유명한 곳. 초록초록한 여름도 좋지만 가을에 가야 진면목을 볼 수 있다. (P.202)

❼ 청산수목원(충남 태안)
가을이 가장 예쁘다고 알려진 수목원. 사람 키보다 훨씬 큰 팜파스그래스와 핑크뮬리가 많이 피어 있다. (P.217)

❽ 첨성대(경북 경주)
첨성대 핑크뮬리 군락지는 경주의 가을 명소로 온 천지가 포토존이다. (P.292)

제철에 떠나개! 계절별 명소

하얀 눈 속에서 동화를 펼치개 ▶ **겨울**

겨울에 가장 매력적으로 빛나는 여행지들이 있다. 눈부신 설경과 오직 이 계절에만 마주할 수 있는 풍경이 기다리고 있기 때문이다. 춥다고 집에만 머무르지 말고 일단 밖으로 나가자.

니지모리 스튜디오(경기 동두천)
여권 없이 떠나는 일본 여행.
겨울철 눈 내릴 때의 풍경이 특히 아름답다. **(P.112)**

서울 윈터페스타(서울)
매년 12월부터 2월 사이에 열리는 서울 최대의 겨울 축제.
화려한 빛 축제를 반려견과 즐겨보자. **(P.062)**

③ 시몬스테라스(경기 이천)

8m짜리 초대형 트리가 있는 수도권 크리스마스 명소다. 바로 옆 시몬스 그로서리스토어 카페도 추천. (P.073)

④ 실버벨교회(강원 평창)

나지막한 언덕 위의 이국적인 교회로 인스타에서 유명한 핫플. (P.146)

⑤ 대관령 순수양떼목장(강원 평창)

겨울철 멋진 설경을 감상할 수 있는 양떼목장. 반려견 친화적이며 큰 규모의 애견 놀이터도 갖추고 있다. (P.146)

⑥ 고석정(강원 철원)

눈 쌓인 겨울 한탄강에 서 있는 고석바위. 그 절경이 절로 감탄을 자아내게 한다. (P.171)

⑦ 영월 섶다리(강원 영월)

겨울철 꽁꽁 언 주천강과 눈으로 뒤덮인 주변 풍경은 낭만 그 자체. (P.192)

⑧ 청송 얼음골(경북 청송)

우리나라 대표 겨울 여행지로 거대한 빙벽을 볼 수 있는 곳. (P.283)

취향 따라 떠나개! 테마별 명소

멋진 사진 남겨보개 ▶ **견생샷 명소**

반려견과 함께하는 여행은 어디서나 특별한 순간을 만들어낸다. 특히 아름다운 풍경 속에 선 반려견의 모습은 그 자체로 작품이 된다. 견생샷을 보장하는 스폿들을 소개한다.

임진각 관광지(경기 파주)
평화누리공원의 알록달록한 바람개비는
견생샷을 남기기에 최고의 장소다. **(P.118)**

요선암 돌개구멍(강원 영월)
바위에 있는 커다란 구멍들 사이에 앉아
견생샷을 남겨보자. **(P.193)**

③

정북동 토성(충북 청주)
일몰 무렵 방문하면 '나 홀로 나무'와 함께 멋진 사진을 찍을 수 있다. **(P.206)**

④

전촌용굴(경북 경주)
파도가 만들어놓은 해식동굴을 배경으로 사진을 찍으면 멋진 작품이 탄생할 것이다. **(P.299)**

⑤

곤륜산 활공장(경북 포항)
포항 바다가 내려다보이는 활공장. 푸른 바다와 하늘을 배경으로 이색 풍경을 담아보자. **(P.305)**

⑥

근포땅굴(경남 거제)
줄 서서 사진 찍는 웨이팅 포토존. 동굴 속으로 들어가 특별한 사진을 남겨보자. **(P.312)**

⑦

카페 울라(울릉도)
송곳봉과 울릉도 캐릭터 '울라'가 함께하는 울릉도 포토존. 반려견 독사진을 꼭 남겨보자. **(P368)**

반려견 사진 잘 찍는 법
사진 찍을 때 '앉아'를 시킨 뒤 간식이나 좋아하는 장난감을 들고 카메라를 보도록 유도한다. 삑삑 소리 나는 장난감이나 아이템으로 유도할 수도 있다. 삑삑 소리는 조용한 장소나 다른 사람들에게 방해되는 상황에서는 금물!

취향 따라 떠나개! 테마별 명소

개캉스 떠나보개 ▶ 반려동물 전용 해수욕장

여름휴가 하면 가장 먼저 떠오르는 여행지는 단연 해수욕장이다. 하지만 떠나기 전 확인해야 할 사항이 있다. 바로 해당 해수욕장에서 반려견의 '입수'가 허용되는지 여부다. 우리나라에서는 지자체별 조례에 따라 입수 가능 여부가 달라지므로, 사전에 꼼꼼히 확인해야 한다. 반려견 입수가 가능한 해수욕장을 소개한다.

멍비치(강원 양양)
우리나라에서 가장 핫한 반려견 동반 해수욕장. 일반 관광객과 분리된 공간에서 오프리시로 자유롭게 이용할 수 있다. (P.189)

꽃지해수욕장(충남 태안)
반려동물 친화 관광도시답게 반려견의 바다 입수를 허용하고 있다. 단 목줄은 필수이니 잊지 말자. (P.218)

명사해수욕장 댕수욕장(경남 거제)
반려견 운동장뿐 아니라 다양한 이벤트가 있는 곳. 경상권 반려인들의 뜨거운 호응을 얻고 있다. (P.313)

반려동물 입수 가능 해수욕장(2025년 9월 기준)

지역	해수욕장	주소	비고
경기권	방아머리해수욕장	안산시 단원구 대부북동	무료
	하나개해수욕장	인천 중구 하나개로 150(무의도)	무료
	동막해변	인천 강화군 화도면 해안남로 1481	무료
강원권	멍비치	양양군 현남면 광진리 78-20	유료, 오프리시 가능
	지경리해수욕장	양양군 현남면 지경리 22-6	무료
	동호해변	양양군 손양면 동호리 141-26	무료
	반비치	고성군 거진읍 자산천로 102-16	유료, 오프리시 가능
	명파해수욕장	고성군 현내면 명파4길 47	무료
	안목해변 펫비치	강릉시 창해로14번길 20-1	유료, 펫 전용 풀장 (해수욕장 입수는 불가)
충청권	대천해수욕장 펫비치	보령시 머드로 123	무료
	사창해수욕장	보령시 오천면 원산도리	무료
	왜목마을해수욕장	당진시 석문면 왜목길 26	무료
	꽃지해수욕장	태안군 안면읍 승언리	무료
	만리포해수욕장	태안군 소원면 만리포2길 138	무료
	꾸지나무골해수욕장	태안군 이원면 내리	무료
	갈음이해수욕장	태안군 근흥면 정죽리 산147-46	유료(사유지)
전라권	무슬목/모사금/장동/안도/거문도/옹천/낭도	여수시	무료
	명사십리해수욕장	완도군 신지면 명사십리길 85-105	무료
	율포해수욕장	보성군 회천면 우암길 24	무료
	가마미/송이도해수욕장	영광군	무료
	외달도해수욕장	목포시 외달도길 47-17	무료
	수문해수욕장	장흥군 안양면 수문용곡로 194	무료
	홀통/톱머리	무안군	무료
	구시포해수욕장	고창군 상하면 자룡리	무료
경상권	광안리해수욕장	부산 수영구 광안해변로 219	무료
	해운대해수욕장	부산 해운대구 해운대해변로 264	무료, 성수기 제한
	송정해수욕장	부산 해운대구 송정해변로 62	무료, 성수기 제한
	명사해수욕장 댕수욕장	거제시 남부면 명사해수욕장길	무료
	구산해수욕장 펫비치	울진군 기성면 기성로 108	유료
	흥환간이해수욕장	포항시 남구 동해면 호미로	무료
제주도	함도그비치	제주시 조천읍 조함해안로 519-10	무료

- 황갈색은 펫 전용 or 펫 지정 구역이 있는 해수욕장이다.
- 일부 오프리시 해변을 제외하고 전 해수욕장 **목줄, 리드줄 착용 필수!**
- 입수에 관한 규정이 없는 경우 민원 발생 시 입수가 제한될 수 있다.
- 반려동물 입수 가능 해수욕장 정보는 매년 업데이트되므로 방문 전 반드시 한 번 더 체크하자.

PART 1 ▸ 어디 갈지 계획하개! ▸ 추천 여행지

취향 따라 떠나개! 테마별 명소

일상에 활력을 더하개 ▶ 이색 체험·액티비티

평범한 여행이 아닌 색다른 체험을 원한다면 다음 여행지들을 주목하자.
애견 동반 찜질방부터 레일바이크, 고택 체험 등 다양한 체험이 기다린다.

휴일도(경기 이천)
반려견과 함께 찜질을 즐길 수 있는 찜질방.
공용 찜질방뿐 아니라 프라이빗 룸도 이용할 수 있다. **(P.075)**

남이섬 댕댕이 전기자전거(강원 춘천)
반려견과 전기자전거를 타고 남이섬 이곳저곳을
누빌 수 있다. **(P.149)**

❸

김유정 레일바이크(강원 춘천)
옛 경춘선을 따라 즐기는 레일바이크.
자연 풍경을 만끽하며 신나게 페달을 밟아보자. **(P.153)**

❹

구시포해수욕장(전북 고창)
반려견과 조개잡이를 할 수 있는
서해안 대표 해수욕장. **(P.244)**

❺

창실고택(경북 청송)
고택에서의 하룻밤을 보낼 수 있는 곳.
촌캉스 감성도 살짝 느낄 수 있다. **(P.286)**

❻

목포해상케이블카
케이블카(서해랑, 삼악산, 통영, 목포, 여수 등)
반려견 동반이 가능한 케이블카로, 방문 전 업체별
규정을 꼼꼼히 확인하자. **서해랑(P.098), 삼악산(P.150),
통영(P.308), 목포(P.248), 여수(P.249)**

PART 1 ▶ 어디 갈지 계획하개! ▶ 추천 여행지

취향 따라 떠나개! 테마별 명소

발맞추어 함께 걷개 ▶ 반려견 산책로

여행 중에도 반려견 산책은 빼놓을 수 없는 중요한 일과다. 특히 아름다운 풍경과 다양한 볼거리가 있는 곳에서는 일상적인 산책보다 더욱 큰 즐거움을 느낄 수 있다. 반려견과 함께 걷기 좋은 산책로 몇 곳을 소개한다.

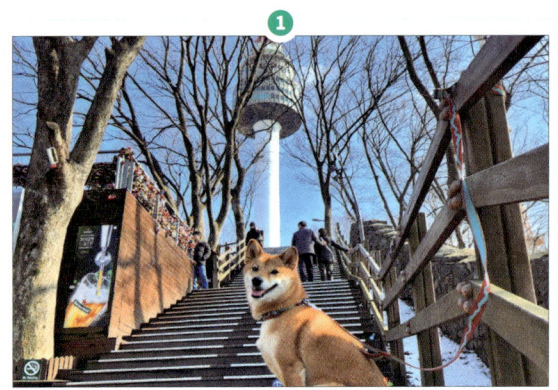

남산공원(서울)

서울 도심에 위치한 남산은 반려견과 함께 걷기 좋은 곳이다. 남산 서울타워까지 오르는 길에서 서울의 다이내믹한 모습을 눈에 담아보자. **(P.053)**

경의선 숲길(서울)

서울 마포구에서 시작해 용산구까지 이어지는 총 6.3km의 산책로. 일부 구간만 걸어도 힐링하는 기분을 느낄 수 있다. **(P.056)**

❸

영흥숲공원(경기 수원)
영흥수목원을 둘러싼 공원으로 사계절 내내
아름다운 풍경을 감상할 수 있다.
산책로 또한 아주 잘 닦여 있어 굿. **(P.070)**

❹

용담저수지(경기 용인)
저수지를 한 바퀴 돌며 산책, 휴식하기에 좋다.
날씨가 맑은 날에는 호수에 비친
하늘이 특히 인상적이다. **(P.080)**

❺

배다리생태공원(경기 평택)
평택 도심에 위치한 공원으로 수변 데크,
숲길이 잘 조성되어 있다. **(P.090)**

❻

공룡알 화석산지(경기 화성)
탁 트인 시화호 간척지 풍경을 감상하며
산책할 수 있는 곳. 경사가 없어 걷기 편하며 실제
공룡알 화석도 구경할 수 있다. **(P.092)**

❼

오산천(경기 오산)
여러 정원과 잔디밭이 있어 산책하며 쉬기 좋다.
돗자리를 가져오면 피크닉까지
즐길 수 있어 일석이조. **(P.107)**

❽

비내섬(충북 충주)
물억새 군락지로 걷는 내내 자연과 함께하는
느낌이 드는 산책 코스. 이른 아침에는
물안개도 볼 수 있다. **(P.208)**

취향 따라 떠나개! 테마별 명소

별 보며 야영하개 ▶ 반려견 동반 캠핑장

반려견과 함께하는 캠핑은 여행과는 또 다른 즐거움이 있다. 집을 떠나 낯선 곳에서 24시간을 함께 지내다 보면 유대감이 더욱 깊어지곤 한다. 같이 불멍을 즐기고, 텐트 안에서 나란히 잠들며, 산책도 마음껏 할 수 있다. 반려견 동반 캠핑, 꿈만 꾸지 말고 일단 실행에 옮겨 보자.

캠프202(충북 충주)
충주 비내섬이 내려다보이는 리버뷰 캠핑장. 웰컴 막걸리가 있으며 관리가 잘 돼 마니아가 많다. (P.209)

반려견 동반 캠핑 관련 사이트

❶ 예약 사이트
대표적으로 '땡큐캠핑', '캠핏', '캠핑톡'이 있다. 앱을 다운 받아 캠핑장 검색 필터에 '반려견 동반'을 체크하면 리스트를 확인할 수 있다. 체급별, 무게별 가능 여부를 반드시 체크하고 예약하도록 하자.

❷ 캠핑장 자체 운영 SNS
캠핑장 자체적으로 네이버 카페나 인스타그램을 운영하는 경우도 많다. 블로그나 유튜브에서 얻을 수 없는 정보를 네이버 카페에서 얻기도 한다. 인스타그램에서는 '애견동반캠핑장' 태그로 검색하면 많은 캠핑장이 나온다.

❸ 온라인 커뮤니티
네이버 카페 '애견캠퍼'에 많은 정보가 있다. 여러 반려견 동반 캠핑장 후기를 확인할 수 있고, 정기 캠핑 또는 번개 캠핑도 연다.

반려견 캠핑 준비물

필수 준비물은 반려견 캠핑 의자, 식기, 사료 및 간식, 배변봉투, 인식표다. 이 중 반려견 캠핑 의자는 반려견이 야외에서 편안히 쉬는 데 꼭 필요하다. 배변패드, 양치 도구, 펫티슈, 옷, 약 등은 선택 사항이니 상황에 맞게 준비하도록 하자.

멍우리협곡캠핑장(경기 포천)
한탄강 주상절리길에 위치한 캠핑장으로 사계절 내내 멋진 경치를 볼 수 있는 뷰맛집이다. (P.117)

개암벌용소관광농원(강원 홍천)
용소 계곡이 있어 여름철 시원한 물놀이를 즐길 수 있을 뿐 아니라 가을 단풍도 멋진 캠핑장. (P.160)

노추산 힐링캠프(강원 강릉)
큰 소나무들이 쭉쭉 뻗어 있는 곳으로 피톤치드를 듬뿍 마실 수 있다. 제대로 캠핑하는 느낌이 나는 곳. (P.166)

인제캠핑타운(강원 인제)
설악산이 보이는 캠핑장으로 웅장하면서도 아늑한 느낌이 있다. 사이트를 잘 고르면 프라이빗하게 즐길 수 있다. (P.172)

미산분교캠핑장(강원 인제)
개별 울타리가 있어 사이트 내에 풀어둘 수 있다. 여름철 계곡 물놀이가 가능한 캠핑장. (P.173)

의성 펫월드(경북 의성)
반려견 운동장, 수영장, 카페, 산책로 등을 갖춘 테마파크 겸 캠핑장. 개별 울타리가 있어 사이트 내에서 안전하게 즐길 수 있다. (P.282)

취향 따라 떠나개! 테마별 명소

목줄 벗고 뛰어놀개 ▶ 반려견 테마파크

집 근처가 아닌 새로운 장소에서 뛰어노는 것은 반려견에겐 색다른 경험이자, 재미와 건강을 동시에 챙길 수 있는 일석이조의 기회다.
수영장, 어질리티, 카페 등 업체마다 시설이 다르므로 잘 확인하여 출발하자.

❶

테일45(경기 용인)

5,000평 규모의 반려견 운동장이 있으며 카페와 레스토랑에서 식사를 할 수 있다. 프라이빗 공간 대관이 가능해 가족끼리 편하게 머물 수도 있다. **(P.085)**

❷

반려동물 테마파크(경기 오산)

오산시와 SBS TV '동물농장'이 업무 협약을 하여 2021년도에 개장한 테마파크다.
놀이터, 카페, 수영장 등 여러 펫 시설과 교육, 다양한 문화 체험을 할 수 있다. **(P.107)**

❸

송도 도그파크(인천)

송도 달빛축제공원에 있는 반려견 놀이터로 한 타임당 20명이 이용 가능해 쾌적하게 놀 수 있다. **(P.129)**

❹

의성 펫월드(경북 의성)

운동장, 수영장, 카페, 산책로, 캠핑장 등 여러 펫 시설이 있다. 시설이 좋기로 소문나 전국에서 방문한다. **(P.282)**

SPECIAL PAGE

잠시 머물러 쉴 수 있개, 펫프렌들리 휴게소

반려견 동반 여행객이 늘어나면서 고속도로 휴게소에도 반려인과 반려견을 위한 쉼터, 놀이터 시설이 점점 늘고 있다. 장거리 이동 중 휴식은 필수이니 적극 활용해 보자.

덕평자연휴게소

가평휴게소

오수휴게소

전국 펫프렌들리 휴게소

2025년 9월 기준, 반려견 놀이터 또는 펫존을 갖춘 펫프렌들리 휴게소 리스트다. 최근에 조성된 곳은 비교적 시설이 잘 갖춰진 편이지만, 간혹 관리가 미흡한 경우도 있으니 방문 전 인터넷 검색을 통해 확인하는 것이 좋다. 또한 공격적인 성향의 맹견, 질병이 있거나 발정 중인 반려견 등은 입장이 제한되므로 참고하자.

지역	휴게소(방향)	특징
경기권	매송휴게소(양방향)	놀이터, 모든 견종, 24시간
	남한강휴게소(양방향)	놀이터, *옐로우스탑, 모든 견종, 24시간, 반려견 동반 식사 공간
	용인휴게소(강릉 방향)	놀이터, 모든 견종, 08:00~20:00
	가평휴게소(양방향)	놀이터, *옐로우스탑, 모든 견종, 춘천 방향만 체급별 분리, 24시간
	덕평자연휴게소(양방향)	모든 견종, 체급별 분리, 10:00~19:00(동절기 ~18:00), 반려견 동반 식사 공간
	평택호휴게소(양방향)	놀이터, 모든 견종, 08:00~20:00
	시흥하늘휴게소(양방향)	펫존, 소·중형견, 08:00~19:30, 반려견 동반 식사 공간
	경기광주휴게소(광주 방향)	펫존, 모든 견종, 아무도 없개(반려용품 매장)
	마장프리미엄휴게소(통영 방향)	놀이터, *옐로우스탑, 모든 견종, 체급별 분리, 08:00~20:00, 반려견 동반 식사 공간
충청권	천안삼거리휴게소(서울 방향)	멍멍파크, 소·중형견, 24시간, 가방 지참 시 실내 입장 및 식사 가능(08:30~20:30)
	죽암휴게소(서울 방향)	멍멍파크, 모든 견종, 24시간, 반려견 동반 식사 공간
	신탄진휴게소(서울 방향)	놀이터, 모든 견종, 체급별 분리, 10:00~18:00(동절기 ~17:00)
	행담도휴게소(양방향)	놀이터, 모든 견종, 10:00~20:00(하절기 ~21:00), 일부 펜스 없음
	충주휴게소(양평 방향)	놀이터, 모든 견종, 24시간
	서산휴게소(목포 방향)	놀이터, 모든 견종, 24시간
	금왕휴게소(제천 방향)	놀이터, 모든 견종, 24시간
	단양팔경휴게소(부산 방향)	놀이터, 모든 견종, 24시간
전라권	오수휴게소(전주 방향)	놀이터, 모든 견종, 08:00~20:00(동절기 ~18:00), 반려견 동반 식사 공간
	군산휴게소(서울 방향)	놀이터, 모든 견종, 24시간
	정읍녹두장군휴게소(순천 방향)	놀이터, 모든 견종, 24시간, 반려견 동반 식사 공간
경상권	언양휴게소(서울 방향)	놀이터, 14kg 미만, 24시간
	추풍령휴게소(부산 방향)	테마파크 내, 모든 견종, 09:00~18:00(월요일 휴무)
	화서휴게소(상주 방향)	놀이터, 모든 견종, 24시간
	진주휴게소(부산 방향)	놀이터, 모든 견종, 체급별 분리, 10:00~21:00(동절기 ~18:00, 월요일 휴무)
	진영복합휴게소(부산 방향)	놀이터, *옐로우스탑, 모든 견종, 24시간
	문경휴게소(창원 방향)	놀이터, 8kg 미만, 24시간

* 옐로우스탑은 카페 겸 반려용품 판매 매장이다.
* 반려견 동반 식사 공간이 따로 없는 휴게소는 대부분 야외 테이블에서 강아지와 함께 식사할 수 있다.
* 위 리스트에 포함되지 않은 휴게소도 반려견과 함께 방문할 수 있다. 비록 놀이터나 펫 시설은 없지만 외부에서 가볍게 산책하는 정도는 가능하다.

눈치 보지 말고 함께하개! 식당·쇼핑·숙소

함께 먹어서 더 맛있개 ▶ 애견 동반 식당·카페

반려인의 수가 증가함에 따라 반려견과 함께 이용할 수 있는 식당과 카페도 점차 늘어나고 있다. 단, 반려견의 체급에 따라 입장이 제한되는 경우가 있으니, 방문 전 업체에 미리 확인하도록 하자.

*반려견 동반 가능 여부가 종종 변경될 수 있으니, 사전 문의 필수.

홍시(강원 홍천)
레스토랑 겸 카페로 모두 개별 룸으로 되어 있어 반려견과 편안히 식사를 할 수 있다. 피자, 파스타 등 음식 맛이 수준급이며 반려견 놀이터를 갖추고 있다. (P.158)

작가 코멘트

'애견 동반 식당', '애견 동반 카페'는 비반려인이 주로 오는 곳에 반려견을 동반하여 방문할 수 있다는 의미로, 애견 동반 고객이 주가 되는 것이 아니다. 따라서 개를 싫어하는 사람이 같은 공간에 있을 수 있으며 누군가는 노골적으로 불만을 드러내기도 한다. 그러므로 애견 동반 식당, 카페에서는 평소보다 펫티켓에 더욱 신경 써야 한다. 대표적인 것이 **짖음**이다. **사람 의자나 테이블에 강아지를 올리는 행동, 사람 전용 식기나 물컵을 반려견에게 주는 행동** 등도 하지 말아야 한다. 또한 실내에서 마킹하는 습관이 있는 반려견이라면 반드시 **매너벨트 또는 기저귀**를 채운 뒤 입장하기 바란다.

❷ 아날로그가든(서울)

홍대입구역 근처에 위치한 브런치 카페로 유럽, 호주, 중동 등 여러 국적의 브런치 메뉴를 만날 수 있다. 커피 역시 수준급이라 곁들이는 것을 추천한다. (P.056)

❸ 시몬스 그로서리스토어(경기 이천)

이천 시몬스테라스에 속해 있는 카페로 핫도그가 유명하다. 펫프렌들리하여 편안하게 머무를 수 있다. (P.073)

❹ 도깨비젤라또(강원 강릉)

강릉 주문진 '도깨비' 촬영지 앞에 있는 젤라토 가게다. 이탈리아 현지 젤라토보다 더 맛있는 젤라토를 맛볼 수 있으며 반려견 젤라토도 판매한다. (P.167)

❺ 칠성조선소(강원 속초)

실제 조선소를 개조한 카페로 속초 핫플 중 하나다. 2층에선 청초호가 내려다보이며 멍푸치노도 판매한다. (P.181)

❻ 룰스퀘어(충북 진천)

미래 농업 복합문화공간으로 카페, 레스토랑, 기프트숍, 스마트팜 등을 운영한다. 어느 잘 꾸며진 식물원에 들어와 있는 듯 분위기와 감성이 넘친다. (P.208)

반려동물 동반 출입 음식점 제도 시범 운영

2023년 4월부터 2년간 '규제샌드박스 시범 사업' 하에 반려동물 동반 출입 음식점 제도가 운영되었다. 현행법상 반려견과 사람이 카페나 식당에서 함께 음식을 먹는 것을 금지하고 있으나 반려동물을 키우는 인구가 꾸준히 늘며 정부도 새로운 변화에 대응하기 위해 규제샌드박스 시범 사업을 운영한 것이다. 그 결과 상당수 긍정적인 반응이 있었고, 2025년 4월 이를 법제화하기로 입법 예고한 상황이다. 앞으로 애견 동반식당 출입이 합법화될 조짐이다.

* 규제샌드박스: 새로운 기술이나 서비스가 기존 규제로 인해 시장 진입이 어려울 때 일정 기간 동안 규제를 완화해주는 제도.

눈치 보지 말고 함께하개! 식당·쇼핑·숙소

쇼핑하며 기분 전환하개 ▶ 애견 동반 쇼핑몰

반려동물 동반 문화가 확산하면서 애견 동반 쇼핑몰도 점차 늘어나는 추세다. 다만, 모든 시설을 이용할 수 있는 것은 아니며, 점포별로 규정이 다르니 유의해야 한다. 예를 들어 푸드코트, 영화관 등은 입장이 제한될 수 있으니 방문 전 출입 가능한 매장을 미리 확인하는 것이 좋다.

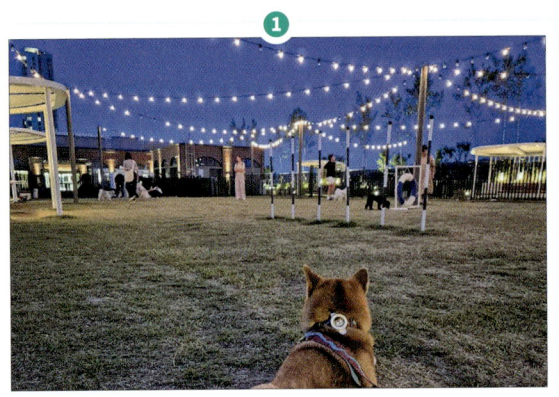

스타필드

국내 최초 애견 동반을 허용한 쇼핑몰이다. 하남, 고양, 수원, 안성점은 리드줄만 하고 다닐 수 있으며 펫파크도 있어 쇼핑 전후에 들르기 좋다.
하남(P.086), 수원(P.070), 안성(P.102)

기흥 롯데프리미엄아울렛(경기 용인)

펫파크와 펫그라운드(반려견 동반 식사 공간)가 있다. 외부 통로가 넓어서 반려견과 산책하기에도 부담 없다. **(P.082)**

❸ 동탄 타임테라스(경기 화성)

실내에서 리드줄만 하고 다닐 수 있으며 펫 동반 엘리베이터가 있어 이용하기 편리하다. 다만 2025년 현재 애견 동반 식음료 매장 및 공간은 따로 없다. **(P.096)**

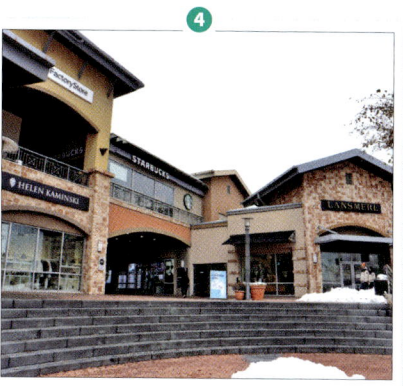

❹ 여주 신세계프리미엄아울렛(경기 여주)

애견 동반 식사 공간, 펫파크 등의 반려견 편의시설은 부족하지만 넓어서 산책하기에는 좋다. 명품 라인업이 잘 구성되어 있다. **(P.105)**

❺ 의왕 롯데프리미엄아울렛(경기 의왕)

이국적인 분위기의 쇼핑몰로 펫그라운드, 코코스퀘어 등이 입점되어 있어 쇼핑하기에 괜찮다. **(P.108)**

❻ 현대프리미엄아울렛 스페이스원(경기 남양주)

루프톱에 힌디하우스(놀이터)가 있으며, 반려견과 함께 식사할 수 있는 코코스퀘어가 있다. **(P.111)**

반려견 동반 쇼핑 시 주의 사항

❶ 사람들 통행에 방해되지 않도록 반려견 리드줄을 짧게 잡아야 한다. 반려견 '동반'이지 '전용'이 아님을 떠올리자.

❷ 배변 관리를 철저히 하자. 평소 마킹하는 습관이 있는 강아지라면 매너벨트는 필수다.

❸ 개모차 이용도 좋다. 바닥이 미끄러운 곳이나 강아지가 장시간 쇼핑을 힘들어할 경우 개모차 이용을 권장한다. 쇼핑몰에 따라 무료로 대여해 주기도 한다.

눈치 보지 말고 함께하게! 식당·쇼핑·숙소

발 뻗고 편히 자개 ▶ 반려견 동반 숙소

반려견 동반 숙소를 고를 때 가장 중요한 것은 체급별 혹은 무게별 제한 기준을 체크하는 것이다. 소형견이라면 웬만한 숙소에는 대부분 동반 가능하나 중형견과 대형견은 그렇지 않으니 손품을 팔아야 한다. 또한 털 빠짐이 있는 특정 견종(시바견, 웰시코기 등)은 받지 않는다거나 추가 요금을 요구하는 경우가 있으므로 예약 전 업체에 반드시 연락을 하도록 하자.

더케이호텔 경주(경북 경주)

4성급 호텔로 경주 여행 시 이동하기 편리한 위치에 있다. 넓은 반려견 운동장을 보유한 카페가 있어 뛰어놀기에 좋다. **(P.300)**

켄싱턴리조트 충주(충북 충주)

수도권에서 가깝고 가성비가 좋은 곳이다. 숙박객 대부분이 반려인일 정도로 펫 시설에 특화되어 있다. **(P.209)**

③ 켄싱턴리조트 설악밸리(강원 고성)
설악산 울산바위가 보이며 산책하는 것만으로도 힐링이 되는 곳. 펫파크가 펫숙소 바로 앞에 있어 이용하기에 편리하다. (P.178)

④ 더위크앤리조트(인천)
을왕리 해수욕장이 바로 앞에 위치해 있으며 다양한 부대시설을 반려견과 함께할 수 있다. (P.130)

⑤ 홍천 소노펫(강원 홍천)
비교적 시설이 좋으며 운동장, 띵킹독 카페뿐 아니라 식당(뷔페 포함)도 동반이 가능하다. (P.158)

⑥ 하이원 펫클럽(강원 정선)
전반적으로 펫프렌들리하여 지내는 데 불편함이 없다. 펫파크뿐 아니라 곤돌라, 카트 투어 등 다양한 애견 동반 놀거리가 있다. (P.162)

⑦ 유탑마리나호텔(전남 여수)
한 층이 모두 반려견 동반 객실로 운영되며 반려견과 함께 조식 뷔페를 즐길 수 있는 4성급 호텔. 애견 동반 요트 투어도 가능하다. (P.258)

애견 동반 숙소 찾는 방법

❶ 인터넷 검색
(블로그, 카페 글, 네이버 예약 등)
가장 기본적인 방법으로, 검색 시 '중형견', '대형견' 등의 서브 키워드를 넣으면 보다 정확한 숙소를 찾을 수 있다.

❷ 어플 활용
(반려생활, 여기어때, 야놀자 등)
'반려동물 동반' 필터 적용 후 검색하되, 무게를 꼼꼼히 체크해야 한다.

❸ 인스타그램
'XX(지역명)+애견동반숙소'로 검색하자.

❹ 에어비앤비
'반려동물'을 포함하여 검색하자.

PART 2

멍캉스를
떠나보개!

여행 실전

서울·경기·인천

서울은 반려견과 함께 여행하기에 좋은 도시다.
지하철 이동이 편리하며 즐길 거리, 볼거리가 무궁무진하다.
경기·인천 등 수도권은 자연 친화적 여행지가 많고, 보다 여유로운 분위기를 만끽할 수 있다.
원하는 여행 스타일(도시 탐방 vs 자연 속 힐링)에 따라 계획을 세워 떠나보자.

일정별 추천 코스 ▶ ## 하루면 충분하개! 당일치기

조선시대 한양으로 떠나는 서울 당일 투어 코스

통인시장 → 엽전도시락 → 북악스카이웨이 → 은평한옥마을 → 스페이스헬레나

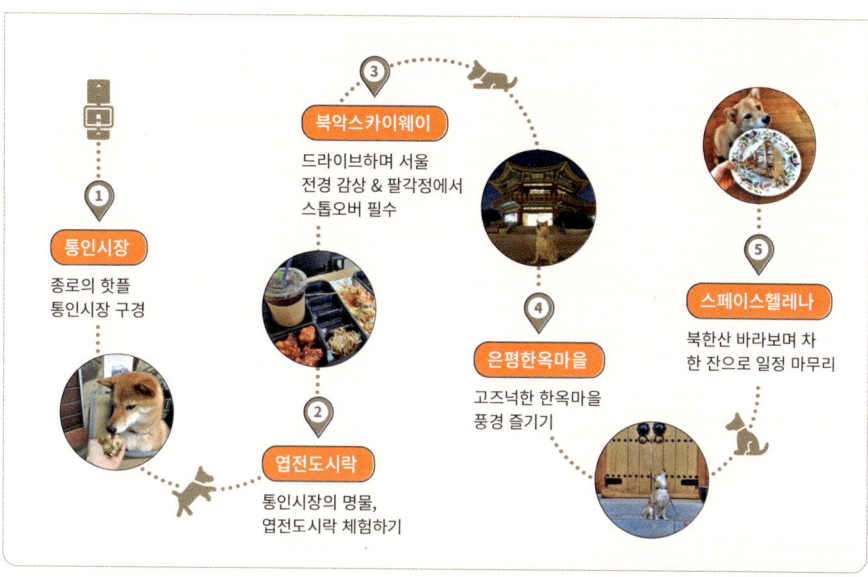

1. **통인시장** - 종로의 핫플 통인시장 구경
2. **엽전도시락** - 통인시장의 명물, 엽전도시락 체험하기
3. **북악스카이웨이** - 드라이브하며 서울 전경 감상 & 팔각정에서 스톱오버 필수
4. **은평한옥마을** - 고즈넉한 한옥마을 풍경 즐기기
5. **스페이스헬레나** - 북한산 바라보며 차 한 잔으로 일정 마무리

과거와 현재를 동시에 느낄 수 있는 서울

남산공원 → 남산산채집 → 서순라길 → 거처 → 낙산공원

1. **남산공원** - 반려견 산책 & 서울 전경 감상
2. **남산산채집** - 남산돈가스 먹방 가능한 반려견 동반 식당
3. **서순라길** - 과거와 현재가 공존하는 서울 느껴보기
4. **거처** - 서순라길에서 반려견과 휴식하며 커피 한 잔
5. **낙산공원** - 일몰 즐기기

일정별 추천 코스 ▶ **주말을 이용하개! 1박 2일**

서울 ❶

DAY 1 ▶ 은평한옥마을 ◀▶ 망원시장 ◀▶ 경의선 숲길 ◀▶ 북악스카이웨이
DAY 2 ▶ 동묘 구제시장 ◀▶ 서울숲 ◀▶ 성수동 편집숍 거리

DAY 1

1. **은평한옥마을** - 북한산이 보이는 한옥마을을 반려견과 걸어보기
2. **망원시장** - 반려견과 먹거리 투어하기 좋은 서울의 대표 시장
3. **경의선 숲길** - 걷기 좋은 길 산책 & 연남동 구석구석 구경
4. **북악스카이웨이** - 서울 야경 감상하러 드라이브 떠나기

DAY 2

1. **동묘 구제시장** - 온갖 희귀한 아이템 구경 & 구제옷 득템까지
2. **서울숲** - 피크닉 즐기며 공원에서 휴식 & 꽃사슴 구경
3. **성수동 편집숍 거리** - 개성과 감각이 넘치는 '핫플'

TIP 반려견과의 여행은 하루에 많은 것을 담기보다 여유롭게 다니는 것이 무엇보다 중요하다. 반려견 체력을 늘 고려하자.

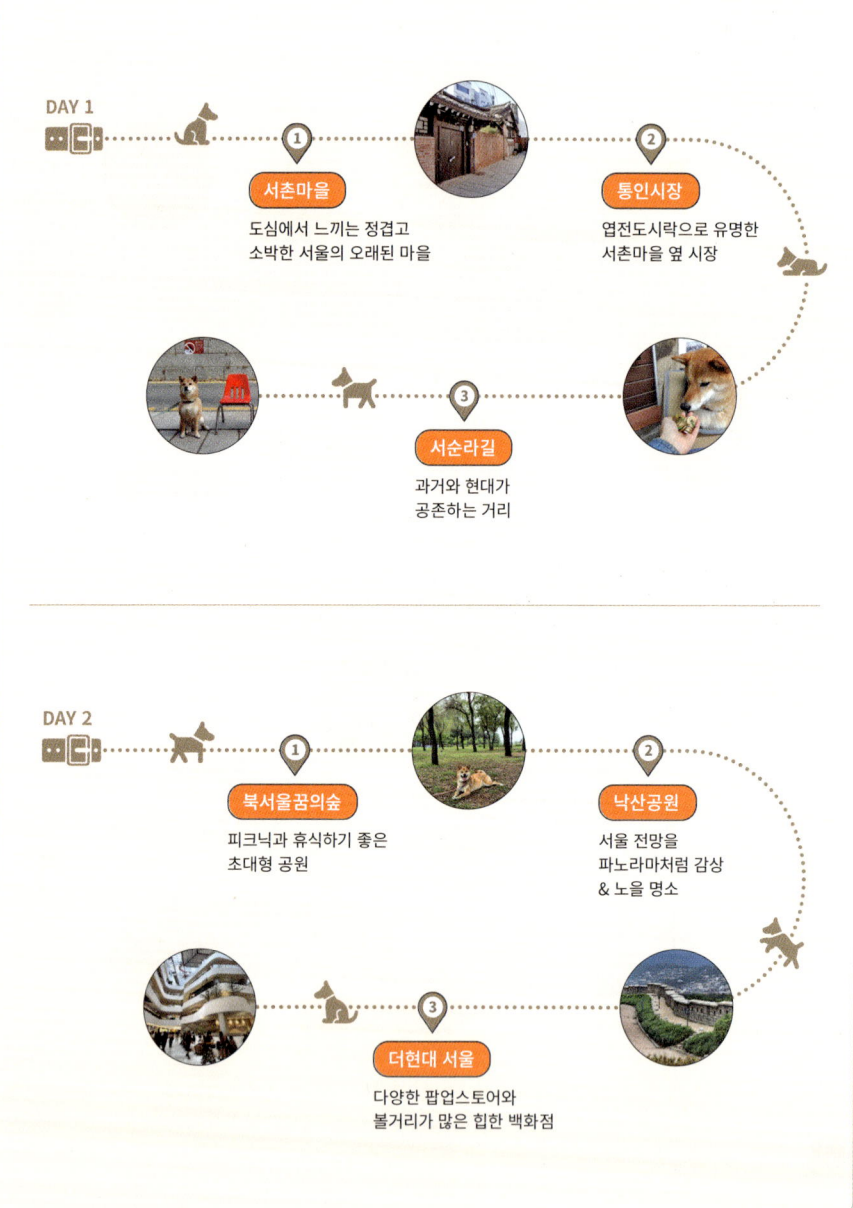

경기 동부

DAY 1 ▶ 양평 두물머리 ◀▶ 양평 용문사 ◀▶ 여주 당남리섬
DAY 2 ▶ 여주 강천섬 ◀▶ 용인 법륜사 ◀▶ 용인 용담저수지

DAY 1

① 양평 두물머리
아름다운 자연을 즐기며
산책 & 연핫도그

② 양평 용문사
애견 동반 가능 사찰 &
숲속 피톤치드 느끼기

③ 여주 당남리섬
계절별로 다양한 꽃을
감상할 수 있는 경관단지

DAY 2

① 여주 강천섬
견생샷 찍기 좋은
힐링 여행지

② 용인 법륜사
애견 동반 가능 사찰로
화려한 외관이 눈길을
사로잡는 곳

③ 용인 용담저수지
드라이브와 산책 등
1석 2조를 챙길 수 있는 장소

경기 북부

DAY 1 ▶ 동두천 니지모리 스튜디오 ⟶ 포천 한탄강 하늘다리 ⟶ 포천 산정호수
DAY 2 ▶ 파주 마장호수 출렁다리 ⟶ 파주 임진각 관광지 ⟶ 파주 출판단지

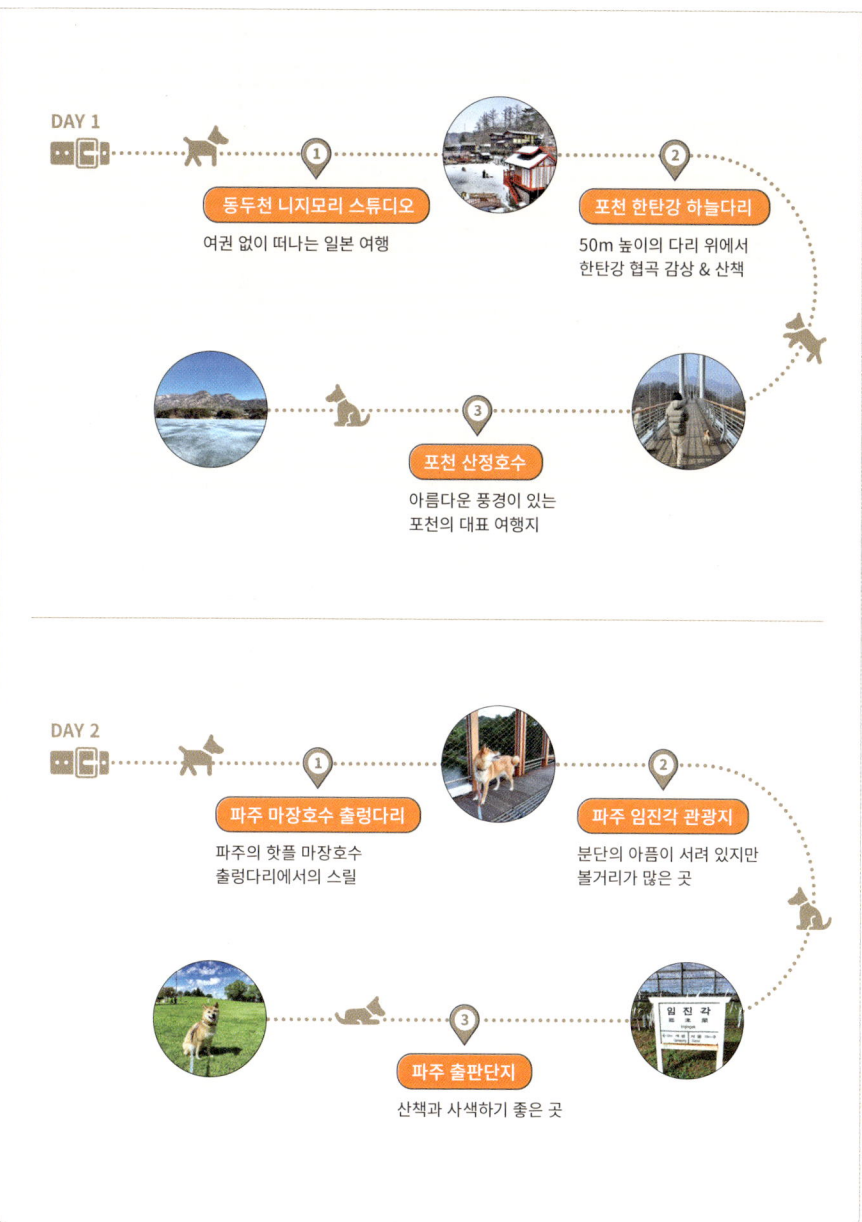

DAY 1

1. 동두천 니지모리 스튜디오
여권 없이 떠나는 일본 여행

2. 포천 한탄강 하늘다리
50m 높이의 다리 위에서 한탄강 협곡 감상 & 산책

3. 포천 산정호수
아름다운 풍경이 있는 포천의 대표 여행지

DAY 2

1. 파주 마장호수 출렁다리
파주의 핫플 마장호수 출렁다리에서의 스릴

2. 파주 임진각 관광지
분단의 아픔이 서려 있지만 볼거리가 많은 곳

3. 파주 출판단지
산책과 사색하기 좋은 곳

PART 2 ▶ 멍캉스를 떠나보개! ▶ 여행 실전   049

낙산공원

01 서울

혜화동 대학로 뒤에 위치한 낙산공원은 나지막한 언덕에 자리 잡고 있다. 공원에 다다르면 파노라마처럼 펼쳐진 서울 전망을 감상할 수 있다. 성곽길이 나 있기 때문에 과거의 역사와 문화도 함께 즐길 수 있어 독특한 매력을 자랑한다. 공원 내 산책길이 잘 되어 있고 반려견과 산책하기 좋으며 중간중간 벤치와 잔디 등 휴게 공간들이 있다. 노을 맛집, 야경 명소로도 알려져 있으며 하루 중 시간대에 관계 없이 방문하기 좋다.

서울특별시 종로구 낙산길 41 02-743-7985 24시간 연중무휴 무료 1시간 내외 소형견, 중형견, 대형견 모두 가능.

근처 애견 동반 맛집·카페

개뿔

낙산공원 가까이 위치한 카페로 탁 트인 뷰와 전망이 멋진 곳이다.

서울특별시 종로구 낙산성곽서1길 26 02-765-2019 소형견, 중형견, 대형견 모두 가능(가방 필수 지참). 실내 O, 야외 테라스 O. 멍푸치노 판매.

TIP
가파른 계단길이지만 완만한 경사를 따라 이동할 수도 있다. 다리가 불편한 반려견이라면 사전 체크, 개모차도 가능하다.

은평한옥마을

02 서울

북한산 아래 위치한 은평한옥마을은 2011년부터 조성하기 시작한 현대식 한옥마을이다. 마을 내 편의시설과 집들이 모두 한옥으로 지어져 통일감 있으며 고풍스러우면서도 현대적 분위기를 느낄 수 있다. 가을 단풍철도 멋지지만 겨울철 눈 쌓일 때 설경이 멋지기로 소문난 곳이다. 한옥 스테이, 한옥 카페 등이 있어 휴식을 취할 수 있고, 반려견과 고즈넉한 분위기에서 여유롭게 산책하고 싶을 때 찾으면 좋다.

- 서울특별시 은평구 연서로50길 7-10 ☎ 02-351-6114
- https://eptour.kr ⓘ 24시간 연중무휴
- ₩ 무료 ⏱ 1시간 내외 🐕 소형견, 중형견, 대형견 모두 가능. 마을 주민이 실제로 살고 있기에 반려견이 짖지 않도록 케어할 것.

TIP
은평역사한옥박물관 홈페이지(https://museum.ep.go.kr/)에서 사전 무료 한복 대여가 가능하다. 1시간 30분 기준이며 당일 예약은 불가하니 미리 예약하자.

근처 애견 동반 맛집·카페

노블티
소금빵이 맛있는 애견 동반 카페다. 은평한옥마을 바로 옆에 위치하며 6층엔 루프톱이 있어 북한산의 모습을 시원하게 감상할 수 있다.
- 서울특별시 은평구 연서로 514 담인빌딩 1층 ☎ 0507-1455-0439 🐕 소형견, 중형견, 대형견 모두 가능. 실내 O, 야외 O, 개모차 또는 가방 지참.

투썸플레이스
은평한옥마을 내 위치하며 실내는 반려견 출입이 불가하지만 야외 테라스석에서는 동반이 가능하다. 날씨가 좋을 때 이용하는 것이 괜찮을 듯하다.
- 서울특별시 은평구 진관길 7, 1층 ☎ 02-353-7893 🐕 소형견, 중형견, 대형견 모두 가능. 실내 X, 야외 O, 리드줄만 하고도 가능.

스페이스헬레나
은평한옥마을 내 위치한 북한산뷰 맛집 카페로 애프터눈티 세트와 파이가 유명하다. 애프터눈티 세트는 사전 예약 필요.
- 서울특별시 은평구 진관길4, 2층 ☎ 0507-1325-1662 🐕 소형견, 중형견, 대형견 모두 가능. 실내 O, 야외 O, 가방 지참 권장. 계단이 좁아 개모차는 비추.

북악스카이웨이 & 팔각정

 서울

북악스카이웨이는 서울 북악산에 위치한 드라이브 코스로 중간 지점인 팔각정에서 서울의 전경이 내려다보인다. 특히 야경이 멋있어서 서울의 3대 야경 명소로 손꼽히는 곳이다. 팔각정 주변에는 산책로가 잘 형성되어 있어 반려견과 함께 방문하기에 좋다. 1층 24시 라면 자판기는 인기 핫플이며 2층에는 하늘레스토랑(애견 동반 가능)이 있어 식사도 가능하다. 일상의 스트레스를 털어버리고 싶을 때, 기분 전환 겸 리프레시하고 싶을 때 반려견과 함께 시간을 보내기에 좋다.

📍 서울특별시 종로구 북악산로 267 북악팔각정 📞 02-725-6602 🌐 https://korean.visitseoul.net 🕐 24시간 개방 💰 무료 ⏱ 20분 내외 🐾 소형견, 중형견, 대형견 모두 가능. 팔각정 통로가 좁은 편이니 리드줄 짧게.

> **TIP**
> 기본적으로 바람이 많이 부는 곳인데다 겨울에 방문하면 칼바람이 장난 아니다. 따뜻하게 꽁꽁 싸매고 가자.

남산공원 서울 04

서울 중심부에 위치한 남산공원은 산책로, 운동, 휴식 등을 즐길 수 있는 곳으로 많은 시민들의 사랑을 받는 장소다. 정상에 있는 N서울타워로 향하는 길은 케이블카 또는 도보로 이동 가능하며 모두 반려견 동반이 가능하다(케이블카 탑승 시 가방 or 케이지 지참). 반려견과 산책 나온 서울 시민들을 자주 접할 수 있고, 오가는 길에 내려다보이는 서울의 스카이라인은 그 자체로 볼거리이다. 남산공원 팔각정 무대에서는 전통무예, 토크 콘서트 등 다양한 공연이 펼쳐지며 홈페이지에서 프로그램 정보 확인이 가능하다.

📍 서울특별시 중구 삼일대로 231　📞 02-3783-5900　🌐 http://parks.seoul.go.kr/namsan　🕐 24시간 연중무휴　💰 무료, 케이블카 대인 왕복 15,000원　⏱ 1시간 30분 내외　🐕 소형견, 중형견, 대형견 모두 가능. N서울타워 내부는 반려견 동반 불가.

근처 애견 동반 맛집·카페

남산산채집

대표 메뉴는 남산돈가스와 산채비빔밥이다. 돈가스는 옛날 경양식 스타일. '수요미식회'에 방영되었으며 주말에는 웨이팅이 있을 수 있다.

📍 서울특별시 중구 소파로95 1층　📞 0507-1434-1978　🐕 소형견, 중형견, 대형견 모두 가능. 실내 X, 야외 테라스 O. 리드줄만 하고도 방문 가능.

통인시장

05 서울

종로에 위치한 통인시장은 엽전도시락이라는 이색 체험을 즐길 수 있는 곳이다. 고객만족센터 2층 도시락카페로 가서 엽전을 구매한 뒤 빈 도시락 용기를 들고 시장을 다니며 여러 가지 먹거리를 담으면 된다. 대표 먹거리는 기름떡볶이이며 닭꼬치, 다코야키, 김밥, 분식 등 다양한 음식을 판매한다. 도시락은 엽전 구매한 곳으로 가서 먹으면 되는데 반려견 동반 시 가방을 꼭 지참하고 카운터에 사전 양해를 구하자. 참고로 취식공간이 2~3층이며 계단을 이용해야 하므로 개모차는 비추다.

📍 서울특별시 종로구 자하문로15길 18 📞 0507-1378-0940 🌐 https://www.instagram.com/tongin_official/ 🕐 점포 07:00~21:00(매달 셋째 일요일 정기 휴무), 도시락카페 11:00~15:00(주말 ~16:00, 매주 화요일 정기 휴무) 💰 무료 🐕 소형견, 중형견, 대형견 모두 가능. 반려견이 시장 바닥의 음식물을 섭취하지 않도록 가방 지참하는 것이 좋음. 대형견은 도시락카페 이용이 사실상 어려워 1층 빈 공간에서 서서 먹는 것을 추천.

여기도 Check!

서촌마을

경복궁 서쪽에 위치한 마을로 오래된 상점과 한옥집이 모여 있어 골목 구경하기에 좋다. 높은 건물이 즐비한 서울 도심에서 마주하는 서촌마을의 풍경은 낯설다기보다 소박하고 정겨운 것에 가깝다. 감각적이고 세련된 카페가 많아 MZ들도 많이 찾는다. 미로 같은 골목을 찬찬히 누비며 여유를 즐겨보자.

📍 서울특별시 종로구 필운대로 45 📞 02-2148-4161 🐕 소형견, 중형견, 대형견 모두 동반 가능.

아키비스트 서촌점

서울 3대 아인슈페너 맛집 중 하나로, 아인슈페너는 물론 데니시도 수준급인 카페이다. 커피를 좋아하지 않는 사람도 반하고 가는 곳. 평일에도 웨이팅이 있을 정도로 핫하다.

📍 서울특별시 종로구 효자로 13길 52, 1층 📞 0507-1333-1518 🐕 소형견, 중형견, 대형견 모두 방문 가능. 실내 O. 가방 지참 권장.

TIP

- 도시락카페는 운영시간이 짧은 편이라 늦게 도착하면 음식이 없을 수도 있다. 너무 늦지 않게 도착하도록 하자.
- 처음부터 이것저것 담기보다 한 바퀴 둘러본 다음 먹고 싶은 것을 담는 것을 추천한다. 점포들이 기다랗게 형성되어 있고 겹치는 음식들도 많다. 마찬가지로 특정 점포에서만 판매하는 것들도 있으니 눈여겨보자.
- 남은 엽전은 다시 환불해준다.

망원시장 06 서울

마포구에 위치한 시장으로 '나 혼자 산다'에서 육중완, 윤가이 등이 다녀가고 난 다음 핫해졌다. 우이락 고추튀김, 떡갈비, 칼국수, 회 등 각종 먹거리가 다양하여 시장 먹거리 투어하러 오는 사람들이 많다. 서울의 여느 다른 시장들보다 가격이 저렴한 깃도 매력을 끄는 데 한몫한다. 전통시장도 함께 운영하고 있어 볼거리가 다양하다. 반려견과 시장 구경 좋아하는 사람이라면 꼭 다녀가자.

📍 서울특별시 마포구 포은로6길 27 📞 02-335-3591 🌐 https://mangwonmarket.com/ 🕐 매일 10:00~21:00(점포별 상이) W 무료 🐕 소형견, 중형견, 대형견 모두 방문 가능. 시장 바닥에 떨어진 음식물을 반려견이 섭취하지 않도록 각별히 케어할 것.

동묘 구제시장 07 서울

동묘 구제시장이라고 불리는 이곳의 원래 이름은 동묘 벼룩시장이다. 1980년대 말 생겨났으며 온갖 희귀한 물건이 모여드는 곳이라 구경하는 재미가 쏠쏠하다. 구제 의류, 액세서리, 골동품 등 세월의 흔적이 묻어 있는 여러 제품들을 사기 위해 많은 사람이 몰리며, 이색 놀거리로도 좋다. GD와 정형돈이 뮤직비디오를 촬영했던 곳을 따라 빈티지 구제옷 편집숍이 늘어서 있고, 산더미처럼 옷가지를 쌓아 놓은 곳에서는 간혹 괜찮은 아이템을 득템할 수 있다.

📍 서울특별시 종로구 종로58길 4 📞 02-2148-3145 🕐 08:00~20:00(점포마다 상이) W 무료 🐕 소형견, 중형견, 대형견 모두 가능. 주말엔 혼잡하므로 사람들 통행에 방해되지 않도록 안거나 리드줄 짧게.

TIP
- 평일에도 약 2만 명이 찾을 정도로 붐비는 시장이므로 한적할 것이라는 생각을 버리고 느긋한 마음으로 쇼핑에 임하자. 주말에 방문한다면 최소 12:00 전에는 도착하도록 하자.
- 일반적으로 10:00시 전까지가 괜찮은 옷을 득템하기에 좋은 시간대다. 물건을 이제 막 가져왔기 때문. 하지만, 중간중간 보충하는 곳도 있으니 늦게 방문했다고 하여 굳이 실망하지는 말자.

경의선 숲길

08 서울

경의선 숲길은 마포구에서 용산구까지 이어진 총 길이 6.3km의 공원 산책로를 일컫는다. 버려진 철길을 활용해 2012년부터 2016년까지 조성한 서울의 대표 산책로다. 연남동 구간, 와우교 구간, 신수·대흥·염리동 구간, 새창고개·원효로 구간과 같이 총 4구간으로 나뉘어 있으며 이 중 가장 핫한 곳은 연남동 구간이다. 연남동 연트럴파크와 겹쳐 주변에 카페와 맛집이 많다.

📍 서울특별시 마포구~용산구 📞 02-719-8830 🌐 http://parks.seoul.go.kr/ ⏰ 24시간 연중무휴 Ⓦ 무료 🐕 연남동 구간 기준 35분 🐾 소형견, 중형견, 대형견 동반 가능.

여기도 Check!

아날로그가든

5년 연속 블루리본을 받은 홍대 브런치 카페다. 유럽, 호주, 중동, 북아프리카 스타일의 브런치를 판매하며 비건 메뉴도 있다.

📍 서울특별시 마포구 동교로145, 1층 📞 0507-1314-8560 🐾 소형견, 중형견, 대형견 모두 가능. 실내 O. 가방 지참 권장. 짖지 않도록 케어.

홍대 AK플라자

반려견 동반이 가능한 쇼핑몰로 케이지 또는 유모차를 지참하거나 목줄 착용 후 입장해야 한다. 2층에 페스룸 오프라인 매장이 있기 때문에 각종 반려견 용품을 구매할 수 있다.

📍 서울특별시 마포구 양화로 188 📞 02-789-9800 🐾 10kg 미만, 체고 40cm 미만 가능. 리드줄만 착용 시 50cm 이내로.

한 걸음 더 Zoom in

경의선 숲길 탄생 배경

경의선은 경성의 '경'과 신의주의 '의'를 딴 철로로 1904년 일제가 한반도 지배를 위해 건설하였다. 1950년 남북이 분단되기 전까지 많은 노선을 운행하였으나 이후 더 이상 달리지 못한 채 버려졌다. 반쪽짜리 철길로 구실을 하지 못하다가 2012년 3월 대흥동 구간을 시작으로 철길을 따라 기다란 형태의 공원을 조성하게 된다. 염리동, 새창고개, 연남동 구간, 원효로, 신수동, 와우교 구간 등 2016년 모두 완공되었고, 도심을 가로지르는 서울의 대표 산책로로 자리매김하게 된다. 총 길이 6.3km로 마포구에서 용산구까지 이어진다.

① 연남동 구간
거리 약 1.2km, 도보 약 35분

경의선 숲길 중 방문객이 가장 많은 곳으로 홍대입구역에서 연남사거리까지 이어지는 숲길이다. 곳곳에 드러나 있는 철로를 통해 과거 모습을 떠올릴 수 있다. 은행나무길과 물길이 나 있어 운치를 더하고 있으며 주변에 연트럴파크, 연리단길이 있기에 묶어 구경하기에 좋다.

② 와우교 구간
거리 약 370m, 도보 약 15분

신촌과 홍대 사이 옛 기찻길이었던 와우교 구간은 일명 '땡땡거리'라 불린다. 차단기가 내려오는 것을 빗대어 붙여진 별명이다. 당시의 철도 건널목을 그대로 복원해놓아 경의선에 대한 향수를 불러일으키는 곳이기도 하다. 책거리, 전망 데크, 기찻길 옆 예술마을이 조성되어 있다.

③ 신수·대흥·염리동 구간
거리 약 1.3km, 도보 약 35분

서강대 앞쪽에 일제강점기 인공 하천이던 '선통물천'을 재현한 실개천이 흐르는 구간으로 봄에는 벚꽃이 많이 핀다. 또 메타세쿼이아길, 느티나무 터널이 있어 주변 자연 풍경을 감상하기에 좋다. 상가와 카페, 음식점도 많이 들어서 있어 산책 후 배고픔을 달랠 수 있다.

④ 새창고개·원효로 구간
거리 약 960m, 도보 약 25분

다른 구간들이 주로 평지로 이뤄진 반면 이 구간은 나지막한 언덕이 있다. 또 사람이 가장 적기 때문에 한적하고 여유로운 산책이 가능하다. 경의선 숲길의 시작점으로 히스토리 벽에서 옛 경의선의 역사를 확인할 수 있다.

북서울꿈의숲

09 서울

강북구 번동에 있는 공원으로 과거 드림랜드 자리에 조성한 곳이다. 면적 68만 ㎡가 넘는 초대형 공원이라 반려견 산책은 물론 피크닉, 사슴 구경, 분수쇼, 여름철 아이들 물놀이 등 할 거리, 볼거리가 넘친다. 봄에는 벚꽃길, 가을에는 단풍숲을 구경할 수 있어 사계절 내내 많은 사람들이 즐겨 찾는다. 나무 그늘 아래 돗자리를 펴고 도시락을 먹으며 반나절 휴식하기에 좋다. 사슴방목장에 들러 꽃사슴 구경도 잊지 말자.

📍 서울특별시 강북구 월계로 173 📞 02-2289-4000 🌐 http://parks.seoul.go.kr/dreamforest 🕐 24시간 연중무휴 ⓦ 무료 🐾 산책 도보 1시간 🐕 소형견, 중형견, 대형견 모두 방문 가능. 청운답원(잔디광장)과 창녕위궁재사(전통 건축물), 물놀이 시설에는 출입 불가. 잔디밭이 있으므로 진드기 조심.

한 걸음 더 Zoom in

북서울꿈의숲 도보 코스 추천

북서울꿈의숲은 서울에 있는 공원 중 세 번째로 큰 규모다.
따라서 방문 전 안내도의 큰 틀을 숙지하고 가면 도움이 된다.
주차장은 동문주차장, 서문주차장과 같이 두 곳이기에 출발지에 따라 순서는 달라지겠지만,
아래 코스대로 움직이면 북서울꿈의숲의 70% 이상은 즐길 수 있다.
도착 후 공원 안내도를 미리 사진으로 찍어 두는 것도 하나의 팁이다.

① 방문자센터 ↔ ② 창녕위궁재사 ↔ ③ 월영지 ↔ ④ 청운답원 ↔ ⑤ 사슴방목장

근처 애견 동반 맛집·카페

라포레스타
북서울꿈의숲 내에 위치한 카페이자 이탈리안 레스토랑으로 주로 파스타, 돈가스, 피자 등을 판매한다. 서문에서 도보 5분 거리에 있다.

📍 서울특별시 강북구 월계로 173 라포레스타 ☎ 0507-1484-2559 🐕 소형견, 중형견, 대형견 모두 가능. 실내 X, 실외 테라스 O.

뮈에
베이커리 카페로 대표 메뉴는 크루아상이며 빵 종류가 많고 다양하다. 북서울꿈의숲 동문에서 3분 거리에 위치해 있어 접근성이 좋다.

📍 서울특별시 성북구 돌곶이로 205 1층 ☎ 0507-1330-0854 🐕 소형견, 중형견, 대형견 모두 가능. 실내 O(3층만), 실외 테라스 O(1층, 3층), 가방 지참 권장.

여기도 Check!

성수동 편집숍 거리

성수동 편집숍 거리는 그야말로 핫플의 집합소이다. 낮은 건물들 사이를 걷다 보면 다양한 편집숍과 소품숍을 마주할 수 있으며 아기자기한 아이템들을 보면 지갑이 절로 열린다. 우리나라 사람뿐 아니라 외국인들에게도 인기 있다 보니 상당히 높은 비율로 외국인들을 마주칠 수 있다. 또한 반려견과 함께 쇼핑 나온 사람들도 많이 볼 수 있는데 그래서인지 반려견이 들어갈 수 있는 매장들이 생각 외로 많다. 일단 매장 안으로 들어가서 반려견 동반이 가능한지 물어보라. 웬만한 곳은 대부분 OK 사인이 떨어진다.

서울숲 서울

성동구 뚝섬 일대에 조성한 약 48만 ㎡의 공원으로 서울 시민의 대표적인 휴식처이다. 전반적으로 산책길이 잘 되어 있고 생태숲, 식물원, 정원 등 다양한 볼거리가 있어 많은 사람들이 찾는 곳이다. 특히 꽃사슴 방사장이 인기 있으며 사계절 내내 그들을 만날 수 있다. 서울숲의 공중을 가로지르는 보행가교에서 생태숲을 내려다볼 수 있고, 다양한 테마의 정원들로 꾸며져 지루할 틈이 없다. 근처에 성수동 카페거리가 있어 들렀다 가기에 좋다.

📍 서울특별시 성동구 뚝섬로 273　📞 02-460-2905　🌐 http://parks.seoul.go.kr/　⏰ 생태숲 05:30~21:30　💰 무료　🚶 산책 도보 1시간　🐕 소형견, 중형견, 대형견 모두 방문 가능.

TIP

서울숲 근처에 돗자리 및 피크닉 세트를 대여해주는 곳이 몇 군데 있다. 반려견 동반 시 성수동 카페거리 맛집 등에서 음식을 포장한 뒤 돗자리를 대여해 와서 즐기는 것도 한 방법이다.

* 돗자리&피크닉 대여: 워니피크닉, 히어나우앤덴 등

근처 애견 동반 맛집·카페

어라운드데이

수준급의 디저트를 판매하는 애견 동반 카페다. 서울숲 가까이 위치해 접근성이 좋으며 루프톱에 사람이 없을 때는 반려견과 뛰어놀 수 있다.

📍 서울특별시 성동구 서울숲2길 24-1　📞 0507-1431-8310　🐕 소형견, 중형견, 대형견 모두 가능. 실내 O, 실외 테라스 O. 가방 지참 권장.

띠또분식

서울숲 근처 성수동 분식 맛집. 다양한 종류의 떡볶이, 김밥, 튀김 등을 판매한다.

📍 서울 성동구 왕십리로 83-21 디타워 서울 포레스트 B110호　📞 0507-1384-5530　🐕 소형견, 중형견, 대형견 모두 가능. 실내 O.

서순라길

11 서울

서울에는 과거와 현대가 공존하는 길거리가 많다. 그중에서도 '고즈넉함의 끝판왕'이라 불리며 '나 혼자 산다' 등 매스컴에 나와 많은 사람들의 인기를 끄는 곳이 바로 서순라길이다. 이곳은 조선시대 종묘를 순찰하던 순라청 서쪽에 있는 길이란 뜻으로 서울 도심 한복판인 종묘에서부터 시작된다. 1.2km의 돌담길은 낮은 건물, 한옥들로 채워져 있어 특유의 감성을 더해주며 맛집, 놀거리 등 핫플이 계속 생겨나고 있어 MZ들의 발길이 끊이질 않는다. 서순라길에서 종로의 또 다른 매력을 발견해보자.

◎ 서울특별시 종로구 서순라길 75 ☎ 02-2148-1114
🌐 https://korean.visitseoul.net/ ⏰ 24시간 연중무휴 ₩ 무료 🐾 산책 도보 15분 내외 🐕 소형견, 중형견, 대형견 모두 방문 가능.

근처 애견 동반 맛집·카페

거처
조용하고 차분한 분위기의 카페로 테이블 수는 적지만 편안하게 머물다 갈 수 있다. 큰소리로 대화하거나 과도하게 사진 찍는 것은 삼갈 것. 커피는 물론 퓨전 전통차와 디저트를 맛볼 수 있다.

◎ 서울특별시 종로구 율곡로8길 63, 1층 ☎ 0507-1369-4527 🐕 소형견, 중형견, 대형견 모두 가능. 실내 O. 가방 지참 권장.

비틀비틀, 비틀스타코 서순라점
서순라길에서 가장 핫한 맛집으로 타코를 판매한다. '나 혼자 산다'에서 전현무가 다녀간 뒤 더욱 유명해졌다. 1인 불가, 5인 이상 불가, 미성년자 입장 불가 등 입장 조건이 약간 까다롭지만 맛은 멕시코 현지 타코 저리 가라 할 정도로 맛있다. 사장님도 반려인이며 시바견 블랙탄을 키우고 있다. 오픈런 외에는 웨이팅 압박이 있으므로 참고하자.

◎ 서울특별시 종로구 서순라길 89-7 ☎ 0507-1367-4747 🐕 소형견, 중형견, 대형견 모두 가능. 실내 O, 실외 O. 가방 지참 권장.

더 현대 서울 서울 12

반려견과 쇼핑 나들이하기에 좋은 백화점으로 입점 브랜드 외 다양한 팝업스토어를 만날 수 있다. 반려견 동반 시 덮개가 있는 유모차나 캐리어를 지참해야 하며 만약 가져오지 않았다면 1층 컨시어지에서 5,000원에 대여 가능(최대 15kg까지 탑승)하다. 5층에는 반려견 용품 편집숍인 '위펫'이 입점해 있어 반려 용품을 쇼핑하기에도 좋다. 다만 지하 1층 식품관과 지상 6층의 식당가는 출입이 제한되어 있다. 만약 반려견과 식사를 원한다면 바로 옆 IFC몰로 가자. 포포유(베트남 식당), 쓰리버즈(브런치) 등 반려견 동반 가능한 식당들이 있다. IFC몰은 10kg 이하 반려견 출입이 가능하며 케이지, 유모차 또는 목줄을 착용해야 한다.

 서울특별시 영등포구 여의대로 108 02-767-2233 https://www.ehyundai.com/ 10:30~20:30 소형견, 중형견, 대형견 모두 방문 가능.

서울 윈터페스타  서울 13

서울 윈터페스타는 매년 12월부터 이듬해 1월 사이에 열리는 서울 최대 겨울 축제다. 광화문광장, 청계천, DDP, 서울시청, 보신각 등에서 다양한 행사가 열리며 화려한 볼거리를 제공한다. 프로그램 중 광화문 미디어 파사드, 청계천 빛초롱 축제, 서울라이트 DDP는 반려견과 함께 즐길 만하다. 청계천 빛초롱 축제의 경우 반려견 동반 시 바로 옆 산책은 불가하고 위에서 내려다볼 수 있으니 참고할 것. 추운 겨울 집 안에만 있지 말고 형형색색 빛축제를 즐기러 반려견과 나들이를 떠나보자.

 광화문광장, DDP, 청계천, 서울광장 등 02-120(서울시 다산콜) https://www.winta.co.kr/ 매년 12~1월 윈터페스타 기간 무료 장소별 1시간 내외 소형견, 중형견, 대형견 모두 방문 가능. 미디어 공연 관람 시 음량이 크기 때문에 청각에 예민한 반려견은 주의하고, 음량이 작은 곳으로 이동하는 것이 좋음.

서울 윈터페스타 BEST 5

서울라이트 광화문

광화문을 매개로 한 미디어 파사드와 다양한 빛 조형물들을 관람할 수 있다. 빛축제 특성상 해가 진 후 진행되며 고퀄리티의 미디어 아트를 무료로 관람할 수 있는 점에서 시민들의 큰 호응을 얻고 있다. 공연 일정 및 시간 등 타임 테이블 정보를 홈페이지에서 얻을 수 있다.

광화문마켓

광화문광장에서 열리는 크리스마스 마켓으로 대형 트리를 비롯하여 연말연시 분위기를 즐길 수 있다. 여러 수공예품과 시즌 소품을 판매하는 크리스마스 빌리지도 같이 열린다. 다양한 포토존이 설치되어 사진 남기기에 좋고 겨울 분위기를 한껏 느낄 수 있다.

청계천 빛초롱 축제

겨울밤의 청계천을 빛나게 해주는 축제이다. 청계광장에서부터 삼일교까지 조형물이 설치되며 단순 관람에 그치는 것이 아닌 참여형 축제로 여러 프로그램을 즐길 수 있다. 청계천 광교갤러리에서 무드등 만들기, 자개 손거울·키링 만들기 등 DIY 체험(유료)이 가능하여 인기가 많다.

서울광장 스케이트장

겨울이면 서울광장에 설치되는 스케이트장은 윈터페스타의 큰 주축으로 자리 잡았다. 단돈 1,000원이라는 저렴한 비용으로 야외 스케이트를 즐길 수 있으며 가족, 연인의 데이트 장소로 사랑받고 있다. 스케이트장 내부에는 반려견 동반이 불가하지만 주변 광장 일대 산책은 충분히 가능하다.

서울라이트 DDP

동대문 디자인 플라자(DDP) 어울림광장에서 열리며 초대형 미디어 파사드를 무료로 관람할 수 있다. DDP의 곡선면을 따라 흐르는 영상과 음악들이 남녀노소 상관 없이 푹 빠져들게 한다. 푸드마켓도 운영하여 출출한 배를 채울 수 있고, 축제 기간 중에는 간식이나 소품을 증정하는 다양한 이벤트도 마련한다.

로컬스티치 크리에이터 타운

14 서울

서울 애견 동반 숙소 중 가성비 있는 호텔로 홍대 근처에 위치해 있다. 홍대뿐 아니라 연남동, 합정역, 망원역 등 서울의 핫플과 가까운 것이 장점이고, 짧게 머무르는 단기 숙박부터 장기 숙박까지 가능하다. 호텔이지만 다양한 문화 프로그램이 있어 활기 넘치며 워케이션 겸 머무르는 사람들도 많다. 공용공간은 힙한 인테리어로 여느 호텔과 차별화를 두었고, 지하 2층 반려동물 목욕실을 따로 구비해 편하게 이용할 수 있다.

◎ 서울특별시 마포구 월드컵북로 5길 41 ☏ 02-332-8601
🌐 https://localstitch.town ⏰ 체크인 15:00, 체크아웃 11:00 🐕 10kg 이하의 소형견, 중형견 이용 가능. 펫어메니티 X. 레스토랑과 공용주방 외 모든 장소 반려견 동반 가능.

햇빛샤워

15 서울

서대문구 주택가에 위치한 에어비앤비 숙소이다. 오래된 주택을 개조해 포근하고 정감 있으며 3룸의 독채에다 최대 5인까지 머물 수 있어 가족여행 숙소로 좋다. 호스트가 숙소에 하나하나 신경 써서 관리하는 것이 느껴지고, 체크인 시 주변 식당, 카페, 장볼 곳, 배달, 산책로 등의 정보를 리스트로 제공하여 많은 도움이 된다. 장기 숙박도 가능하여 여행이 아닌 한 달 서울 살기도 가능하다.

◎ 서울특별시 서대문구 북가좌동(예약 확정 시 정확한 주소 제공) 🌐 https://www.instagram.com/sunlight_shower ⏰ 체크인 16:00, 체크아웃 11:00 🐕 소형견, 중형견, 대형견 모두 가능. 펫어메니티(식기) O.

방화수류정 [16 경기 수원]

정조 때 수원 성곽을 축조하며 세운 누각이다. 방화수류정은 '꽃을 찾고 버들을 따라 노니는 정자'라는 뜻으로 주변 연못 용연과 어우러지는 풍경을 보고 있으면 그 뜻에 절로 고개를 끄덕이게 된다. 개인적으로 낮보다 밤에 보는 풍경이 멋져 야경이 생각날 때 종종 찾는 곳이기도 하다. 특히 더운 여름철 야간 산책 코스로 제격이라 반려견과 함께 찾으면 더 좋다. 연못에 비치는 방화수류정의 반영 모습도 확인하고, 돗자리를 가져와 나들이를 할 수도 있다. 바로 옆 성곽길을 따라 올라가다 보면 수원 시내가 한눈에 들어온다.

📍 경기도 수원시 팔달구 수원천로 392번길 44-6 📞 031-290-3600 🕐 24시간 연중무휴 💰 무료 ⏱ 30분 내외 🐕 소형견, 중형견, 대형견 모두 방문 가능.

화성 화서문 [17 경기 수원]

수원 화성은 정조가 아버지 사도세자의 능을 양주에서 수원으로 옮기면서 지은 성곽으로 세계문화유산에 등재되어 있다. 화서문은 수원 화성의 서문을 뜻하는데 좌우는 성벽으로 연결되어 있고 바로 옆에 장안공원과 화서공원이 자리하고 있어 많은 시민이 오가며 휴식을 취하는 곳이다. 또 수원의 핫플인 행리단길이 바로 옆에 있어 먹거리와 즐길 거리 역시 풍부하다. 옛 정취를 느낄 수 있는 풍경과 더불어 산책하기에도 좋아 많은 사람들이 반려견과 함께 찾는다.

📍 경기도 수원시 팔달구 장안동 334 📞 031-207-7895 🌐 https://www.swcf.or.kr/ 🕐 24시간 연중무휴 💰 무료 🐕 소형견, 중형견, 대형견 모두 방문 가능.

> **TIP**
> - 낮보다 일몰이, 일몰보다 밤이 훨씬 아름다운 곳이다. 늦은 시간대에 방문하는 것을 추천한다.
> - 성곽 앞쪽에 오프리시하여 반려견을 놀리는 사람들이 꽤 있다. 반려견이 컨트롤이 잘 되고 도망가지 않는다면 같이 어울려서 뛰어놀게 하면 좋다.

광교호수공원

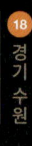
18 경기 수원

경기도 야경 명소로 사랑받고 있는 곳으로 일 년 내내 어느 계절에 방문해도 사람들로 활기차다. 낮 풍경도 멋지지만 밤에 오는 것이 백미이다. 광교호수공원은 원천호수와 신대호수로 나뉘어 있는데 전자가 풍경도 더 멋지고 편의시설 및 맛집도 많으며 반려동물 용품 파는 상점도 있다. 돗자리도 가져올 수 있어 피크닉 장소로도 좋고, 근처에 캠핑장이 있어 도심 속 낭만을 즐길 수 있다. 돌아다니다 보면 반려견 배변봉투함, 반려견 전용 공중화장실을 발견하게 되는 등 나름 펫프렌들리한 장소이다.

◎ 경기도 수원시 영통구 광교호수로 165 ☏ 070-8800-2460 ⊕ www.gglakepark.or.kr ⏱ 24시간 연중무휴 ₩ 무료 ⏲ 1시간 내외 🐕 소형견, 중형견, 대형견 모두 방문 가능.

근처 애견 동반 맛집·카페

반치앙마이 광교

팟타이, 뿌팟퐁커리 등을 파는 태국 브런치 카페이자 캐주얼 펍이다. 태국 주방장 출신 찐태국인 셰프와 20년 교민 요리사가 함께한다.

◎ 경기도 수원시 영통구 법조로 38 광교 더샵 레이크파크 B07, 08호 🐕 소형견, 중형견, 대형견 모두 가능. 실내 X, 야외 테라스 O. 개모차 또는 가방 필수 지참.

앨리웨이 광교

광교호수공원과 맞닿은 복합 쇼핑몰로 위커파크(브런치 카페), 지로나(스페인 식당), 티크닉(카페) 등이 있다.

◎ 경기도 수원시 영통구 광교호수공원로 80 ☏ 0507-1331-0750 ⊕ http://alleyway.co.kr/ ⏱ 10:00~22:00 🐕 위커파크, 티크닉은 소형견, 중형견, 대형견 모두 방문 가능. 지로나는 소형견, 중형견 가능. 실내 O, 야외 테라스 O. 실내 동반 시 가방 지참 권장.

여기도 Check!

광교호수공원 반려견 놀이터

수원시에서 운영하는 무료 반려견 놀이터로 광교호수공원 신대호수와 연결되어 있다. 대형견존, 중소형견존으로 나뉘어 있으며 동물등록을 한 반려견만 출입이 가능하다. 간단한 어질리티, 수돗가가 구비되어 있고, 수원·용인·성남 시민 등 인근의 많은 반려인들이 반려견과 함께 찾는 곳이다. 광교호수공원에 왔다면 반려견 놀이터도 꼭 체크하자.

📍 경기도 수원시 영통구 하동 1008-9 🕐 10:00~22:00(매주 월요일 정기 휴무) ⊘ 법정 5종 맹견 출입 금지

광교호수공원 가족캠핑장

도심 속 자리한 캠핑장으로 1박 평일 20,000원, 주말/공휴일 25,000원이라는 저렴한 가격으로 이용할 수 있다. 워낙 인기가 많다 보니 신청 후 추첨 결과를 기다려야 하는 시스템이다. 매달 1일부터 15일 사이 추첨 응모를 하며, 평일은 비교적 여유가 있는 편이다. 반려견 동반이 가능하나 대형견은 금지되어 있다.

📍 경기도 수원시 영통구 광교호수로 57(하동) 📞 031-548-0075 🌐 http://www.suwonudc.co.kr/ggcamping

행리단길

19 경기 수원

수원의 핫플 중 하나로 행궁동 일대를 행리단길(행궁동+경리단길)이라 일컫는다. 화성 행궁 바로 옆에 위치한 개발제한 구역이라서 노후 주택과 한옥이 많은데 이를 리모델링한 개성 있는 맛집, 카페는 물론 소품숍, 놀거리도 다양해 MZ들이 많이 찾는다. 행리단길은 도보 코스라 산책하기에 좋으며 주변의 화성 행궁, 화서문, 성곽 둘레길, 통닭거리 등과 같이 둘러보면 좋다. 또한 애견 동반 식당과 카페가 많아 반려인들 입장에서 선택의 폭이 넓은 점이 매력적이다.

📍 경기도 수원시 팔달구 화서문로 43　📞 031-207-7985　⏰ 24시간 연중무휴　💰 무료　⏱ 1시간 내외　🐕 소형견, 중형견, 대형견 모두 방문 가능.

여기도 Check!

화성 행궁

행리단길 바로 옆에 위치해 있다. 행궁이란 임금님이 지방 행차 시 거처하던 임시 궁궐을 일컫는데 총 576칸의 화성 행궁은 우리나라에서 가장 규모가 크고 아름다운 곳으로 알려져있다. 또한 5월 초부터 11월 초까지 야간 개장을 하여 아름다운 궁궐의 야경과 고즈넉한 분위기를 느낄 수 있다. 아쉽게도 화성 행궁은 반려견 동반 불가이다.

📍 경기도 수원시 팔달구 정조로 825　🚫 입장 불가

팔달산 서장대

행리단길 뒤에 있는 나지막한 산이 바로 팔달산이다. 서장대는 팔달산 정상에 위치해 있어 수원의 시내를 한눈에 볼 수 있다. 서장대까지 오르는 길은 크게 가파르지 않지만 반려견 운동 코스로는 아주 좋다. 일출 명소로도 알려져 매년 1월 1일이면 수원 시민들이 해돋이를 보러 많이 방문한다.

📍 경기도 수원시 팔달구 남창동　🐕 소형견, 중형견, 대형견 모두 가능.

수원 통닭거리

행리단길에서 도보 10분 정도 소요되는 곳에 있다. 수원의 유명한 통닭 맛집들이 모여 있어 통닭거리라는 이름이 붙여지게 되었다. 대표적인 곳으로 진미통닭, 용성통닭, 장안통닭 등이 있으며 대봉통닭에는 반려견 동반이 가능하기 때문에 방문 시 참고하자.

📍 경기도 수원시 팔달구 팔달로 1가 46-2　🐕 소형견, 중형견, 대형견 모두 가능.

한 걸음 더 Zoom in

행리단길 도보 코스 추천

행리단길을 처음 방문한다면 아래 도보 코스를 활용해보자. 화서문에서부터 행리단길 메인 통로, 화성 행궁, 골목 순서로 누비는 것이 행리단길을 느끼기에 최적의 코스이다. 모두 평지이기에 반려견과 함께 걷기에 부담이 없고, 단순 도보 이동은 30여 분이 소요되지만 이것저것 구경하다 보면 넉넉히 1시간은 생각하는 것이 좋다. 지나가다 애견 동반 맛집이나 카페에 들르는 것도 즐거운 나들이가 될 것이다.

* 아래 코스에서 화서문 성곽길을 추가하면 더욱 알차다. 화서문에서 우측으로 난 성곽길을 따라 걸으면 된다.

① 화서문 → ② 행리단길 메인 통로 → ③ 화성 행궁 앞 → ④ 작은 골목길

근처 애견 동반 맛집·카페

계미굴
치즈닭갈비, 국물닭갈비, 닭고기 우동 등을 파는 퓨전 한식당으로 행리단길 내 위치해 있다. 특히 국물 닭갈비가 인상적인데 태백, 정선의 물닭갈비와는 또 다른 맛. 묘하게 중독되는 맛이 자꾸 생각난다.

📍 경기도 수원시 팔달구 화서문로 60 지하 1층
📍 소형견, 중형견, 대형견 모두 동반 가능. 실내 O. 가방 지참 권장.

빨간지붕
행리단길에 있으며 냉삼을 파는 식당이다. 오래된 주택을 개조하여 레트로 낭만을 느낄 수 있다. 냉삼치고 살짝 두께가 있으며 퀄리티가 좋다.

📍 경기도 수원시 팔달구 화서문로 32번길 17 1층
📍 소형견, 중형견, 대형견 모두 동반 가능. 실내 O. 가방 지참 권장.

영흥숲공원

20 경기 수원

영흥수목원을 둘러싸고 있는 커다란 공원으로 뷰가 좋고 산책로가 잘 되어 있다. 게다가 수목원(유료, 반려견 동반 불가) 내부에 들어가지 않고도 위에서 내려다볼 수 있어 1석 2조이다. 조성된 지 얼마 되지 않아 슬슬 입소문을 타고 있으며 오르막과 내리막 코스가 적절히 섞여 있어 반려견을 운동시키기에도 좋다. 운동화는 필수. 수목원을 둘러싸고 있기에 계절에 상관 없이 언제 어느 때나 방문해도 멋진 숲을 감상할 수 있으니 떠나보자.

📍 경기도 수원시 영통구 영통동 36-11 🕐 24시간 연중무휴 🌐 무료 ⏱ 1시간 🐕 소형견, 중형견, 대형견 모두 방문 가능.

수원 스타필드

21 경기 수원

수원 스타필드는 반려견과 동반하기 좋은 복합 쇼핑몰이다. 리드줄만 하고 다닐 수 있으며 몰리스(반려동물 용품점), 스타가든(무료 펫파크), 코코스퀘어 등 반려동물 관련 시설이 잘 되어 있어 많은 반려인들이 찾는다. 수원 스타필드의 랜드마크인 별마당 도서관 출입도 자유로운 편. 반려견 동반 가능 식당이 있기에 식사 해결도 가능하다.

📍 경기도 수원시 장안구 수성로 175 📞 1833-9001 🌐 https://starfield.co.kr/suwon/main.do 🕐 매일 10:00~22:00 🐕 소형견, 중형견, 대형견 모두 방문 가능. 식당가 및 일부 시설 동반 금지.

> **TIP**
> - 개모차를 가져올 경우 엘리베이터를 이용해야 하는데 다른 스타필드에 비해 면적이 좁고 층수가 높아 잦은 엘리베이터 사용이 번거로울 수 있다. 특히 주말이나 공휴일에는 엘베 안이 늘 만원이라 타지 못하는 경우가 종종 발생한다. 따라서 에스컬레이터 이용이 가능한 작은 가방을 추천한다.
> - 스타필드 내 배변봉투가 곳곳에 비치되어 있다.

수원 스타필드 반려견과 함께 즐기기

출입 전 확인 사항

매장마다 입구 바닥에 '반려견 동반', '캐리어와 함께해요!', '출입제한'과 같은 스티커가 붙어 있다. 출입 전 반드시 확인하자. 참고로 '반려견 동반'이 적혀 있을 경우 리드줄만 하고 방문할 수 있으나 '캐리어와 함께해요'는 가방 또는 개모차를 꼭 지참해야 한다. 약 80% 이상의 매장들이 반려견 출입을 허용하지만, 식음료 매장은 몇 군데 제외하고 대부분 동반 불가인 경우가 많다.

스타가든 펫파크
8층 루프톱에 위치한다. 소형견, 중대형견으로 플레이존이 나뉘어 있고, 식수 및 세족대가 있다. 인상적인 것은 프라이빗 부스가 있어 포장해온 음식을 먹을 수 있고 편하게 휴식이 가능하다는 것. 코코스퀘어(애견 동반 카페)가 바로 옆에 있어 펫파크와 연결된다.

몰리스펫샵
1층에 있는 반려동물 용품 매장이다. 다른 지점에 비해 규모가 크고 취급하는 품목도 많은 편. 귀여운 포토존도 여러 개 있고 세일 행사를 자주 하니 스타필드에 왔다면 꼭 들러보자.

달마시안
수원 스타필드 1층에 위치한 애견 동반 식당 겸 카페다. 스테이크, 피자, 파스타 등 이탈리안 음식을 판매하며 특정 메뉴 추천이 어려울 만큼 대부분 맛과 퀄리티가 좋다. 반려견 음식과 멍푸치노도 판매한다. 소형견과 중형견 방문이 가능하며 15kg 이상의 대형견은 출입 불가이다.

개모차 대여
1층 안내 데스크로 가면 개모차(캐리어)를 무료로 대여할 수 있다. 15kg 미만일 경우 이용 가능하며 3시간까지 대여해준다. 주말, 공휴일에는 대기가 긴 편이므로 스타필드에 들어서자마자 개모차 대기부터 걸어놓고 쇼핑할 것을 추천한다(스타필드 어플 내에서도 예약 가능).

산수유마을

22 경기 이천

매년 3월 중순 경기도 이천 산수유마을에서 '산수유꽃축제'가 열린다. 이곳에선 추운 겨울을 깨고 기지개를 켜듯 활짝 피어난 산수유꽃을 즐길 수 있다. 이천의 봄 대표 명소이기 때문에 지자체에서 신경 써서 관리를 하며 매년 조금씩 업그레이드되는 모습을 확인할 수 있다. 돌담길, 소망터널, 산수유꽃 군락지 등을 한 바퀴 둘러보며 힐링 시간을 갖고, 푸드트럭에서 맛있는 먹거리를 즐겨보자. 축제가 끝이 나도 산수유마을은 계속 열려 있어 언제든 들를 수 있다는 것도 장점이다.

📍 경기도 이천시 백사면 도립리 산수유마을 ☎ 031-631-2104 🌐 http://www.2104sansooyou.com/ 🕐 24시간 연중무휴 ₩ 무료 ⏱ 1~2시간 🐕 소형견, 중형견, 대형견 모두 방문 가능. 리드줄만 하고도 방문 가능.

TIP
마을 입구보다 안쪽으로 들어오면 산수유나무가 훨씬 많고 예쁘다. 앞에서 힘빼지 말고 쭉 들어오도록 하자.

근처 애견 동반 맛집·카페

코유
커다란 도자기 가마를 구경할 수 있는 이색적인 카페다. 광주요 전시장이고, 커피도 수준급이라 인기가 있다. 아몬드 크림 라테가 대표 메뉴.
📍 경기도 이천시 신둔면 경충대로 3234 에이동 1층 🐕 소형견, 중형견, 대형견 모두 가능. 실내 O, 야외 테라스 O. 실내 동반 시 캐리어나 가방 지참. 야외는 리드줄만 하고도 가능.

쌀 베이커리카페 흥만소
이천 쌀을 이용하여 만든 빵과 레트로 감성의 인테리어가 돋보이는 카페다. 쌀크림빵과 뚝배기팥핑수가 시그니처 메뉴이며 쌀아이스크림 또한 평이 좋다. 반려견 동반 시 야외방(흥방, 에어컨 O)에서 이용 가능하다.
📍 경기도 이천시 향교로 3 ☎ 0507-1335-7596 🐕 소형견, 중형견, 대형견 모두 가능. 실내 O, 야외 테라스 O.

원이쌀밥
이천쌀이 유명하다 보니 이천에는 쌀밥 정식집이 많다. 그중에서도 애견 동반이 가능한 곳이 바로 원이쌀밥이다. 주말과 같이 사람이 많을 때는 대형견은 입장이 제한될 수 있으니 참고하자.
📍 경기도 이천시 대월면 사동로 76-19 🐕 소형견, 중형견, 대형견 모두 가능. 실내 O. 가방 또는 케이지 필수이며 입장 시 머리가 나오지 않게 모두 닫고 들어가야 함.

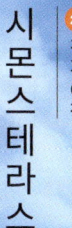

시몬스 테라스

23 경기 이천

시몬스 테라스는 이천 시몬스 침대 공장 옆에 위치해 있는 곳으로, 단순 침대 전시장이 아닌 체험, 문화, 카페테리아 등을 담은 복합문화공간이다. 주말 가벼운 나들이로 손색 없는 매력 만점인 곳이라 많은 사람들이 방문한다. 수면 체크부터 숙면 꿀팁도 알아갈 수 있고, 카페와 퍼블릭 마켓이 나란히 있어 같이 들르기에 좋다. 특히 겨울엔 8m짜리 초대형 크리스마스트리를 설치해 놓아 수도권 크리스마스 명소로 유명하다. 펫프렌들리하여 실내 침대 박물관뿐 아니라 카페에도 반려견 입장이 자유로우며 곳곳에 배변봉투가 비치되어 반려인에 대한 세심한 배려를 느낄 수 있다.

📍 경기도 이천시 모가면 사실로 988 시몬스테라스 📞 0507-1342-4071 🌐 http://www.simmons.co.kr 🕐 매일 11:00~20:00 💰 무료 ⏱ 1시간 🐕 소형견, 중형견, 대형견 모두 방문 가능. 실내 및 카페에도 리드줄만 하고 입장 가능.

여기도 Check!

시몬스 그로서리 스토어

시몬스테라스 내 있는 카페로 커피, 핫도그를 주로 판매한다. 미국의 대학교 카페테리아와 체육관을 모티브로 하고 있어 마치 미국 하이틴 영화 속에 들어온 듯한 인상을 준다. 핫도그 맛도 좋아 평이 좋으며 특히 커피가 정말 맛있다. 텀블러, 보조배터리, 쿠션, 농구 저지 등 이색 굿즈도 판매하여 구경하는 재미까지 갖췄다. 반려견과 함께 갈 수 있는 실내 이색 여행지에다 카페까지 있으니 비가 오거나 한여름, 한겨울에도 방문할 수 있는 점이 매력적이다.

📍 경기도 이천시 모가면 사실로 988 시몬스 그로서리 스토어 📞 0507-1398-0637 🌐 https://www.instagram.com/simmonsgrocerystore 🕐 매일 11:00~20:00 💰 무료 🐕 소형견, 중형견, 대형견 모두 방문 가능. 실내 O. 가방 없이 리드줄만 하고 가능.

덕평자연휴게소

24 경기 이천

영동고속도로에 위치한 휴게소로 마니아가 많은 곳 중 하나다. 반려견 동반 식사 공간을 구비하고 있으며 중앙정원 등 산책로가 상당히 잘 되어 있다. 포토존 역시 다양해 사진 찍기에 좋고, 반려견 운동장이 있어 여행 중 반려견의 스트레스를 풀어주고 가는 사람들이 꽤 있다. 덕평휴게소의 대표 메뉴는 소고기국밥, 육개장이다.

📍 경기도 이천시 마장면 덕이로 154번길 287-76 📞 031-645-0001 🕐 24시간 연중무휴 💰 무료 🐕 소형견, 중형견, 대형견 모두 가능.

여기도 Check!

중앙공원
덕평자연휴게소 중앙에 위치해 있다. 꽃과 나무 등 조경이 잘 꾸며져 있고, 예술 조각 작품들도 설치돼 있어 볼거리가 다양하다. 식사 후 가볍게 산책하기에 굿.
🐕 소형견, 중형견, 대형견 모두 방문 가능.

힐링파크(구 달려라 코코)
중앙공원과 연결된 반려견 운동장이다. 언덕이 있어 뛰어다니기에 좋고 다양한 어질리티 시설을 구비하고 있다 (과거 '달려라 코코'로 운영하던 공간을 바꿈).
📍 경기도 이천시 마장면 각평리 산21-3 🕐 11:00~17:00 💰 입장료 무료 🐕 소형견, 중형견, 대형견 모두 방문 가능.

휴일도

25 경기 이천

국내 최초, 우주 최초 반려동물 찜질방이 경기도 이천에 있다. 바로 휴일도 이천점인데 생기자마자 입소문이 나서 엄청난 인기를 끌고 있다. 찜질방이라 뜨거우면 어떡하나 하는 우려와 달리 실내 공간은 적당한 온도와 습도를 유지하며, 주로 돔찜질 형식이라 기계 안에서 뜨끈하게 지질 수 있다. 즉, 반려견이 돌아다니는 곳은 바닥이 시원한 따뜻한 집 안이라고 생각하면 된다. 또한 온열찜질방도 있어 일반 찜질방처럼 땀을 뺄 수 있는데 이 경우 반려견 건강을 수시로 체크해야 한다. 라면, 미역국, 제육덮밥 등 식사 메뉴도 판매하며 반려견 간식도 있다.

📍 경기도 이천시 신둔면 마소로 11번길 34-15 📞 0507-1384-0830 🌐 https://www.instagram.com/huildo_ 🕐 매일 10:00~20:00(겨울에는 매일 운영하나 계절에 따라 휴무일 및 운영 시간이 달라질 수 있음) 💰 성인 15,000원, 반려견 10,000원 🐕 19kg까지 입장 가능.

TIP
- 애견 동반 찜질방이 거의 없기 때문에 휴일도는 늘 인기가 많다. 여유롭게 즐기고 싶다면 주말, 공휴일보다는 평일을 추천한다.
- 반려견 운동장도 있어 찜질 후 간단히 놀리기에 좋다.

분지울 작은 캠프장

26 경기 양평

경기도 양평과 강원도 홍천 경계에 위치한 소규모 캠핑장으로 사이트 간격이 넓고 조용한 분위기의 캠핑장이다. 오래된 캠핑장이지만 관리가 잘 되어 있으며 사이트 크기도 커서 마니아들이 많다. 캠장님이 SBS '생활의 달인'에서 겨울 캠핑의 달인으로 출연한 적이 있는 고수라 캠퍼들에게 이것저것 도움을 많이 준다. 주변에 비발디파크가 있어 놀러가기에 좋다.

📍 경기도 양평군 단월면 분지울 1길 81 📞 010-5340-1957 🌐 https://cafe.naver.com/campgood 🕐 체크인 14:00, 체크아웃 12:00 💰 1박 60,000원(연박 할인) 🐕 소형견, 중형견, 대형견 모두 방문 가능. 목줄 필수. 사전 문의 필수.

두물머리 연핫도그

원조와 짭이 있는데 아무래도 원조를 먹어보기를 추천한다. 원조는 네이버에 '두물머리 연핫도그'를 검색하면 첫 번째로 뜬다. 야외에 먹을 수 있는 공간 및 의자가 많기에 반려견과 편안하게 머물 수 있다.

📍 경기도 양평군 양서면 두물머리길 103-8 🐾 소형견, 중형견, 대형견 모두 동반 가능. 야외 O.

두물머리

27 경기 양평

북한강과 남한강의 두 물이 합쳐지는 곳이라 하여 '두물머리'라는 이름이 붙여졌다. TV 드라마나 영화 속에 자주 등장하였고, 이영자 추천 맛집인 두물머리 연핫도그 때문에 더 많이 알려지게 되었다. 아침 물안개, 해질 녘 일몰, 겨울철 설경 등 시간대와 계절을 가리지 않고 아름다운 풍경을 자랑한다. 반려견과 편안하고 느긋한 산책이 가능하여 많은 반려인들이 찾는 곳이기도 하다. 두물머리에는 소원을 비는 느티나무가 있다. 이곳에 가면 소원 하나씩은 빌고 오자.

📍 경기도 양평군 양서면 양수리 두물머리 📞 031-775-8700
🕐 24시간 연중무휴 💰 무료 ⏱ 30분 내외 🐾 소형견, 중형견, 대형견 모두 방문 가능.

두물경

많은 사람들이 두물머리까지만 보고 돌아가는 경우가 많은데 반려견과 조금 더 긴 산책을 하고 싶다면 두물경까지 걸어보자. 사실 두물경이야말로 북한강과 남한강이 실제로 합쳐지는 지점으로 이를 두 눈으로 확인할 수 있다. 두물머리에서 10여 분만 걸어가면 된다.

📍 경기도 양평군 양서면 양수리 739-2 🐾 소형견, 중형견, 대형견 모두 동반 가능.

근처 애견 동반 맛집·카페

팔당초계국수 본점

팔당댐 유명 맛집으로 초계국수, 얼큰해물칼국수가 대표 메뉴다. 두물머리와 멀지 않은 거리에 있다.

📍 경기도 남양주시 와부읍 다산로 343 📞 0507-1439-0333 🐾 소형견, 중형견, 대형견 모두 방문 가능. 실내 X, 야외 테라스 O.

용문산 계곡

28 경기 양평

찌는 듯한 여름, 서울 근교 수도권에 반려견 동반 가능한 계곡을 찾고 있다면 주목하자. 그늘 아래 시원한 계곡 물놀이뿐 아니라 쉬엄쉬엄 용문사까지 산책할 수 있으니 일석이조다. 많은 반려인들이 반려견과 함께 물놀이를 즐기러 나오는 모습을 볼 수 있으며 아무도 뭐라고 하는 사람이 없다. 도시락을 준비하여 계곡 주변에 돗자리를 펴고 즐길 수도 있다. 계곡에 반려견과 함께 몸을 담그고 한여름 더위를 물리쳐보자.

* 용문산관광지 주차장에서 용문사 방향으로 올라가면 계곡을 쉽게 찾을 수 있다.

📍 경기도 양평군 용문면 신점리 519-2(내비에 '용문산관광지' 입력) 📞 031-773-0088 🕐 24시간 연중무휴 💰 무료 🐕 소형견, 중형견, 대형견 모두 방문 가능. 목줄 필수.

여기도 Check!

용문사

용문산 계곡에서 조금만 더 위로 걸어가면 사찰이 하나 나온다. 신라 신덕왕 2년(913) 대경 대사가 창건한 용문사다. 이곳에는 수령 1,100살 이상으로 추정되는 은행나무(천연기념물 30호)가 있는데 앙코르와트 사원에 있어도 될 만큼 크기가 어마어마하다. 특히 가을철에 오면 노란빛으로 물들어 장관이다. 반려견은 경내 출입은 가능하나 사찰 건축물 내부 출입은 불가하다.

📍 경기도 양평군 용문면 용문산로 782 🐕 소형견, 중형견, 대형견 모두 동반 가능.

TIP
- 캠핑 의자가 있다면 가져와서 펴놓고 발을 담그는 것도 좋다. 옷도 젖지 않고 시원하게 즐길 수 있다.
- 용문산관광지 주차장 앞에 애견 동반이 되는 식당이 많다. 용문산은 산나물이 유명하여 산채비빔밥을 파는 곳이 많고, 닭 또는 오리백숙, 돌솥밥 등 한식당이 주를 이룬다.

수풀로 운심리

29 경기 양평

'수풀로'란 한강수변구역 중 일부를 복원하여 생태공원을 조성한 것으로 양평 운심리와 양수리, 가평 삼회리, 용인 영문리와 같이 총 4군데가 있다. 공공 하수처리장의 유출수를 연못과 수로를 거치게 하여 다양한 수생식물들에 의해 다시 한번 자연 정화가 이뤄지게 함으로써 한강 수질 개선에 기여하고 있다. 운심리에 들어서면 우려와 달리 악취 등의 냄새는 나지 않으며 산책로가 잘 조성돼 반려견과 나란히 걷기에 좋다. 또한 삵, 수달, 왕은점표범나비 등 다양한 동물들이 살고 있어 운이 좋으면 볼 수 있다. 사람들에게 잘 알려지지 않은 양평의 숨은 여행지이며 한적해서 여유롭게 산책을 즐기기에 좋다.

📍 경기도 양평군 강하면 운심리 165 📞 031-774-3603 🌐 http://www.hanriver.or.kr/ 🕐 매일 09:00~18:00 💰 무료 ⏱ 30분 내외 🐕 소형견, 중형견, 대형견 모두 방문 가능. 봄부터 가을까지는 진드기를 주의해야 한다. 말 그대로 주변이 수풀이라 각별히 신경 쓸 것.

근처 애견 동반 맛집·카페

퇴촌 어로프슬라이스피스

반려견 동반이 가능한 대형 베이커리 카페다. 그렇지 않아도 맛있는 빵과 커피로 입소문이 자자한데 '전참시'에서 이영자가 다녀가 더욱 핫해졌다. 정원이 예뻐 사진이 잘 나오며 공간별로 테마가 달라 하나씩 구경하는 재미가 있다.

📍 경기도 광주시 퇴촌면 정영로 946-8 🐕 소형견, 중형견, 대형견 모두 동반 가능. 실내 X, 야외 테라스 O.

가실벚꽃길

30 경기 용인

에버랜드 옆 호암미술관 쪽에 위치하고 있는 가실벚꽃길은 용인의 대표 벚꽃 명소다. 봄철 나들이로 다녀오기 좋고, 경치가 워낙 아름다워 용인 8경 중 제7경으로 손꼽힌다. 호암미술관 입구 왕벚꽃나무 터널길을 천천히 걷고 있으면 영화의 한 장면 속으로 빠져드는 경험을 하게 될 것이다. 또한 호암저수지 주변의 산 역시 벚나무가 빽빽이 들어서 있는데 장관이 따로 없다. 벚꽃철이면 차량과 사람들로 인산인해를 이루지만, 수도권에서 반려견과 드라이브 삼아 다녀오기 좋다.

📍 경기도 용인시 처인구 포곡읍 가실리 190-14 📞 031-6193-2068 🕐 24시간 연중무휴 💰 무료 🐾 산책 도보 20분 🐕 소형견, 중형견, 대형견 모두 방문 가능.

여기도 Check!

비위치 셀프바베큐

가실벚꽃길에서 가까운 당일 글램핑 셀프 바비큐 식당이다. 고기 질도 좋고 가격도 합리적인 편. 룸이 독립된 공간으로 나뉘어 있어 반려견과 프라이빗하게 즐길 수 있다.

📍 경기도 용인시 처인구 포곡읍 성산로 567 비위치 🐕 소형견, 중형견, 대형견 모두 가능. 리드줄만 하고 입장 가능.

스노우피크 카페앤다이닝

캠핑 브랜드 '스노우피크'에서 운영하는 애견 동반 카페이자 식당으로 캠핑을 좋아한다면 들러볼 만한 곳이다. 스노우피크 텐트, 제품들을 구경할 수 있고, 스테이크, 파스타, 샐러드 등 식사와 커피를 즐길 수 있다.

📍 경기도 용인시 처인구 포곡읍 에버랜드로 388 B동 🐕 소형견, 중형견, 대형견 모두 가능. 실내 O(폴딩도어 테라스, 애견 동반 전용좌석), 야외 테라스 O.

빈투바 로스터리 카페

에그타르트가 맛있는 애견 동반 카페다. 온실 속 아늑한 공간에서 바깥 풍경이 갤러리처럼 보이는 것이 인상적이다.

📍 경기도 용인시 처인구 포곡읍 부곡로 140 🐕 소형견, 중형견, 대형견 모두 가능. 실내 O, 야외 테라스 O. 실내 동반 시 가방이나 케이지 지참.

TIP
- 봄에 벚꽃이 아름다워 가실벚꽃길이라 이름이 붙여졌지만, 겨울철 눈 쌓일 때의 설경도 무척 아름답다.
- 차량 통행이 많지 않을 때 도로 한가운데서 견생샷을 건질 수 있다.

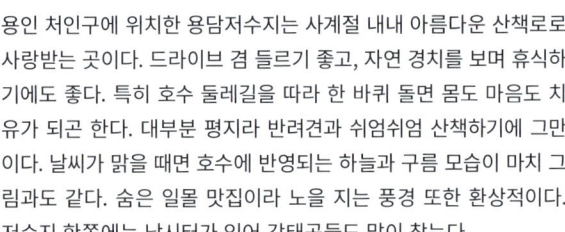

용담저수지

31 경기 용인

용인 처인구에 위치한 용담저수지는 사계절 내내 아름다운 산책로로 사랑받는 곳이다. 드라이브 겸 들르기 좋고, 자연 경치를 보며 휴식하기에도 좋다. 특히 호수 둘레길을 따라 한 바퀴 돌면 몸도 마음도 치유가 되곤 한다. 대부분 평지라 반려견과 쉬엄쉬엄 산책하기에 그만이다. 날씨가 맑을 때면 호수에 반영되는 하늘과 구름 모습이 마치 그림과도 같다. 숨은 일몰 맛집이라 노을 지는 풍경 또한 환상적이다. 저수지 한쪽에는 낚시터가 있어 강태공들도 많이 찾는다.

📍 경기도 용인시 처인구 원삼면 사암리 55 📞 1577-1122 🌐 https://www.yongin.go.kr/ 🕐 24시간 연중무휴 W 무료 ⏱ 1시간 30분 🐕 소형견, 중형견, 대형견 모두 방문 가능.

> **TIP**
> - 해돋이 명소로도 알려져 매년 1월 1일 용인 시민들이 일출을 보러 많이 온다.
> - 중간중간 비포장길에다 움푹 파인 곳이 있어 비 오거나 눈 올 땐 주의.

근처 애견 동반 맛집·카페

라미르

용인 용담저수지 입구에 위치한 카페로 뷰가 좋다. 반려견은 외부 테라스만 가능하니 참고하자.

📍 경기도 용인시 처인구 원삼면 원양로 426 📞 070-7757-9549 🐕 소형견, 중형견, 대형견 모두 방문 가능. 실내 X, 외부 테라스 O.

구갈레스피아

32 경기 용인

도심 속 이국적인 풍경을 접할 수 있는 곳으로 인근 주민들이 나들이, 산책, 운동하러 나오는 장소이다. 기존의 하수처리장을 친환경 공간으로 바꾼 생태공원인데 다행스럽게도 악취는 나지 않는다. 연못에는 오리, 잉어 등 다양한 동물과 식물이 살고 있어 아이들과 자연 관찰하러 나오는 사람들도 많다. 산책로가 잘 돼 있고 넓은 잔디밭이 있어 피크닉하기에도 안성맞춤이며 반려견과 반나절 즐거운 시간을 보내기에 좋다.

📍 경기도 용인시 기흥구 중부대로 640 📞 031-324-8167 🌐 https://www.giheunggu.go.kr/ ⏰ 24시간 연중무휴 💰 무료 ⏱ 30분 내외 🐕 소형견, 중형견, 대형견 모두 방문 가능.

여기도 Check!

구갈레스피아 반려견 놀이터

구갈레스피아 바로 옆에는 반려견 놀이터가 있는데, 중소형견존, 대형견존 등 체급별로 공간이 나뉘어 있다. 용인에 생긴 첫 번째 무료 반려견 놀이터로, 세월의 흔적은 묻어 있지만 구갈레스피아와 같이 묶어 시간을 보내기 좋다. 식수대, 배변봉투가 비치되어 있고 간단한 어질리티도 구비되어 있다.

📍 경기도 용인시 기흥구 중부대로 640 ⏰ 화~일요일 09:00~20:00 🐕 소형견, 중형견, 대형견 모두 가능. 법정 5대 명견과 싸운 이력이 있거나 입질이 있는 견은 입장 제한.

만골근린공원

33 경기 용인

용인 기흥구에 위치한 만골근린공원은 산책로가 잘 되어 있고 풍경이 아름다워 많은 사람들이 나들이 장소로 찾는다. 봄에는 벚꽃 명소, 가을엔 단풍 명소로 유명해 반려견과 경치를 감상하며 휴식하기에 좋다. 또한 숲길 둘레길, 어린이 대형 놀이터, 어싱길 등도 조성되어 나이대를 불문하고 여러 세대들이 방문한다.

📍 경기도 용인시 기흥구 기흥로 116번길 10 📞 031-324-4435 🕐 24시간 연중무휴 💰 무료 ⏱ 1시간 🐕 소형견, 중형견, 대형견 모두 방문 가능.

TIP
- 잔디밭에 돗자리 펴고 나들이하기 좋은 곳이라 짧게 머무르기보다 도시락을 싸와서 반나절 머물러볼 것.
- 숲속 둘레길은 흙길이라 반려견 산책하기 안성맞춤이다.

기흥 롯데프리미엄아울렛

34 경기 용인

기흥 롯데프리미엄아울렛은 수도권 남부에서 반려견과 함께 방문하기 좋은 아울렛이다. 실내 매장과 야외 매장이 골고루 섞여 있고 돌아보기 편하게 되어 있다. 실내에서는 가방이나 캐리어를 필수 지참해야 하며 지하 1층 안내 데스크에서 개모차 무료 대여도 가능하다. 야외에서는 리드줄만 하고 다녀도 돼서 산책도 해결할 수 있다. 무료 펫파크를 운영하고 있으며 반려견과 함께 실내 식사가 가능한 펫그라운드도 잘 되어 있다.

📍 경기도 용인시 기흥구 신고매로 124 📞 1577-0001 🌐 https://www.lotteshopping.com/ 🕐 매일 10:30~21:00 🐕 소형견, 중형견, 대형견 모두 방문 가능.

롯데프리미엄아울렛 기흥점 즐기기

출입 전 확인 사항

실내는 식음업장을 제외하고 대부분 매장들이 반려견 동반을 허용하고 있으며, 야외는 매장 입구마다 반려견 동반 가능 유무가 표시 되어 있다. 다른 아웃렛 대비 반려견 동반 가능한 매장이 많은 편이라 웬만한 곳은 거의 다 들어갈 수 있다.

펫그라운드

반려견과 함께 식사할 수 있는 실내 공간으로 2층 테이스티 그라운드 옆에 위치해 있다. 푸드코트 내 음식을 마음껏 골라올 수 있어 선택의 폭이 넓다. 물과 물그릇뿐 아니라 배변패드, 배변봉투, 전자레인지까지 구비되어 있다. 일반 테이블 외 프라이빗 펫부스도 있는데 이곳에선 반려견을 풀어놓은 채 식사할 수 있다. 소형견, 중형견만 이용 가능하며 아쉽게도 대형견은 불가하다.

펫파크

1층 야외에 위치하며 소형견존, 중대형견존으로 나뉘어 있다. 무료입장이 가능하고 간단한 어질리티 및 식수대가 있어 이용이 편리하다. 파라솔, 의자 등 반려인을 위한 휴게 공간도 마련되어 있으며 음식 반입은 금지이니 지키도록 하자.

개모차 대여

지하 1층 안내 데스크에서 휴대폰 번호와 이름 등록 후 대여 가능하다. 이용 시간은 10:30부터 20:30까지. 예방접종이 완료된 반려동물에 한하며 15kg 이하만 이용할 수 있다. 개모차를 깜박 두고 오거나 반려견 휴식이 필요할 때 이용해보자.

기흥호수공원

35 경기 용인

기흥호수공원은 인근 주민들이 즐겨 찾는 공원으로 주변에 가리는 것 없이 탁 트인 전망을 감상할 수 있는 곳이다. 조정경기장이 있어 이따금씩 선수들이 훈련하는 모습을 볼 수 있으며 돗자리를 가져와 평온하게 휴식을 즐기기에 좋다. 입구에는 상가, 카페가 모여 있고, 특히 매점에서 파는 한강라면이 인기가 많다. 꽤나 큰 호수이기에 한 바퀴 모두 돌면 10km이지만, 대부분 조정경기장에서부터 기흥레스피아까지 약 1km 정도 왕복하는 편이다. 밤에는 산책로에 조명이 은은하게 들어와 감성적인 분위기를 느낄 수 있다.

📍 경기도 용인시 기흥구 동탄기흥로923　📞 031-6193-9002　🕐 24시간 연중무휴　💰 무료　⏱ 약 1km(조정경기장~기흥레스피아) 기준 30분 내외　🐕 소형견, 중형견, 대형견 모두 방문 가능.

여기도 Check!

기흥레스피아 반려견 놀이터

기흥호수공원 한쪽에 위치해 있으며 용인시에서 운영하는 무료 반려견 놀이터 중 시설이 가장 잘 되어 있다. 약 4,000㎡의 면적이라 넓고 쾌적해 인기가 많으며, 동물등록이 되어 있어야 출입이 가능하다. 또한 중소형견존, 대형견존과 같이 체급별로 공간이 구분되어 있어 안전하게 놀 수 있다. 매주 월요일, 설날, 추석 당일 휴무이며 우천이나 폭우, 폭설이 있을 경우도 미개방한다. 이 경우 아래 전화번호로 연락하여 운영 여부를 확인하는 것이 좋다.

📍 경기도 용인시 기흥구 하갈로 79-1　📞 031-6193-3465　🐕 소형견, 중형견, 대형견 모두 방문 가능.

빈티지패션팩토리

36 경기 용인

구제를 취급하는 아웃렛 매장으로 다양한 할인 행사를 수시로 진행하여 저렴하게 득템 가능한 곳이다. 명품부터 폴로, 라코스테, 타미힐피거 등 다양한 브랜드 옷들이 있으며 여성 의류, 남성 의류, 아동 의류, 스포츠 의류, 잡화(가방, 모자 등) 등 분류가 잘 되어 있다. 구제지만 대부분 상태들이 좋은 편이라 잘하면 새것 같은 옷도 건질 수 있다. 카톡 친추를 하면 주기적으로 새 상품 입고 알림과 이벤트 정보를 받을 수 있다.

📍 경기도 용인시 처인구 모현읍 외개울로 135번길 33 📞 0507-7724-1556 🌐 https://www.instagram.com/vff_official_ 🕐 매일 11:00~19:00 🐕 소형견, 중형견, 대형견 모두 방문 가능. 가방이나 개모차 반드시 지참.

TIP
내부가 꽤 넓어서 냉난방이 원활하지 않다. 여름엔 살짝 덥고, 겨울엔 살짝 추운 편이니 감안할 것.

테일45

37 경기 용인

수도권에서 핫한 대형 애견 카페 중 하나이다. 5,000평의 넓은 잔디밭과 체급별로 나누어진 반려견 운동장이 있으며 여름엔 수영장을 오픈한다. 대부분의 반려견 운동장이 평지인 데 반해 테일45는 언덕의 경사를 이용해 만든 것이라 강아지의 근육과 관절을 튼튼하게 만드는 효과가 있다. 카페, 레스토랑에서는 사람 음식뿐 아니라 반려견 식사 및 수제 간식을 다양하게 팔고 있다. 저렴한 가격에 프라이빗존 대관도 가능하다. 한 번도 방문하지 않은 사람은 있어도 한 번만 방문한 사람은 보기 드물 정도로 인근 반려인들에게 많은 사랑을 받는 애견 카페다.

📍 경기도 용인시 기흥구 고매로 43번길 47 📞 0507-1387-4602 🌐 https://www.instagram.com/tail45_official 🕐 매일 10:00~21:00 🐕 반려견 1마리 15,000원, 보호자 무료 🐾 소형견, 중형견, 대형견 모두 방문 가능. 5대 맹견 출입 제한.

법륜사 _{38 경기 용인}

법륜사는 2005년에 창건하여 짧은 역사를 가지고 있지만 웅장하고 화려한 외관이 돋보이는 사찰이다. 절에서 보기 힘든 청기와를 사용했고 지붕 위에 황금탑도 놓여 있어 일반적인 사찰과는 다른 분위기를 풍긴다. 비구니들만 기거하며 템플 스테이(반려견 동반 X)를 운영하면서 더욱 알려지게 되었다. 반려견과 경내를 산책하며 법륜사 특유의 세련되면서도 고요한 멋을 느껴보기 바란다.

📍 경기도 용인시 처인구 원삼면 농촌파크로 126 📞 031-332-5703 🌐 http://www.beomnyunsa.or.kr/ ⏰ 24시간 연중무휴 💰 무료 ⏱ 30분 내외 🐕 소형견, 중형견, 대형견 모두 방문 가능. 경내는 가능하나 법당 내부는 반려견 출입 불가.

TIP
법당에 삽살개 한 마리가 살고 있다. 컹컹 짖는 소리가 나더라도 놀라지 말자.

하남 스타필드 _{39 경기 하남}

국내 쇼핑몰 중 최초로 반려동물 입장을 허용한 곳이다. 그래서인지 쇼핑몰 중 반려견을 가장 많이 마주치게 된다. 펫프렌들리하여 리드줄만하고 올 수 있으며 펫파크에서 신나게 뛰어놀다 갈 수 있다. 식음료 매장, 일부 명품 매장을 제외하고 반려견을 동반할 수 있는 곳이 많아 쇼핑하기 편리하다. 실내에 도그라운지가 있어 반려인들이 편하게 쉴 수 있으며 화장실 앞에 도그훅과 가림막을 설치해 반려견을 잠시 대기시킬 수도 있는 등 세심한 배려가 돋보인다.

📍 경기도 하남시 미사대로 750 📞 1833-9001 🌐 https://www.starfield.co.kr/hanam/main.do ⏰ 매일 10:00~22:00 🐕 소형견, 중형견, 대형견 모두 방문 가능. 실내 O, 실외 O. 리드줄만 하고도 방문 가능.

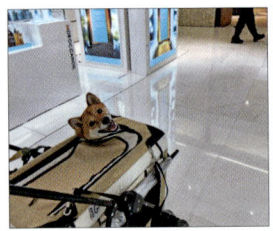

하남 스타필드 반려견과 함께 즐기기

출입 전 확인 사항

스타필드 타 지점들과 마찬가지로 매장마다 입구 바닥에 반려견 출입 가능 여부를 표시해놓았다. 많은 매장들이 출입을 허용하고 있지만, 캐리어를 지참해야 입장 가능한 경우가 꽤 있어 웬만하면 가방이나 캐리어를 가져오기 바란다.

개모차 대여

1층 안내 데스크에서 개모차를 대여해준다. 대여 비용은 무료이며 저렴이 유모차가 아니라 주행감이 좋다. 매일 10:00부터 대여가 가능하고 제한 시간 따로 없이 21:30까지 반납하면 된다. 15kg 미만인 경우만 이용 가능하며 야외, 푸드코트, 트레이더스에는 출입이 불가하다. 쇼핑하다 보면 개모차가 필요한 순간들이 꼭 생기는데 급작스레 이용해야 할 경우 대여하면 좋다.

도그라운지&펫파킹

실내에는 반려인과 반려견이 함께 쉴 수 있는 도그라운지가 있다. 이곳은 독립된 공간으로 오프리시하여 반려견을 잠깐 놀리기에 좋다. 또한, 화장실 앞에는 도그훅을 설치한 펫파킹 시설이 있어 잠시 화장실에 다녀와야 할 때 반려견을 둘 수 있다.

펫파크

1층 야외에 위치해 있으며 소형견, 중대형견존으로 나뉘어 있다. 잔디밭이라 뛰어놀기에 좋고 음수대와 배변봉투, 테이블, 의자 등 편의시설이 잘 갖추어져 있다. 야간 조명을 감성 있게 해놓아 밤에도 반려인들이 많이 찾는다.

몰리스펫샵

반려동물 용품을 파는 매장으로 반려인이라면 필수로 들러야 하는 코스다. 사료, 간식부터 옷, 장난감, 미용용품, 위생용품 등 다양한 아이템을 취급한다. 이벤트와 세일도 종종 진행하므로 놓치지 말자.

미사 경정공원

40 경기 하남

나들이하기 좋은 공원으로 특히 겹벚꽃과 핑크뮬리 명소로 유명하다. 주차공간이 넉넉하고 돗자리와 간식만 준비하면 반나절 즐겁게 피크닉하고 올 수 있다. 이국적인 풍경이 꽤 운치 있고, 천연 잔디밭이 깔려 있어 반려견 산책하기에도 좋다. 자전거를 빌려 미사 경정공원을 한 바퀴 둘러볼 수 있으며, 매점과 카페 등 편의시설 역시 잘 갖추고 있다. 타이밍이 맞으면 조정 경기 및 연습하는 선수들도 구경할 수 있다.

📍 경기도 하남시 미사동 15 📞 031-790-8881 🌐 https://www.ksponco.or.kr/boatracepark/ 🕐 24시간 연중무휴 🅦 무료 🐕 소형견, 중형견, 대형견 모두 방문 가능.

TIP
- 수도권 겹벚꽃 명소로 4월 중순~하순쯤 방문하면 예쁜 사진을 건질 수 있다.
- 핑크뮬리를 보려면 9~11월 방문을 추천한다.

국제중앙시장

41 경기 평택

이태원보다 더 이태원 같은 곳, 바로 평택 국제중앙시장이다. 다양한 국적의 사람들과 이국적인 거리 및 풍경으로 잠시 다른 나라에 와 있는 듯한 착각이 든다. 우리나라 전통시장과 달리 환전소, 양복점, 보세 의류 신발, 기념품점 등 다양한 가게들이 몰려 있다. 반려견과 산책하며 시장 골목 이곳저곳을 누비는 것만으로도 재밌는 곳이다. 길거리 버스킹 공연도 자주 열려 눈과 귀를 즐겁게 해준다. 테라스가 있는 식당이나 카페에서 이곳만의 프리한 분위기를 즐겨보자.

📍 경기도 평택시 중앙시장로 16 🌐 https://www.pticm.co.kr 🕐 24시간 연중무휴(점포마다 영업시간 상이) 🐕 소형견, 중형견, 대형견 모두 방문 가능.

한 걸음 더 Zoom in

평택 국제중앙시장 탄생 배경

국제중앙시장 맞은편에는 송탄 미군부대(오산 공군기지)가 있다. 한국전쟁 당시 미군이 이곳에 주둔하면서 자연스럽게 부대 앞에는 미군들을 위한 쇼핑, 음식, 클럽 등이 들어서게 된다. 처음엔 송탄 저녁시장이라 불렸으나 평택시와 송탄시가 통합하면서 국제중앙시장으로 명칭이 바뀌었다.

평택 국제중앙시장 먹거리

다국적 인종이 모인 까닭에 여러 나라 음식들이 거리를 메운다. 그중에서도 대표 음식은 바로 부대찌개와 햄버거. 송탄부대찌개의 발상지가 바로 이곳이라 시장 곳곳에서 이를 파는 식당을 볼 수 있다. 또, 햄버거 역시 꾸준히 사랑을 받는데 미스진햄버거, 미스리햄버거, 송쓰버거, 킹햄버거 등 햄버거 맛집들이 즐비하다. 이 중 킹햄버거는 야외에서 반려견과 함께 식사가 가능하다. 이 외에도 튀르키예 케밥, 태국 음식, 몽골 음식, 아프리카 음식 등 다양한 나라의 음식을 맛볼 수 있다.

킹햄버거

📍 경기도 평택시 쇼핑로 14 📞 031-665-9951 소형견, 중형견, 대형견 모두 가능. 실내 X, 야외 테라스 O.

골목 벽화

시장 외곽에는 300m 철길이 놓여 있는데 원래 미군부대로 물품을 수송하던 기찻길이었다. 이 기찻길을 따라 담벼락에 벽화가 그려져 있어 이를 구경하는 재미도 쏠쏠하다.

내리문화공원

42 경기 평택

안성천에 자리한 평택 내리문화공원은 경기도 대표 수국 명소로 여름철 방문 시 20만 송이가 넘는 수국들을 감상할 수 있다. 흰색, 핑크, 보라, 파랑 등 다양한 색상의 수국이 화려한 자태를 뽐내는 곳이며 포토존도 여럿이라 반려견 견생샷을 건질 수 있다. 공원에는 자전거길, 산책로가 잘 되어 있고 특히 돗자리를 가져와 피크닉을 즐기는 사람들이 많다. 잔디마당에서는 공연, 행사가 종종 열리며 전망대에 오르면 안성천이 내려다보인다. 가을에는 핑크뮬리 정원이 유명하다.

📍 경기도 평택시 팽성읍 내리1길 16-6 📞 031-8024-4242 🌐 https://www.pyeongtaek.go.kr 🕐 24시간 연중무휴 💰 무료 ⏱ 30분 내외 🐕 소형견, 중형견, 대형견 모두 방문 가능.

배다리생태공원

43 경기 평택

평택 도심에 위치해 있어 접근성이 좋고 규모가 큰 공원이라 반려견과 산책 나들이하기에 좋다. 배다리란, 과거 바닷물이 들어올 때 배를 여러 대 띄워 다리처럼 걸쳐놓고 건넌 것에서 유래된 이름이다. 저수지 주변의 수변 데크와 숲길 및 어싱길(반려견 동반 X)이 잘 조성되어 산책 시 다양한 코스를 선택할 수 있다. 반려인들이 많이 오기 때문에 공원 내 펫티켓 관련 유의사항이 이곳저곳 붙어 있으며 방송으로도 계속 안내가 나온다. 봄에는 벚꽃 명소로 유명하고, 밤에는 LED 수국 정원 등 야경이 아름답다.

📍 경기도 평택식 죽백 6로 20 📞 031-8024-4242 🌐 https://www.pyeongtaek.go.kr 🕐 24시간 연중무휴 💰 무료 ⏱ 1시간 내외 🐕 소형견, 중형견, 대형견 모두 방문 가능.

> **TIP**
> 전반적으로 나무 그늘이 잘 되어 있지만 저수지 둘레길과 나무 데크 일부에는 그늘이 없어 한여름에는 유의할 것.

대부도 탄도항

경기 안산 44

안산 대부도 탄도항은 하루 두 번 바닷길이 열리는 곳이다. 누에섬까지 걸어서 들어갈 수 있는 이 길을 '탄도바닷길'이라 부르는데 수도권에서 당일치기로 많은 사람들이 찾는다. 하지만 바닷길이 열리지 않아도 물멍하며 기분 전환 겸 바람 쐬기 좋고 반려견 산책 장소로도 좋은 곳. 풍력발전기 3대가 돌아가는 모습이 이국적 풍경을 자아내 출사 나오는 사진작가들도 많이 볼 수 있다. 근처 서해랑 케이블카와 묶어서 반나절 여행을 즐겨보자.

📍 경기도 안산시 단원구 선감동 717-3 📞 1899-1720 🌐 https://www.ansan.go.kr 🕐 24시간 연중무휴 Ⓦ 무료 🐕 1시간 내외 🐾 소형견, 중형견, 대형견 모두 방문 가능.

TIP
- 탄도항에서 누에섬까지 이어지는 바닷길은 시멘트길이라 반려견이 발을 다칠 위험이 없다.
- 수평선으로 떨어지는 일몰이 아름다운 곳이다.

한 걸음 더 Zoom in

물때 시간표 보는 법

물때란 하루 두 번씩 밀물과 썰물이 들어오고 나가는 것을 말하는데 '바다타임(https://www.badatime.com)' 사이트에 접속하면 전국 총 1,455개의 물때표를 확인할 수 있다. 바다타임 내 검색창에 '안산탄도'를 검색한다. 누에섬까지 들어가려면 보통 간조시각 2~3시간 전부터 입장이 가능하며 만조 2~3시간 전까지는 나와야 한다. 단, 해가 진 뒤에는 입장 불가이다.

*만조란 바닷물이 가장 많이 들어온 때를, 간조는 가장 많이 빠졌을 때를 의미한다.

누에섬 관람 시간
하절기(3~10월) 09:00~18:00, 동절기(11~2월) 09:00~17:00

공룡알 화석산지

45 경기 화성

천연기념물 제414호로 지정된 화성시 고정리 공룡알 화석산지는 지금까지 모두 200여 개의 공룡 알이 발견된 곳으로 약 1억 년 전 공룡의 주요 서식지였던 것으로 추정되고 있다. 약 1.5km의 산책로를 따라 걷다 보면 시원하게 탁 트인 시화호 간척지 풍경이 눈에 들어온다. 양옆으로 거대한 갈대밭이 들어서 있는데 끝을 알 수 없을 정도로 광활하다. 중간에 있는 낮은 전망대에 올라 바라보는 풍경 또한 예술이다. 산책로 끝자락 즈음에서 공룡 알을 볼 수 있다.

📍 경기도 화성시 송산면 공룡로 659 📞 031-357-3951 🌐 http://dinopia.hscity.go.kr/user/index.jsp ⏰ 09:00~17:00(입장 마감 16:30), 매주 월요일 휴관, 우천 시 산책로 입장 금지 💰 무료 ⏱ 1시간 🐕 소형견, 중형견, 대형견 모두 방문 가능.

TIP
- 그늘이 없어 여름철 한낮은 피하는 것이 좋다.
- 입구 쪽에 방문자센터와 전시실이 있는데 공룡에 관한 다양한 전시물이 있다. 아쉽지만 내부 반려견 동반은 금지다.

동탄호수공원 루나쇼

46 경기 화성

동탄신도시가 들어서면서 조성된 호수공원으로 경기 남부권 사람들에게 많은 사랑을 받는 곳이다. 돗자리가 허용되어 잔디밭에서 피크닉을 즐길 수 있고, 산책 나온 반려견들도 꽤 많이 볼 수 있다. 특히 매년 5월부터 10월 사이 루나쇼를 진행하는데 분수와 영상, 조명, 레이저, 음향 등이 어우러져 꽤 볼 만하다. 루나쇼를 보기 위해 먹거리를 싸들고 가족, 연인, 친구들끼리 삼삼오오 모여든다. 호수공원 주변에 맛집과 카페가 많아 평소에도 유동인구가 많은 편이다.

📍 경기도 화성시 동탄순환대로 69 📞 031-5189-6232, 6632 🌐 https://hspark.hscity.go.kr/ ⏰ 24시간 연중무휴 💰 무료 ⏱ 1시간 30분 내외(산책로 기준) 🐕 소형견, 중형견, 대형견 모두 방문 가능.

루나쇼

메인 쇼와 음악분수로 나뉘며 매년 5월에서 10월 사이 진행된다. 메인 쇼는 월 4회(1·3주 차 금요일, 2·4주 차 토요일) 20:00부터 약 30분간, 음악분수는 일 4회(매주 수~일요일) 12:00, 16:00, 19:00, 20:30에 약 20분간 운영한다. 화성 동탄호수공원 홈페이지에 접속하면 구체적인 일정을 확인할 수 있다.

근처 애견 동반 맛집·카페

소코아 동탄호수공원점

퓨전 카레, 우동, 돈가스를 파는 식당이다. 맛도 있는 데다 양이 많고 리필도 가능하여 단골이 많다. 시그니처 외 다른 메뉴들도 평균 이상의 맛을 보여준다.

📍 경기도 화성시 동탄순환대로 3길 28, 1층 ☎ 0507-1330-5553 🐾 소형견, 중형견, 대형견 모두 동반 가능. 실내 O. 반드시 가방이나 캐리어 지참. 적극적 케어 필수.

남경막국수 가족2

속초 들막 맛집 남경막국수를 동탄에서도 맛볼 수 있다. 반려견 전용 공간이 따로 분리되어 있어 편안히 식사가 가능하다.

📍 경기도 화성시 동탄순환대로 5길 15, 1층 ☎ 0507-1306-1754 🐾 소형견, 중형견, 대형견 모두 동반 가능(대형견 사전 문의). 실내 O. 가방이나 캐리어 지참.

그라츠 커피랩 동탄호수공원점

에스프레소와 진한 라테를 맛볼 수 있는 카페다. 한 번 맛보면 단골이 되는 곳. 반려견과 함께 가면 물을 따로 내어주기도 한다.

📍 경기도 화성시 동탄대로 181, 지하 3층 ☎ 0507-1479-2241 🐾 소형견, 중형견, 대형견 가능. 실내 X, 야외 테라스 O. 겨울에는 바깥에 선히터가 있어 따뜻함.

라크몽 메리그라운드

47 경기 화성

자연 친화, 캠핑 콘셉트의 인테리어가 돋보이는 쇼핑몰로 휴식을 취하다 온 느낌이 드는 곳이다. 실제 나무 여러 그루들이 심어져 있고, 붕어와 물고기들이 수로를 따라 돌아다닌다. 테이블 의자가 놓인 공간에 텐트, 캠핑 체어, 평상 등이 다양하게 있어 골라 앉는 재미가 있다. 실내라서 한여름이나 겨울은 물론 비가 오거나 날씨가 궂은 날에도 방문하기 좋다. 맛집과 카페가 여럿 들어서 있고, 동탄호수공원에 위치해 호수를 산책하며 드나들 수 있다.

📍 경기도 화성시 동탄대로 5길 21 📞 0507-1308-6995 🌐 https://www.instagram.com/merry.ground/ 🕐 매일 10:00~22:00 🐕 소형견, 중형견, 대형견 모두 방문 가능. 실내 반려견 동반길은 중간중간 걸을 수 있도록 하기 위함이며 입장 시 가방 또는 캐리어 지참 필수.

동탄여울공원

48 경기 화성

동탄1신도시와 동탄2신도시 사이에 위치한 공원으로 동탄에서는 동탄호수공원에 이어 두 번째로 큰 면적을 가진 공원이다. 특히 도그파크(반려견 놀이터)가 있어 반려견 동반에 특화된 곳이다. 산책하다 들어가서 놀기에 좋고, 반려견 놀이터만 이용하려고 오는 사람들도 많다. 수국원, 초화원, 꽃구름 정원, 국제 작가 정원 및 음악 분수, 폭포 등 여러 콘셉트와 볼거리를 갖춘 곳으로 산책로 또한 잘 되어 있어 매력 만점인 곳이다.

📍 경기도 화성시 동부대로 1063-2 📞 031-5189-6144 🌐 https://tour.hscity.go.kr 🕐 24시간 연중무휴 💰 무료 ⏱ 1시간 내외 🐕 소형견, 중형견, 대형견 모두 방문 가능.

➕ 여기도 Check!

도그파크

동계를 제외한 봄, 여름, 가을에 무료 개방하고 있으며 QR코드를 발급받아 입장하는 시스템이다. 동물등록이 되어 있어야 출입 가능하고 중소형견존과 대형견존으로 나뉘어 있어 안전하게 놀 수 있다. 일반적으로 지자체에서 운영하는 반려견 놀이터의 경우 휴무일이 지정되어 있는 편인데 이곳은 매일 운영하는 것이 장점이다.

📍 경기도 화성시 동부대로 1063-2 🐕 소형견, 중형견, 대형견 모두 가능. 법정 5대 맹견과 2회 이상 다른 반려견을 공격하여 상해를 입힌 경우는 출입 금지.

동탄 타임테라스

49 경기 화성

타임테라스는 패션 의류 잡화 매장 외에도 영화관, 뷰티, 서점, 가구, 식음료 매장 등 다양한 점포가 입점되어 있는 생활 밀착형 대형 쇼핑몰이다. 원래는 반려동물 동반 불가였는데 반려 인구가 늘어나면서 2024년 8월부터 동반 가능으로 바뀌었다. 매장마다 바닥에 출입 가능 여부가 표시되어 있어 입장 전 구분하기 쉬우며 펫 동반 엘리베이터를 따로 운영하고 있다. 또한 곳곳에 배변봉투가 구비되어 있는 것도 장점이다. 다만, 아직 애견 동반 식당이나 카페는 없어 따로 포장해서 나와 먹어야 하는 것이 아쉽다.

📍 경기도 화성시 동탄중앙로 220 메타폴리스 📞 031-371-7000 🌐 https://terrace.timessquare.co.kr/ 🕐 매일 10:30~22:00 💰 무료 🐕 소형견, 중형견, 대형견 모두 방문 가능. 리드줄만 하고도 입장 가능하며 1m 이내로 고정해야 한다. 매장에 따라 가방이 없으면 출입이 안 되는 경우가 많아 가방을 지참하는 것이 편리하다. 대형견은 입마개 착용 권장.

동탄 센트럴파크

50 경기 화성

동탄 센트럴파크는 낮이나 밤이나 활기찬 곳으로 축구장, 테니스장, 인라인스케이트장, 배드민턴장 등 여러 스포츠 시설이 들어서 있는 공원이다. 아나바다 중고장터가 열리기도 하고 음악분수와 물놀이 공간이 있어 특히 여름철 아이들에게 인기가 많다. 동탄 타임테라스와 연결되어 있으며 주변에 맛집과 분위기 좋은 카페들이 몰려 있다.

📍 경기도 화성시 동탄공원로 2길 22 📞 031-5189-6959 🕐 24시간 연중무휴 💰 무료 🐕 소형견, 중형견, 대형견 모두 방문 가능. 체육시설, 분수 및 시냇물에는 반려동물 출입 불가.

궁평항

51 경기 화성

서해 바다 중 혼탁하지 않고 깨끗한 바다를 볼 수 있는 곳이 바로 궁평항이다. 간조 때는 갯벌을 구경할 수 있지만 만조 때 오면 마치 동해 바다라 해도 믿겨질 정도이다. 바다 위로 데크가 놓여 있어 산책하기에 편리하며 새우깡 봉지 하나로 갈매기와 재밌는 시간도 보낼 수 있다. 낙조가 아름다워 일몰 때 맞춰오는 사람들이 많다. 바다 구경하고 싶을 때 당일치기나 주말 반나절 코스로도 좋다.

📍 경기도 화성시 서신면 궁평항로 1049-24 ☎ 031-356-7339 🕐 24시간 연중무휴 ₩ 무료 ⏱ 1시간 내외 🐕 소형견, 중형견, 대형견 모두 방문 가능.

여기도 Check!

궁평항 수산시장

궁평항에 위치한 수산시장으로 1층에는 생선, 횟감을 비롯해 조개, 낙지, 새우 등 여러 해산물과 건어물을 판매한다. 구입 후 양념집으로 가면 저렴한 상차림비로 식사가 가능하다. 양념집의 경우 반려견이 있다고 말하면 들어와도 된다고 하는 곳이 꽤 있다. 식사를 할 경우 가방은 꼭 지참할 것.

📍 경기도 화성시 서신면 궁평항로 1049-24 🐕 소형견, 중형견, 대형견 동반 가능. 수산시장 바닥에 물기가 있어 웬만하면 가방을 지참하는 것이 좋다.

궁평낙조길

궁평항 수산시장 옆에 위치한 총 415m 길이의 데크길이다. 바다 위로 놓여져 있고 이름처럼 데크 위에서 바라보는 낙조가 장관이다. 중간중간 포토존 앞에서 사진 남기기에 좋고, 밤에는 조명이 잘 되어 있어 야간 산책도 추천한다.

📍 경기도 화성시 서신면 궁평항 🐕 소형견, 중형견, 대형견 동반 가능. 길이 잘 닦여 있고 평지라서 개모차를 지참해도 좋다.

궁평항 먹거리 행복장터

새우튀김, 핫도그, 닭꼬치 등 다양한 K 간식 푸드트럭들이 즐비하다. 궁평항에서 간식이 생각날 때 들르면 좋다.

📍 경기도 화성시 서신면 궁평항로 1069-31 🐕 소형견, 중형견, 대형견 동반 가능. 바닥에 음식물이 떨어져 있을 수 있으니 먹지 않도록 각별히 케어할 것.

⭐ 서해랑 케이블카

52 경기 화성

화성 전곡항과 제부도를 오가는 서해랑 케이블카는 서해 바다를 가로지르는 해상 케이블카다. 국내에서 해상 구간이 가장 긴 케이블카로 2.12km를 운행한다. 제부도 특성상 썰물 때만 들어갈 수 있었는데 케이블카가 완공되면서부터 물때와 상관 없이 입도할 수 있게 되었다. 썰물 때는 갯벌뷰, 밀물 때는 바다물결뷰를 볼 수 있고, 특히 일몰 시간에 맞춰 가면 아름다운 노을을 감상할 수 있어 각광을 받고 있다.

📍 경기도 화성시 서신면 전곡항로 1-10 📞 1833-4997 🌐 https://www.seohaerang.com/ 🕐 09:00~19:00(토~일요일 ~20:00) 💰 대인 왕복 일반 19,000원, 크리스털 24,000원 ⏱ 편도 15~20분 🐾 15kg 이하 가능. 사방이 막힌 가방이나 개모차를 지참해야 하며 반려견 머리가 밖으로 나오면 안 됨. 업체에서 케이지를 무료로 대여해주기도 한다. 또, 개모차를 가져올 경우 바닥이 투명한 크리스털 캐빈 이용이 불가하고 일반 케이블카만 가능하다. 크리스털 캐빈을 이용하려면 가방을 가져오자.

TIP
- 제부도에 들어가서 일몰을 보려면 일몰 시각 최소 1시간 전에는 도착해야 한다. 케이블카 안에서 보려면 대기 시간을 고려해 빠듯하지 않게 도착할 것.
- 제부도 내에서 순환버스(무료) 이용이 가능하다. 30분 간격으로 운행하며 제부도 한 바퀴를 도는 데 15~20분 정도 소요된다. 원하는 곳에 내렸다 탈 수 있고 순환버스 역시 반려견 동반이 가능하다.

제부도

53 경기 화성

제부도는 화성 앞바다의 작은 섬으로 일명 '모세의 기적'이라 불리는 신비의 섬이다. 하루 두 번 썰물 때만 들어갈 수 있어 사전에 물때를 알고 가야 실패하지 않는다. 수도권 당일치기로 다녀오기 좋은 대표적인 드라이브 코스로 알려져 있고, 자동차로 짧게 섬 한 바퀴를 둘러볼 수 있어 매력적이다. 또한 밀물, 썰물에 관계없이 서해랑 케이블카를 타고도 들어갈 수 있다. 매바위 해수욕장이나 빨간 등대 등 주요 포인트에 내려서 가볍게 산책한다면 더할 나위 없이 좋은 여행지이다.

📍 경기도 화성시 서신면 제부리 📞 1577-4200 🌐 https://tour.hscity.go.kr/ 🕐 24시간 연중무휴 💰 무료 ⏱ 3~4시간 🐾 소형견, 중형견, 대형견 모두 방문 가능.

제부도 즐기기

제부도 들어가기

케이블카를 이용하지 않는다면 제부도는 썰물 때만 들어갈 수 있기에 방문 전 물때를 잘 확인해야 한다. 바다타임(https://www.badatime.com)에서도 확인 가능하지만, 제부도 물때(https://jely.kr/jebu/) 홈페이지에서 날짜별, 월별로 통행 가능 시간을 정리해놓아 보기 더 편리하다.

매바위

제부도의 대표 관광지로 생김새가 매의 부리를 닮았다 하여 이름이 붙여졌다. 썰물 때 바위까지 걸어갔다 나올 수 있어 제부도에 오는 사람은 꼭 들르는 곳이다. 바로 옆 제부도 해수욕장은 고운 모래로 이루어져 있으나 매바위를 오가는 길은 모난 자갈들과 조개껍데기가 깔려 있어 반려견 발바닥이 다치지 않도록 주의할 것.

📍 경기도 화성시 서신면 제부리 제부도 해수욕장 🐕 소형견, 중형견, 대형견 모두 가능.

제부도 빨간 등대

제부도의 랜드마크로 특유의 감성 때문에 데이트 장소로도 많이 찾는 곳이다. 등대 끝쪽에 낚시터가 있어 낚시하는 모습을 구경하는 재미도 있다.

📍 경기도 화성시 서신면 해안길 421-20 🐕 소형견, 중형견, 대형견 모두 가능.

제비꼬리길

제부도 등대 옆으로 둘레길인 제비꼬리길이 있다. 제부도 섬 모양이 제비꼬리를 닮았다 하여 붙여진 이름이다. 해안 산책로(0.8km)와 탑재산(1.2km)을 둘러보고 오는 코스인데 포토존도 많고 감각적으로 꾸며 놓아 볼 만하다. 아쉽게도 반려견 동반은 불가다.

📍 경기도 화성시 서신면 해안길 421-23 🚫 불가

근처 애견 동반 맛집·카페

카페 리브르

제부도 매바위 바로 앞에 있는 카페. 제부도에서 유일하게 앞뒤 모두 오션뷰가 가능한 곳으로, 일출과 일몰을 경험할 수 있다.

📍 경기도 화성시 서신면 해안길 220 📞 0507-1494-1573 🐕 소형견, 중형견, 대형견 모두 가능. 실내 O, 야외 테라스 O. 실내 가방 지참 필수.

갯골생태공원

54 경기 시흥

수도권의 대표 억새, 갈대 명소로 가을철 방문하기 좋다. 보통 억새만 있다거나 갈대만 있는 경우가 많은데 이곳은 억새와 갈대를 동시에 구경할 수 있는 보기 드문 곳이다. 약 150만 평의 대규모 부지에 옛 염전을 활용하여 생태공원으로 꾸몄으며 흔들 전망대, 염전 체험, 자전거 대여, 피크닉존과 더불어 캠핑장도 있다. 산책로가 잘 조성되어 있으니 반려견과 발걸음을 맞춰 걸어보자.

📍 경기도 시흥시 동서로 287 📞 031-488-6990 🌐 https://www.shsi.or.kr/ 🕐 24시간 연중무휴 💰 무료(프로그램 이용 시 유료) ⏱ 1~2시간 🐕 소형견, 중형견, 대형견 모두 방문 가능.

TIP
- 산책로에는 그늘이 없어 한여름에는 피하는 것이 좋다.
- 돗자리와 그늘막 텐트를 허용하고 있어 피크닉 즐기기에도 굿.

청화공간

55 경기 시흥

시흥에 위치한 한옥 카페로 많은 사람들이 찾는 곳이다. 고즈넉한 한옥의 분위기와 모던한 현대 분위기가 어우러져 편안한 느낌을 선사한다. 주말이나 공휴일엔 사람이 많은데 그럼에도 어딘가 모를 여유가 느껴진다. 음료, 베이커리, 디저트 어느 하나 빠지는 것 없이 모두 평균 이상의 맛을 자랑한다. 반려견 동반 시 5kg 이하의 소형견만 가능하다.

📍 경기도 시흥시 호현로 155-25 카페청화공간 📞 0507-1371-8832 🌐 https://www.instagram.com/cafe_chunghwagonggan 🕐 매일 10:00~22:00 🐕 5kg 이하의 소형견 가능. 실내 X, 실외 테라스 O.

금광호수 하늘전망대

56 경기 안성

2024년 9월 개장하자마자 안성의 핫플로 급부상해 이제는 안성의 랜드마크로 자리 잡은 곳이다. 금광호수의 박두진 문학길을 따라 산책로가 있고, 하늘전망대 위로 올라가면 금북정맥과 금광호수가 한눈에 내려다보인다. 전망대는 꼭대기까지 반려견 동반이 가능한데 구조상 많이 흔들리는 편이니 겁 많은 반려견은 걷지 않으려 할 수도 있다. 사람도 중간에서 돌아가는 경우를 간혹 볼 수 있을 정도(안전상 흔들림이 있도록 설계했다고 하니 걱정은 하지 않아도 된다). 가을철 방문하면 사방이 단풍으로 물든 장관을 볼 수 있다.

📍 경기도 안성시 금광면 오흥리 831-2 🕐 매일 09:30~17:30 💰 무료 ⏱ 1시간 내외 🐾 소형견, 중형견, 대형견 모두 방문 가능.

TIP
전망대 폭이 넓지 않으니 사람이 많을 땐 소형견은 안고 가는 것이 안전하며 중대형견은 목줄을 짧게 하여 난간 쪽에 붙어 가는 것을 추천.

안성 스타필드

57 경기 안성

안성 스타필드 역시 다른 지점들과 마찬가지로 반려견과 함께 갈 수 있다. 반려견 동반 가능한 매장이 많고 펫파크 등 편의 시설도 잘 갖춰져 있다. 그중에서도 가장 돋보이는 점은 반려견과 함께 식사할 수 있는 공간인 펫라운지가 있다는 것이다. 스타필드 타 지점들에는 펫라운지가 없거나 제한적인 데 비해 안성 스타필드는 반려견 인프라가 잘 구축되어 있다는 점에서 특별하게 다가온다.

📍 경기도 안성시 공도읍 서동대로 3930-39 📞 1833-9001 🌐 https://www.starfield.co.kr/anseong/main.do 🕐 매일 10:00~22:00 🐕 소형견, 중형견, 대형견 모두 방문 가능. 리드줄만 하고도 방문 가능.

한 걸음 더 Zoom in

펫라운지
1층 잇토피아 옆에 위치한 펫라운지는 반려견과 함께 식사가 가능한 공간이다. 반려견 전용 의자와 방석이 마련되어 있으며 비반려인과 분리되어 있기 때문에 편안히 식사할 수 있다. 자리에서 QR코드로도 주문이 가능하다.

펫파크
1층 야외에 위치하며 펫라운지에서 바로 보인다. 소형견존, 중·대형견존과 같이 체급별로 나뉘어 있어 안전하며 쇼핑 중 잠깐 들러 반려견을 놀리기에 좋다.

당남리섬

58 경기 여주

여주 당남리섬은 면적이 약 14만 ㎡에 달하는 대규모 경관 단지로, 아름다운 꽃들을 만날 수 있는 곳이다. 이곳에서는 코스모스, 핑크뮬리, 유채꽃, 라벤더, 억새 등 계절별로 다양한 꽃들을 감상할 수 있으며, 규모가 큰 만큼 셀 수 없을 정도로 많은 꽃들이 방문객을 맞이한다. 산책은 물론 피크닉 하기에도 좋아 가족 단위 여행객들이 많이 찾는다. 돗자리를 펴고 싸온 도시락을 먹으며 도란도란 이야기 나누기에 좋고, 반나절 즐기기에 적합하다.

📍 경기도 여주시 대신면 여양로 1954 📞 031-887-3733 🕐 24시간 연중무휴 💰 무료 ⏱ 1시간 이상 🐕 소형견, 중형견, 대형견 모두 방문 가능.

TIP
24시간 개방이지만 가로등이 없어 해가 진 후에는 방문을 자제할 것.

강천섬

59 경기 여주

강천섬 유원지는 경기도 여주시 남한강에 위치한 작은 섬이다. 해마다 가을철이면 사람들로 인산인해를 이루는 수도권 대표 은행나무 명소이기도 하다. 다리를 건너 섬 안으로 들어가면 환상적인 은행나무 단풍숲이 펼쳐진다. 또한 미루나무길도 조성되어 있어 이국적인 분위기를 풍긴다. 섬 내부에는 원터치 텐트, 돗자리 사용이 가능해 피크닉을 즐기는 사람들을 많이 볼 수 있다. 단풍 시즌 반나절 여유롭게 둘러보면서 산책하기에 좋다.

📍 경기도 여주시 강천면 강천리 627 📞 031-887-6590 🌐 https://camp.yjcf.or.kr ⏰ 24시간 연중무휴 💰 무료 ⏱ 1~2시간 🐕 소형견, 중형견, 대형견 모두 방문 가능.

근처 애견 동반 맛집·카페

설원다식

여주 쌀밥정식을 파는 곳으로 강천섬 구경 전후로 들르기에 좋다.

📍 경기도 여주시 강천면 운무실길 14-4 📞 0507-1330-2074 🐕 소형견, 중형견, 대형견 모두 가능(대형견 사전 문의). 실내 O. 가방 또는 캐리어 필수 지참.

금은모래캠핑장

60 경기 여주

여주 금은모래강변공원에 위치한 금은모래캠핑장은 저렴한 가격에다 여러 편의 시설을 갖추고 있는 대형 캠핑장이다. 주변 풍광이 좋고 반려견과 함께 산책하기 편리하며 수도권에 위치하여 접근성 또한 좋다. 자전거, 전기바이크, 황포돛배 등 즐길 거리도 다양해 이곳에 머무르면서 액티비티 하나쯤은 해보는 것을 추천한다. 전기 사용이 가능한 곳과 가능하지 않는 곳이 있으므로 예약 전 확인해야 하며 캠핑 짐을 나를 때 리어카를 이용해야 하는 불편함이 있을 수 있다. 캠핑장 이용객 외 일반 시민들도 드나드는 구조임을 참고하자.

📍 경기도 여주시 강변유원지길 105 📞 031-880-4095 🌐 https://camp.yeojuuc.or.kr/ 🕐 체크인 14:00, 체크아웃 12:00 💰 1박 35,000~45,000원 🐕 소형견, 중형견, 대형견 모두 방문 가능. 목줄 필수.

여주 프리미엄아울렛

61 경기 여주

여주 신세계프리미엄아울렛은 명품에 특화되어 있는 아웃렛으로 버버리, 구찌, 보테가베네타 등 약 60여 개의 명품 브랜드가 입점되어 있다. 국내 프리미엄 아웃렛 중 가장 많은 명품 브랜드를 보유하고 있는 것으로 알려져있으며, 외관 및 인테리어도 이국적으로 꾸며놓아 여행지에 놀러온 느낌이 드는 곳이다. 아웃렛 자체는 반려견 동반이 가능하여 함께 쇼핑할 수 있지만 아쉽게도 명품 매장 동반 입장은 거의 불가능하다.

📍 경기도 여주시 상거동 460-15 📞 1644-4001 🌐 http://premiumoutlets.co.kr/rpage 🕐 동절기(11~4월) 10:30~20:30, 하절기(5~10월) 10:30~21:00 🐕 소형견, 중형견, 대형견 모두 방문 가능.

> **TIP**
> • 이스트존과 웨스트존에 있는 인포데스크에서 개모차 대여가 가능하다. 15kg 미만까지 이용 가능.
> • 반려견 동반 입장이 가능하지만 식당가를 비롯한 식료 매장에는 동반 불가능하다. 단, 테라스 자리에서는 함께 식사할 수 있다.

독산성 세마대지

62 경기 오산

오산 독산성은 총 길이 1.1km의 산성으로 백제 때 세워진 곳이다. 독산성 내 위치한 세마대는 임진왜란 때 권율 장군이 쌀로 말을 씻기며 왜군을 속여 승리를 거둔 곳이기도 하다. 해발고도 220m로 높지 않고 가볍게 걷기 좋은 트레킹 코스라 인근 주민들에게 많은 사랑을 받고 있다. 성곽 주변 둘레길을 따라 걷다 보면 도심과 들판이 가리는 것 없이 한눈에 들어와 가슴이 탁 트인다. 유명 유튜버가 '제주보다 멋진 둘레길'이라 소개하여 주목을 받기도 했다.

📍 경기도 오산시 지곶동 산 107-10 📞 031-8036-7605 🌐 http://www.osan.go.kr ⏰ 24시간 연중무휴 💰 무료 ⏱ 1시간 30분 내외 🐕 소형견, 중형견, 대형견 모두 방문 가능.

TIP
- 오가는 길에 숲길이 있으므로 진드기철에는 반려견에게 진드기 기피제를 사용할 것을 권한다.
- 가을철 들판이 노랗게 물들 때 방문하면 멋진 풍경을 볼 수 있다.

오산천

63 경기 오산

오산천은 경기도 용인, 화성, 오산을 거쳐 평택 진위천으로 흐르는 하천을 말한다. 그중에서도 오산시 중심부를 관통하는 오산천은 산책로와 볼거리가 잘 꾸며져 있어 반려견 산책으로 가볼 만한 곳이다. 총 길이 8km의 긴 산책로이지만 원하는 구간만 끊어서 다닐 수 있으니 시간과 체력에 맞게 둘러보자. 오산천이 다른 공원 및 산책로와 차별화되는 점은 바로 작은 정원들이 여러 군데 조성되어 있다는 것이다. 관리 주체들도 다르고 심어져 있는 꽃, 풍경 모두 제각각이라 구경하는 재미가 있다. 돗자리를 가져와 피크닉을 즐길 수 있으며 봄철에는 벚꽃 명소로 유명하다.

📍 경기도 오산시 누읍동 1 🌐 http://www.osan.go.kr
🕐 24시간 연중무휴 💰 무료 🐕 소형견, 중형견, 대형견 모두 방문 가능.

TIP
주변에 반려동물 테마파크가 있어 묶어서 들르기 좋다.

반려동물 테마파크

64 경기 오산

오산시와 SBS 방송국이 합작하여 2021년 12월에 개장한 반려동물 전문 테마파크다. 체급별로 구분되어 있는 반려견 놀이터(도그런)는 물론 반려동물 관련 교육, 아나바다 마켓, 반려견과 영화 감상, 수제 간식 만들기 프로그램 등 다양한 복합 문화 체험을 제공한다. 규모가 크고 시설이 잘 되어 있기에 인근 주민들이 자주 찾는다. 또한 카페, 펫미용실, 펫호텔, 실내 놀이터, 펫수영장 등 편의시설도 다양하고, 유기견 입양 상담 및 교육도 진행하고 있다.

TIP
- 반려동물 테마파크 내 있는 우프우프카페에는 사람 음료뿐 아니라 반려견 간식도 판매한다. 도그런에서 신나게 뛴 다음 이곳에서 휴식을 취하자.
- 여러 프로그램을 진행하니 홈페이지에서 확인 후 신청하는 것을 추천한다.

📍 경기도 오산시 오산천로 72 📞 070-4155-7729 🌐 https://www.instagram.com/ohshanyy 🕐 화~일요일 10:00~18:00(하절기 ~20:00, 매주 월요일 휴무) 💰 도그런 일일 이용권(사람 1명+반려견 1마리) 5,000원 🐕 소형견, 중형견, 대형견 모두 방문 가능. 동물등록이 되어 있는 반려동물만 입장 가능.

백운호수

65 경기 의왕

백운호수는 1953년에 준공한 인공 호수로 백운산과 청계산으로 둘러싸여 예전부터 멋진 풍경으로 유명한 곳이다. 주변에 의왕 롯데프리미엄아울렛(타임빌라스)과 무민공원이 생기면서 더욱 많은 사람들이 찾고 있다. 호수 둘레길에는 약 3km의 데크길이 조성되어 있어 많은 사람들이 산책 겸 운동을 나온다. 낮에는 오리배를 탈 수 있고 밤에는 조명이 꽤 볼 만한 야경을 선사한다. 매년 9월 열리는 의왕 백운호수 축제에선 호수 탐방 트레킹, 백운호수 올림픽 등 다양한 체험 프로그램을 제공한다.

📍 경기도 의왕시 백운로 526　📞 031-345-2549　🌐 http://www.uiwang.go.kr
🕐 24시간 연중무휴　💰 무료　⏱ 1시간　🐕 소형견, 중형견, 대형견 모두 방문 가능.

의왕 롯데프리미엄아울렛

66 경기 의왕

반려 인구가 급증하면서 의왕 롯데아울렛 역시 점점 펫프렌들리 아울렛으로 진화하고 있다. 특색 있는 외관과 이국적 분위기로 사진 찍으러 나오는 사람도 많고, 산책로가 무척 잘 되어 있기에 쇼핑 중간 중간 반려견과 산책을 즐길 수 있다. 쇼핑공간과 식사공간이 분리되어 있어 이용 시 쾌적한 것도 장점이다. 기존 타임빌라스에서 롯데프리미엄아울렛 의왕점으로 이름을 변경했다.

📍 경기도 의왕시 바라산로 1　📞 1577-0001　🌐 https://www.lotteshopping.com/　🕐 매일 10:30~21:00　🐕 소형견, 중형견, 대형견 모두 방문 가능. 실내 O, 야외 O. 실내에서는 가방 또는 개모차 지참.

롯데프리미엄아울렛 의왕점 즐기기

펫그라운드
테이스티 그라운드(푸드코트) 한쪽에 위치한 펫그라운드는 반려동물 동반 가능한 식사 공간이다. 비반려인과 분리되어 독립된 공간에서 식사할 수 있으며 테이블마다 반려견 의자가 구비되어 있다. 입구에 위치한 키오스크에서 음식 주문 후 픽업하면 된다.

코코스퀘어
테이스티 그라운드 맨 오른쪽 끝에 위치해 있다. 이탈리안 음식을 파는 레스토랑이 있으며 반려견을 동반하여 식사가 가능하다. 펫푸드도 따로 판매하고 있어 들르기 좋다. 뿐만 아니라 반려동물 용품 판매, 펫호텔, 아쿠아피트니스, 스파 등 다양한 서비스를 제공한다.

개모차 대여
2층 서비스 라운지에서 대여 가능하다. 예방접종이 완료된 15kg 이하 반려동물만 이용 가능하며 20:30까지 반납해야 한다. 주말에는 대기가 있는 편이다.

스타벅스 구리갈매DT점

67 경기 구리

국내 스타벅스 중 펫존이 특화되어 있는 곳이다. 비반려인과 반려인의 동선이 분리되어 있으며 방문 시 QR코드로 출입등록을 해야 한다. 펫부스에서는 오프리시가 가능하며 일행끼리 프라이빗하게 머무를 수 있고, 공동 공간인 펫라운지에도 자유롭게 드나들 수 있다. 식수대, 물그릇, 배변봉투, 배변패드, 탈취제 등 반려견 관련 편의시설이 잘 되어 있다.

📍 경기도 구리시 갈매순환로 148 📞 1522-3232 🌐 http://www.starbucks.co.kr/ 🕐 매일 07:00~22:00 🐕 소형견, 중형견 가능(25kg 미만, 체고 50cm 이하).

여기도 Check!

스타벅스 더북한강R점

국내 스타벅스 중 최초로 반려견 동반을 허용한 곳이다. 1층 실내와 야외 마당만 이용이 가능하며 2, 3층 및 루프톱은 반려견 동반 불가이다. 반려동물을 위한 배변봉투, 물티슈 등이 구비되어 있으며 반려견과 즉석사진을 찍을 수 있는 기계도 마련해놓았다. 또한 스타벅스MD로 반려견 가방, 인형, 물통도 판매하는데 꽤 인기가 많아 입고 대기를 기다려야 할 정도이다.

📍 경기도 남양주시 화도읍 북한강로 1098 🐕 소형견, 중형견, 대형견 모두 가능. 실내 O(1층만), 야외 테라스 O.

현대프리미엄아울렛 흰디하우스

68 경기 남양주

남양주 현대프리미엄아울렛 스페이스원은 애견 동반이 가능한 쇼핑몰이다. 특히 건물 한 동의 루프톱 전체를 반려견 놀이터인 흰디하우스로 꾸며놓았고, 단순히 놀이터로만 이용하기에 아까울 정도로 구경할 거리가 많다. 캐릭터 '흰디'가 곳곳에 있어 포토존으로 활용되며, 놀이터 역시 모래와 잔디 등 다양하게 구성해놓아 반려견들이 뛰어놀기에 적합하다. 1층에는 코코스퀘어가 입점되어 있어 반려견과 함께 식사가 가능하다.

📍 경기도 남양주시 다산순환로 50-22, B관 3층(루프톱) 📞 031-8078-2233 🌐 www.ehyundai.com/ 🕐 매일 10:30~21:00 💰 무료 🐕 소형견, 중형견, 대형견 모두 방문 가능.

여기도 Check!

코코스퀘어 남양주 현대프리미엄아울렛점

흰디하우스 건물(B동) 1층에 위치해 있는 코코스퀘어에서는 반려견과 동반하여 식사가 가능하다. 피자, 파스타 등 이탈리안 음식과 반려견 간식 및 식사 메뉴도 판매한다.

📍 경기도 남양주시 다산순환로 50-22, B관 1층
🐕 소형견, 중형견, 대형견 모두 방문 가능. 실내 O. 리드줄만 하고도 가능.

니지모리 스튜디오

69 경기 동두천

동두천 일본 마을인 니지모리 스튜디오는 일본 에도시대 교토를 그대로 옮겨놓은 스튜디오 겸 테마파크다. 대하 드라마 연출가였던 고 김재형 감독이 일본 현지 로케이션을 대체할 수 있는 드라마 세트장을 짓길 바라는 마음에서 만들어진 곳이다. 2021년 개장한 직후 핫플로 등극했고 '미스터 션샤인', '나는 솔로' 11기 촬영지로도 알려져 있다. 입장하는 순간 바로 교토로 여행온 듯한 착각이 들어 여권 없이 떠나는 일본여행이라고 봐도 무방할 정도다. 목, 금을 제외한 토, 일, 월, 화, 수에 반려견 동반이 가능하다.

📍 경기도 동두천시 천보산로 567-12 📞 0507-1323-5579 🌐 https://www.nijimori.com 🕐 매일 11:00~21:00 ₩ 평일 20,000원, 주말·공휴일 25,000원 (5,000원 상당의 코인 증정) ⏱ 1시간 30분 내외 🐾 15kg 미만 가능. 입장 시 나눠주는 매너벨트 착용 후 입장 가능.

> **TIP**
> - 낮보다 밤이 더 예쁘다. 일몰 전 방문하여 저녁까지 머무르다 나오면 낮과 밤의 모습 둘 다 구경할 수 있다.
> - 계단 구간에서는 캐리어나 개모차를 유모차 파킹존에 잠시 두고 구경할 수 있으니 참고하자.

니지모리 스튜디오 즐기기

반려견 키트

입장 시 매너벨트, 일회용 식기, 간식, 배변봉투가 들어 있는 반려견 키트를 제공한다. 니지모리 스튜디오에서 머무는 동안 매너벨트 착용은 필수이기 때문에 규정을 준수하자.

애견 동반 식당가

니지모리 스튜디오 식당가 중엔 반려견과 함께 갈 수 있는 곳들이 있다. 아래 리스트 외엔 반려견 동반이 불가하다.
- 니지라멘: 라멘, 교자, 오니기리 등(가방이나 캐리어 지참)
- 카페아이노: 커피, 미즈신겐모찌, 오다야키 등(가방이나 캐리어 지참)
- 우마이야타이: 다코야키, 야키소바, 하시마키 등(야외 포장마차. 리드줄만 있어도 OK)
- 유메하우스: 당고, 말차, 팥죽 등(외부에서 취식 가능)

반려견 놀이터

궁도장과 카메단 뒤쪽에 반려견 놀이터가 있어 오프리시하여 놀게 할 수 있다.

가평휴개소

70 경기 가평

서울양양고속도로 가평휴게소에는 '가평휴개소'라는 무료 반려견 놀이터 펫파크가 있다. 서울 방향과 춘천 방향 모두 있는데 춘천 방향이 체급별로 나뉘어 있고 규모도 더 크다. 장거리 운전 중 자유시간을 가질 수 있고, 반려견 화장실도 있어 1석 2조다. 바로 옆에는 반려동물 용품 매장 겸 카페인 옐로우스탑이 있다.

📍 경기도 가평군 설악면 미사리로 540번길 51 📞 031-584-1426 🕐 24시간 연중무휴(휴게소 식당과 달리 24시간 운영) 💰 무료 🐕 소형견, 중형견, 대형견 모두 방문 가능.

TIP
- 가평휴게소는 애견 동반 식당이 따로 없지만 야외 테이블에서는 함께 식사가 가능하다.
- 대표 먹거리는 가평맛남샌드, 호두잣과자, 가평잣소고기국밥이 있다.

허브아일랜드

71 경기 포천

전국 최대 규모의 허브 식물원인 이곳은 다양한 볼거리로 가득하다. 특히 형형색색의 조명 경관이 잘 꾸며져 있어 주간보다 야간에 방문객이 더 많다. 계절마다 특색 있는 축제가 열리고, 넓은 부지에 심어진 다양한 식물들이 허브아일랜드를 더욱 풍성하게 만든다. 힐링존, 산타존, 베네치아존, 향기존 등 테마별 구역으로 나뉘어 있어 휴식을 취하거나 여러 체험 프로그램에 참여할 수 있다.

📍 경기도 포천시 신북면 청신로 947번길 51 📞 031-535-6494 🌐 http://www.herbisland.co.kr/ 🕐 10:00~21:00(토요일 ~22:00, 매주 수요일 휴무) 💰 성인 평일 10,000원, 주말 12,000원 ⏱ 2시간 내외 🐕 소형견, 중형견, 대형견 모두 방문 가능. 중형견(10~25kg), 대형견(25kg) 이상 견은 입장 시 입마개 필수 착용. 실내는 케이지를 지참해야 하나 식음료 매장, 힐링센터, 펜션은 출입 불가.

한탄강 하늘다리

72 경기 포천

길이 200m의 다리로 한탄강 협곡과 주상절리를 조망할 수 있는 곳이다. 지상 50m 높이에다 중간 지점에 투명 유리 바닥이 있어 아찔하게 다가온다. 또한 바람이 불면 흔들거림이 있기에 스릴을 맛볼 수도 있다. 한탄강 하늘다리에 왔다면 멍우리 협곡을 따라 한탄강 양옆을 따라 걸을 수 있는 산책 코스(포천 한탄강 주상절리길)에도 가보자. 강 아래에서 바라보는 협곡은 또다른 감동을 안겨줄 것이다.

- 경기도 포천시 영북면 비둘기낭길 207 ☎ 031-538-3030
- http://www.pcs21.net/ktour 매일 09:00~18:00
- 무료 20분 소형견, 중형견, 대형견 모두 동반 가능.

한 걸음 더 Zoom in

포천 한탄강 주상절리길

총 12개의 코스로 이루어진 포천 한탄강 주상절리길은 주변을 압도하는 거대한 장관과 특유의 신비함으로 많은 사람들을 반하게 하는 곳이다. 이 중 제8코스 벼룻길과 제9코스 멍우리길은 한탄강 하늘다리와 바로 연결되어 있어 같이 묶어 구경하기에 좋다. 트레킹 난이도는 쉬운 편이지만 물과 트레킹화는 꼭 챙겨야 한다. 개인적으로 이곳을 좋아해 사계절 모두 찾았는데 단풍이 알록달록한 가을이 가장 아름다웠다. 또한 한겨울에는 강물이 모두 얼어 있으니 반려견과 징검다리를 건널 때 유의해야 한다.

산정호수

73 경기 포천

포천을 대표하는 여행지 중 늘 1위를 다투는 곳이 바로 산정호수다. 주변의 산세가 아름답고 놀거리, 즐길 거리가 있어 많은 사람들이 방문한다. 봄, 가을 새벽엔 호수에 안개가 피어오르며 여름엔 짙은 녹음, 겨울엔 얼어붙은 호수에서 썰매와 오리배를 즐길 수 있어 사계절 내내 인기가 많다. 반려견과 호수 옆에서 자연을 즐기며 여유롭게 산책해보자.

📍 경기도 포천시 영북면 산정호수로411번길 108 📞 0507-1409-6135 🌐 http://www.sjlake.co.kr/ 🕐 24시간 연중무휴 ₩ 무료 ⏱ 1시간 내외 🐕 소형견, 중형견, 대형견 모두 동반 가능.

여기도 Check!

돌담병원
산정호수에는 '낭만닥터 김사부' 촬영지인 돌담병원이 있다. TV 속 모습 그대로라 당장이라도 주인공들이 걸어나올 것만 같다. 산정호수에 가면 꼭 들러보자.

📍 경기도 포천시 산정호수로 771 🐕 소형견, 중형견, 대형견 모두 가능. 외부만 관람 가능.

산정호수 얼음썰매장
매년 12월 말부터 2월 초 사이 운영한다. 얼음썰매와 세발자전거, 오리썰매 등을 즐길 수 있다. 아쉽지만 반려견은 얼음썰매장 입장이 불가하다.

근처 애견 동반 맛집·카페

갈비생각 포천이동점
포천을 대표하는 음식인 이동 생갈비를 판매하는 반려견 동반 식당이다. 깔끔하고 분위기 있는 곳에서 맛있는 갈비를 즐길 수 있다.

📍 경기도 포천시 이동면 화동로 2008 📞 0507-1435-7411 🐕 소형견, 중형견, 대형견 모두 동반 가능. 실내 O. 가방 또는 개모차 지참 권장.

멍우리협곡 캠핑장

74 경기 포천

뷰맛집 캠핑장으로 명성이 자자하며 조용하고 매너타임 관리가 잘 되어 마니아가 많은 캠핑장이다. 솔캠이나 2인캠만 가능하고 노키즈존으로 운영하여 시끄러운 캠핑장을 싫어하는 이들이라면 만족할 곳. 다른 캠핑장에 비해 사이트 간격이 넓은 편이며 몇몇 자리는 독립되어 떨어져 있다. 특히 포천에서 최고의 경관이라 손꼽히는 멍우리협곡이 가까이 있고, 포천 한탄강 주상절리길 3코스가 캠핑장 앞에 나 있어 반려견과 산책하며 눈호강하기에 좋다. 연예인들도 가끔 방문하며 한때 민경훈 장박지로도 알려져 있다.

📍 경기도 포천시 영북면 소회산길 400 📞 010-2730-9935 🌐 https://www.camfit.co.kr/ (멍우리협곡 검색) 🕐 체크인 13:00, 체크아웃 12:00 💰 1박 60,000원 🐕 소형견, 중형견, 대형견 모두 방문 가능 (1마리만). 목줄 필수.

임진각 관광지

75 경기 파주

수도권에서 가장 가까운 안보 여행지이다. 남북 분단의 아픈 역사를 마주하게 되면서도 한편으로 평화와 여유로움을 만끽할 수 있어 나들이 나오는 여행객들이 많다. 파릇하고 넓은 잔디밭이 펼쳐져 있는 평화누리공원, 분단의 상징물인 독개다리, DMZ 하늘길을 지나는 곤돌라, 놀이공원인 평화랜드 등 볼거리와 놀거리가 잘 조성되어 있어 당일치기 여행지로도 좋다. 아쉽지만 곤돌라, 평화랜드는 반려견 동반 불가다.

📍 경기도 파주시 문산읍 임진각로 164 📞 031-953-4744
🌐 https://tour.paju.go.kr 🕐 시설별로 상이함 🅦 시설별로 상이함 🐕 소형견, 중형견, 대형견 모두 방문 가능. 일부 시설 반려동물 출입 불가.

⊕ 여기도 Check!

평화누리공원

3만 평 규모의 넓은 잔디가 깔린 언덕에 조성된 복합문화공간이다. 다양한 조형물이 있는데 그중에서도 바람개비는 이곳의 트레이드마크일 정도로 핫하다. 돗자리를 깔고 피크닉을 즐기는 사람들이 많다.

📍 경기도 파주시 문산읍 임진각로 148-40 🐕 소형견, 중형견, 대형견 모두 방문 가능.

독개다리

한국전쟁 때 폭격으로 파괴된 교각을 일부 복원한 것으로 길이 105m, 폭 5m의 다리다. 현재 관광객들이 구경할 수 있도록 만들어놓았으며 전쟁 중 피폭되었던 열차를 전시하고 있다. 전쟁 당시 총탄 자국을 생생히 확인할 수 있다.

📍 경기도 파주시 문산읍 마정리 1400-5 🅦 성인 2,000원 🐕 가방에 넣거나 안고 입장 가능. 바닥에 내려놓을 수 없음.

마장호수 출렁다리

76 경기 파주

산과 호수를 끼고 있어 풍경이 아름답고 다리 위를 걸을 때 출렁거림으로 인해 스릴 또한 느낄 수 있는 곳이다. 길이 220m, 폭 1.5m이며 출렁다리 끝에는 호수둘레길과 연결된 집입로가 있어 같이 묶어 둘러볼 것을 추천한다. 2018년 개장한 뒤로 계절에 상관없이 많은 사람들이 방문하며 주말에는 특히 더 몰린다. 또한 호수에서는 카누, 카약 등도 즐길 수 있는데 역시 반려견 동반이 가능하다. 가을철 단풍 명소로도 유명하다.

📍 경기도 파주시 광탄면 기산로 313 📞 0507-1444-1905 🌐 https://tour.paju.go.kr ⏰ 3~4월 09:00~18:00, 5~10월 09:00~20:00, 11~2월 09:00~17:00 💰 무료 🐕 둘레길 포함 1시간 30분 내외 🐾 소형견, 중형견 방문 가능. 대형견은 둘레길 산책은 가능하나 출렁다리 내 진입 불가. 개모차 통행 불가.

근처 애견 동반 맛집·카페

영장리 갈비

마장호수 출렁다리 근처에 있는 갈비집이다. 고기의 질이 좋고 두툼해서 씹는 식감이 좋으며 맛도 좋다. 식당 내 개모차가 구비되어 있다.

📍 경기도 파주시 광탄면 기산로 30 🐾 소형견, 중형견 동반 가능. 머리를 모두 닫을 수 있는 캐리어나 개모차 지참.

영장리 303카페

영장리갈비 바로 옆에 위치한 한옥 카페로 커피와 전통차를 주로 판매한다. 디저트도 수준급인데 직접 만든 수제 쿠키 퀄리티가 상당하다. 사장님도 시바견을 키우는 반려인이다.

📍 경기도 파주시 광탄면 기산로 30 🐾 소형견, 중형견, 대형견 모두 동반 가능.

감악산 출렁다리

77 경기 파주

파주를 대표하는 또 하나의 출렁다리가 바로 감악산 출렁다리다. 2016년 개장한 이후 현재까지도 많은 사람들이 찾는 관광 명소다. 총 길이 150m로 그리 길지 않은 편이지만 산에 자리 잡고 있어 마장호수 출렁다리보다 더 아찔하게 느껴진다. 주변 풍경에 취해 마치 구름 위를 걷는 기분이 드는 것은 덤. 감악산은 파주의 명산으로 유명하여 등산과 묶어 구경하는 사람들이 많다. 특히 가을철 단풍 명소로도 잘 알려져 있어 때를 맞춰 가면 눈호강할 수 있다.

경기도 파주시 설마천로 238 031-950-1902
https://tour.paju.go.kr/ 매일 09:00~18:00 무료
입구에서 다리까지 왕복 30분 소형견, 중형견, 대형견 모두 방문 가능.

출판단지 근린공원

78 경기 파주

파주 출판단지에 놀러왔을 때 가볍게 산책하기 좋은 장소이자 피크닉 나들이에도 좋은 곳이다. '텔레토비 동산'이라는 별명을 가지고 있을 정도로 그 모습이 아주 흡사하다. 규모는 크지 않으나 푸릇한 잔디 관리가 잘 된 편이며 언덕이 낮고 장애물이 없어 반려견과 함께 다니기에 적합하다. 원터치 텐트나 돗자리가 허용돼 반나절 즐기며 휴식을 취하고 가는 사람들이 많다. 입구는 따로 없어 공원 주변 어디서든 접근이 가능하며, 다양한 야외 공연 및 문화 행사들이 상시로 열리는 곳이라 시간대가 맞으면 둘러볼 수 있다.

경기도 파주시 직지길 469 031-940-8703 24시간 연중무휴 무료 20분 내외 소형견, 중형견, 대형견 모두 방문 가능.

한 걸음 더 Zoom in

파주 출판단지 (파주 출판도시)

파주시 문발동에 조성한 국가문화산업단지로 출판사, 인쇄소, 제본소 등 출판과 관련된 여러 업체들이 모여 있다. 특히 도서관, 중고서점, 북카페 등을 운영하는 곳이 많아 책도 읽고 문화도 즐길 겸 방문하는 사람들을 종종 볼 수 있다. 출판사에서 진행하는 행사, 강연, 콘서트도 접할 수 있어 책을 좋아하는 사람들에게 특히 흥미로운 곳. 파주 출판도시 내 가볼 만한 곳으로 지혜의 숲, 활판역사박물관, 열화당 책박물관 등이 있다. 아쉽지만 이곳들은 반려견 동반이 불가하다.

📍 경기도 파주시 문발동 일대 🐾 소형견, 중형견, 대형견 모두 가능. 출판단지 내 산책은 가능하나 대부분의 문화공간 실내 출입은 금지되어 있다.

근처 애견 동반 맛집·카페

피스피스 출판단지점

파이가 맛있는 카페. 출판단지 내 카페들이 그러하듯 편안하게 책을 읽고 휴식을 취할 수 있는 감성 공간. 반려견 메뉴로는 퍼푸치노가 있다.

📍 경기도 파주시 회동길 445-2, 1층 📞 070-8691-1799 🐾 소형견, 중형견, 대형견 모두 가능. 실내 X, 야외 테라스 O.

소노캄 고양

79 경기 고양

일산 호수공원 옆에 자리한 소노캄 고양은 5성급 호텔&리조트로 반려견과 함께 묵을 수 있는 객실이 있다. 도심과 가까워 접근성이 좋으며 다양한 반려동물 관련 시설과 서비스를 제공하기 때문에 특별한 하루를 보낼 수 있다. 펫호텔, 띵킹독(브런치 카페)뿐 아니라 훈련센터, 펫스파, 동물병원도 있어 생활밀착형 서비스를 이용할 수 있다. 체크인 시 2년 이내의 광견병 접종 내역을 확인하고 있으니 접종 확인서 또는 건강수첩을 챙기도록 하자.

📍 경기도 고양시 일산동구 태극로 20　📞 031-927-7700　🌐 https://www.sonohotelsresorts.com/goyang　🕐 체크인 15:00, 체크아웃 11:00　🐕 소형견, 중형견, 대형견 모두 방문 가능. 펫 어메니티(식기, 타월, 탈취제, 돌돌이, 배변패드, 방석) O.

TIP
리조트 옆 원마운트에 맛집들이 많다. 포장해 와서 객실에서 식사를 해도 좋고, 배달음식을 주문하는 것도 괜찮은 옵션이다.

여기도 Check!

띵킹독

소노캄 고양 1층에 위치한 브런치 카페. 반려견을 위한 식사와 간식 메뉴를 판매한다. 숙박객이 아니라도 이용 가능하며 반려용품 및 굿즈도 판매한다.

📍 경기도 고양시 일산동구 태극로 18 소노캄 고양 웨스트타워 1층　🐕 소형견, 중형견, 대형견 모두 방문 가능. 실내 O. 리드줄만 하고도 가능.

소노펫 스쿨

다양한 훈련 프로그램과 각종 놀이를 통해 반려견 행동 교정 교육을 제공한다. 어질리티, 독피트니스 등도 있어 운동을 할 수 있고 원데이 클래스도 진행한다.

📍 경기도 고양시 일산동구 태극로 18 소노캄 고양 웨스트타워 2층　🐕 소형견, 중형견, 대형견 모두 방문 가능.

개항장거리

 인천

인천 중구청이 위치한 거리로 과거 아픈 역사를 간직한 곳이자 한 시대의 번영을 누렸던 곳이다. 1883년 외세에 의해 강제로 개항을 맞이하면서부터 개항장거리에는 일본의 은행, 호텔, 회사 등이 들어서게 된다. 당시 건물이 그대로 보존된 곳들이 여럿이고 일부는 복원을 거쳐 현재의 모습으로 재탄생하게 되었다. 인천시는 매년 이 거리를 야간에 걷는 테마로 이루어진 '문화유산 야행'을 진행한다. 정해진 시기가 없이 매년 달라지는 편이라 홈페이지에서 확인하는 것이 좋다.

📍 인천광역시 중구 관동 1가 📞 032-760-6448 🌐 http://www.icjg.go.kr/tour
🕐 24시간 연중무휴 Ⓦ 무료 ⏱ 20분 내외 🐕 소형견, 중형견, 대형견 모두 방문 가능.

차이나타운

81 인천

1883년 인천항 개항 후 청나라 조계지가 설치되면서 차이나타운의 역사가 시작된다. 국내에 있는 차이나타운 중 규모가 가장 크며 중국집, 만둣집 등이 거리 곳곳에 즐비하다. 때문에 이곳에 오면 누구나 짜장면 한 그릇씩은 꼭 먹고 간다. 짜장면뿐 아니라 월병, 공갈빵, 샤오룽바오, 탕후루 등 다양한 먹거리가 많아 여행객들의 입안을 즐겁게 채워준다. 이국적 거리에다 볼거리도 많아 색다른 여행을 할 수 있다.

📍 인천광역시 중구 차이나타운로 59번길 20 ☎ 032-777-1330, 032-760-6479 🌐 http://ic-chinatown.co.kr ⏰ 24시간 연중무휴 💰 무료 ⏱ 30분 내외 🐕 소형견, 중형견, 대형견 모두 방문 가능.

근처 애견 동반 맛집·카페

문차이나

차이나타운에 있는 중국집 중 유일하게 애견 동반이 가능하다. 짜장면, 짬뽕 모두 맛이 괜찮은 편이며 다른 집에는 없는 깐쇼기가 있는데 칠리소스가 들어가 살짝 매콤하고 중독성이 있다. 반려견 메뉴로 닭가슴살을 따로 판매한다.

📍 인천광역시 중구 차이나타운로 20 🐕 소형견, 중형견, 대형견 모두 방문 가능. 실내 O, 야외 테라스 O. 중소형견은 2층 실내에서 식사 가능하며 대형견은 1층 테라스 이용. 적극적 케어 필수.

블루하라

차이나타운 삼국지 벽화 맞은편에 위치한 카페로 고양이들이 살고 있다. 실내외 공간이 적절히 어우러져 있고 아지트 같은 곳이라 편안하게 머무를 수 있다. 멍푸치노도 판매한다.

📍 인천광역시 중구 차이나타운로 51번길 19-1 🐕 소형견, 중형견, 대형견 모두 방문 가능. 실내 O, 야외 테라스(루프톱) O.

한 걸음 더 Zoom in

차이나타운 들여다보기

'차이나타운'이라 하면 흔히 중국을 떠올리는데 사실 이곳은 중국(중화인민공화국)과 상관이 없는 곳이다. 이 지역 주민들은 대만(중화민국) 국적을 가진 화교들이기 때문이다. 많은 사람들이 중국 국적이라 오해하는 탓에 2020년 이후 대만 화교를 강조하면서 점점 인지도를 높여가고 있다.

간판을 보면 중국에서 쓰는 간체자가 아닌 정체자 또는 한국어로 쓰인 간판이 많다. 주민들 역시 한국어에도 능숙하다. 화교들이 하는 식당에 가본 사람들은 알겠지만 주문을 한국어로 받고 주방에서는 중국어로 이야기하는 경우를 많이 봤을 것이다. 이곳도 마찬가지. 이들이 정착 후 세대를 걸쳐 살고 있기에 오히려 한국어를 잘하고 중국어를 못하는 화교들까지 생기는 상황이다. 국적은 대한민국과 대만(중화민국) 이중 국적을 갖고 있거나 대한민국 국적 하나만 갖는 단일 국적자도 많다.

짜장면의 탄생지

인천 차이나타운에서 우리나라의 짜장면이 처음 탄생했다. '공화춘'이라는 식당에서 원조 짜장면을 선보인 뒤 100년이 넘는 전통을 이어가고 있다. 현재 공화춘은 새로 인수한 사람이 운영하고 있으며 '신승반점'으로 가야 공화춘 자손이 운영하는 오리지널 짜장면을 맛볼 수 있다. 또한 차이나타운 내 짜장면 박물관도 있어 같이 둘러보면 재미가 남다를 것이다. 짜장면 박물관은 옛 공화춘 건물을 리모델링한 것이다. 아쉽게도 공화춘, 신승반점, 짜장면박물관 모두 애견 동반은 불가다.

자유공원 _{82 인천}

우리나라 최초의 서양식 공원으로 19세기 후반 개항 때부터 한국전쟁까지 살아 있는 근현대 역사를 담고 있다. 맥아더 장군 동상, 인천 학도의용대 호국기념탑 등 곳곳에서 관련 상징물들을 만날 수 있다. 역사가 오래된 공원인 만큼 나무가 풍성하고 산책로가 잘 되어 있으며 인근 주민들이 운동하러 나오는 곳이기도 하다. 또한 인천 앞바다가 내려다보여 여행 중 쉬었다 가기에도 좋다. 인천에서 역사가 가장 오래된 벚꽃 명소로 유명하고 가을에는 단풍이 아름답다.

📍 인천광역시 중구 제물량로 232번길 46 📞 032-760-7597
🌐 http://www.icjg.go.kr/tour ⏰ 24시간 연중무휴 💰 무료
⏱ 30분 🐕 소형견, 중형견, 대형견 모두 방문 가능.

TIP
- 차이나타운, 개항장 거리, 송월동 동화마을과 바로 맞닿아 있어 이곳들을 묶어서 여행하기에 좋다.
- 나무가 많아 그늘이 많다. 그래서 곤충 및 벌레도 많은 편이니 반려견에게 진드기 기피제를 꼭 사용하자.

송월동 동화마을 _{83 인천}

세계 명작동화를 테마로 한 거리에 여러 동화 벽화가 그려져 있으며 관련 조형물들이 세워져 있다. 근대화 시절 이곳은 부촌을 이루던 곳이었는데 현대화를 거치며 마을은 노후화됐고 젊은 사람들은 떠나게 된다. 2013년 주거환경 개선사업의 일환으로 송월동이 동화마을로 탈바꿈한 뒤 현재는 인천의 대표 관광명소가 되었다. 거리 곳곳마다 하나도 빠짐없이 포토존이 되어주는 곳. 유치할 것이라는 생각과 달리 은근 볼거리가 많다. 어른들에게는 어린 시절의 추억이 떠오르고 아이들에게는 재미있는 세상이 될 것이다. 반려견과 골목 사이를 누비며 동화 속 주인공이 되어 보자.

📍 인천광역시 중구 동화마을길 38 📞 032-764-7494
🌐 http://www.icjg.go.kr/tour ⏰ 24시간 연중무휴 💰 무료
⏱ 30분 🐕 소형견, 중형견, 대형견 모두 방문 가능.

을왕리해수욕장

84 인천

수도권에서 바다를 보고 싶을 때 떠나기 좋은 곳으로 늘 사람들로 붐빈다. 인천 영종도 서쪽에 위치하여 드라이브 삼아 다녀오기 좋고, 조개구이 식당 및 다양한 간식거리가 있어 기분 전환하기에도 좋다. 백사장 총 길이가 약 700m인 데다 모래가 고와 반려견과 산책 나오는 사람들도 많이 볼 수 있다. 해수욕장 옆엔 소나무 숲과 기암괴석이 있는데 이들이 운치를 더해준다. 일몰 명소로 알려져 있고 날씨 좋은 날에는 낙조가 매우 아름답다.

📍 인천광역시 중구 용유서로 302번길 16-15 📞 032-760-8874 🌐 https://www.icjg.go.kr/tour 🕐 24시간 연중무휴 💰 무료 ⏱ 30분 🐕 소형견, 중형견, 대형견 모두 방문 가능. 반려견 입수는 불가.

TIP

- 을왕리에는 조개구이 식당들이 많다. 특히 바닷가에 있는 식당들(서해, 동해, 남해 모두)은 반려견 동반을 허용하는 경우가 꽤 있어 직접 식당에 가서 문의해도 충분하다. 가방 및 캐리어는 꼭 지참하자.
- 해수욕장에 놀러 갈 때 평소보다 긴 리드줄을 챙겨 가면 좋다. 사람들이 적은 곳에서 리드줄을 길게 늘여뜨려 반려견의 활동 범위를 늘려주는 것. 개인적으로 5m의 리드줄을 항상 챙기는데 컨트롤하기에도 괜찮은 편이다.

근처 애견 동반 맛집·카페

해상궁

낙지요리 전문점으로 낙지볶음, 낙지파전, 해물칼국수 등을 판매한다. 2024년 인천 중구 향토 특색 음식 맛집 경연대회에서 대상을 수상한 곳이다.

📍 인천광역시 중구 마시란로 411 을왕리 198 🐕 소형견, 중형견, 대형견 모두 방문 가능. 실내 O, 야외 테라스 O. 실내 식사 시 가방이나 케이지 지참.

여수회조개구이

을왕리해수욕장 해변에 위치한 조개요리 전문점이다. 조개구이뿐 아니라 해물탕, 꽃게찜, 주꾸미 등 다양한 해산물 요리를 판매한다.

📍 인천광역시 중구 을왕로 64 🐕 소형견, 중형견, 대형견 모두 방문 가능. 실내 O, 테라스 O.

선녀바위해수욕장 85 인천

을왕리해수욕장과 차로 1분 거리이지만 분위기는 사뭇 다르다. 을왕리가 사람 많은 핫플이라면 선녀바위는 작고 소박한 해변이다. 반려견과 여유롭게 산책하고 싶다면 선녀바위해수욕장을 추천한다. 이곳에는 '선녀바위'라 불리는 신기한 바위가 있다. 가까이 가면 여인이 기도하는 모습이 보인다. 선녀가 무지개를 타고 내려와 놀았다고 하여 이름 붙여졌는데 이 앞에서 소원을 빌면 이루어진다는 이야기가 있다. 주변에 규칙 없이 나뒹구는 갯바위와 기암괴석들을 보고 있으면 마치 외계 행성 같은 느낌도 든다.

📍 인천광역시 중구 선녀바위로 60 📞 032-832-3031 🌐 https://www.icjg.go.kr/ 🕐 24시간 연중무휴 💰 무료 ⏱ 30분 🐕 소형견, 중형견, 대형견 모두 방문 가능. 반려견 입수는 불가.

동양염전 베이커리  86 인천

을왕리 핫플 대형 카페이자 인천의 근대 문화유산인 염전을 관광객에게 알리는 공간이다. 갤러리를 방불케 하는 감각적인 인테리어가 눈에 띄어 그 자체만으로도 볼거리가 되는 곳. 동양염전의 랜드마크인 워터가든에서는 물멍을 하거나 사진을 찍어보자. 전국 1%의 바리스타가 만드는 소금커피, 소금라테가 시그니처이며 베이커리 맛도 좋은 편이다. 파스타, 리소토 등 식사류도 있어 끼니를 해결할 수 있다.

📍 인천광역시 중구 용유서로 32 📞 0507-1436-0901 🌐 https://www.instagram.com/dongyang_bakerycafe 🕐 매일 10:00~21:00 🐕 소형견, 중형견, 대형견 모두 방문 가능. 실내 O, 야외테라스 O. 실내 출입 시 가방이나 캐리어 지참.

송도 센트럴파크

87 인천

인천 송도의 랜드마크이자 시민들의 사랑을 받는 휴식공간이다. 국내 최초 바닷물을 이용한 해수공원으로 수상 택시, 카누, 보트 등 레저시설을 즐길 수 있으며 사슴도 만날 수 있다. 야간에도 멋진 조경으로 알려져 있는데 호수를 떠다니는 구르미보트, 신데렐라보트, 문보트 등에 예쁜 조명이 들어와 이곳을 더 아름답게 만들어준다. 보트에 반려견 동반하여 탈 수 있다.

📍 인천광역시 연수구 컨벤시아대로 160 📞 032-456-2810 🌐 https://www.insiseol.or.kr/ 🕐 공원 24시간 연중무휴, 보트 10:00~21:00(계절, 날씨에 따라 변동 가능) 💰 무료, 문보트 30분 39,000원 ⏱ 1시간 내외 🐕 소형견, 중형견, 대형견 모두 방문 가능.

여기도 Check!

송도 도그파크

센트럴파크 옆 달빛축제공원 내 있는 무료 반려견 놀이터이다. 소형견, 중소형견, 대형견과 같이 3개의 파크로 나뉘어 있으며 동물등록이 되어 있는 반려견만 입장이 가능하다. 예약제로 운영하고 있으니 홈페이지에서 미리 예약 후 이용하자. 1~5부로 운영되며 각 부당 파크별 반려 20마리로 제한하고 있어 혼잡도 걱정은 하지 않아도 된다. 매일 07:00 예약 사이트를 오픈하며 1인당 2부까지 예약할 수 있다(인천시설공단 통합예약-체험신청-송도공원사업단).

📍 인천광역시 연수구 센트럴로 350 📞 032-456-2880 🌐 https://reserve.insiseol.or.kr/ 🕐 매주 월요일 휴무

BMW 드라이빙센터 ⁸⁸ 인천

영종도에 위치한 BMW 드라이빙센터는 자동차 복합 문화 공간으로 서킷 드라이빙 체험, BMW와 미니 차량 전시, 올리버 브라운 카페 등 다양한 서비스를 제공한다. 드라이빙 체험을 하려면 홈페이지에서 사전 예약이 필수이며 굳이 체험을 하지 않더라도 주말 드라이브 겸 가볍게 나들이하기에 좋다. 2층 카페와 전망대에서는 트랙을 시원하게 달리는 차량을 구경할 수 있다. 반려견과 색다른 여행지를 방문하고 싶다면 들러보자.

📍 인천광역시 중구 공항동로 136 📞 080-700-8000 🌐 https://driving-center.bmw.co.kr 🕘 09:00~18:00(매주 월요일 정기 휴무) 💰 무료, 드라이빙 프로그램 유료 🐕 소형견, 중형견, 대형견 모두 방문 가능. 가방 또는 케이지 지참. 반려견 동반 시 전시 차량 탑승 및 프로그램 참여는 제한.

더 위크앤 리조트 ⁸⁹ 인천

인천 을왕리에 위치한 4성급 호텔 리조트로 멍캉스를 즐기고 싶은 사람들이 만족할 숙소다. MBC '구해줘! 숙소' 펫캉스 편에서 1위를 차지한 곳. 테라스동 전체가 펫룸으로 구성돼 있고, 루프톱을 펫파크로 꾸며놓아 반려견과 뛰어놀 수 있다. 조식 뷔페에는 반려동물 동반 좌석이 따로 마련되어 있으며, 여러 부대시설을 반려견 동반으로 즐길 수 있는 점이 매력적이다. 또한 바로 앞이 을왕리해수욕장이라 반려견과 산책하기에 좋다. 체크인 시 2년 이내의 광견병 접종 내역을 확인하니 접종 확인서 또는 반려견 건강수첩을 반드시 지참하도록 하자.

📍 인천광역시 중구 용유서로 379 📞 032-745-0000 🌐 https://www.theweekandresort.com 🕘 체크인 15:00, 체크아웃 11:00 🐕 20kg 미만의 소형견, 중형견 가능. 펫어메니티(식기, 계단, 배변패드, 배변봉투) O. 본관, 식음업장 이용 시 가방 또는 개모차 지참.

더위크앤리조트 즐기기

조식 뷔페
호텔이나 리조트에서 반려견과 함께 조식 뷔페를 갈 수 있는 곳이 드문데 더위크앤리조트에선 가능하다. 반려동물 동반 좌석이 가장자리에 따로 마련되어 있어 예민한 성격의 반려견도 편하게 머물 수 있다. 뷔페 가짓수는 다른 리조트들과 비슷한 편이며 맛도 수준급이다. 입장 시 가방이나 개모차를 지참하자.

더우프앤 펫호텔
리조트에서 반려견을 잠시 맡길 수 있는 보딩 서비스를 제공한다. 기본 2시간 기준 5kg까지 20,000만원, 13kg까지 30,000원, 35kg까지 40,000원에 이용할 수 있다. 보딩을 맡기는 동안 반려견 산책을 해주며 반려견 성향에 따라 플레이 또는 개별 룸 휴식이 가능하다. 케어 사진도 전송해준다. 반려견 동반이 불가한 아쿠아벤처(워터파크)나 뮤직라운지 방문 시 보딩 서비스를 이용하면 좋다.

펫파크
펫룸동인 '더 테라스 스위트' 루프톱 전체를 펫파크로 만들어놓았다. 펫룸 바로 위라 접근성이 아주 좋다. 인조 잔디가 깔려 있으며 몇 가지 어질리티가 있다. 체급별 분리는 되어 있지 않으며 투숙 기간 동안 제한 없이 무료로 이용 가능하다.

미니골프장 글로우펏
어두캄캄한 곳을 우주 콘셉트의 야광으로 꾸며놓은 미니 골프장이다. 18홀의 다양한 퍼팅을 즐길 수 있으며 신나는 음악과 함께 시간 가는 줄 모르고 골프를 즐길 수 있다. 반려견 동반 시 가방을 지참하도록 하자.

개모차 대여
1층 프런트에서 투숙객에게 펫 유모차를 무료로 대여해준다. 선착순이니 이용 예정이라면 주말이나 공휴일에는 일찍 체크인하도록 하자.

강원도

강원도는 반려견과 함께 자연 속에서 힐링하고 다양한 활동을 즐기기에 최적의 여행지다. 산과 바다, 호수 등 아름다운 자연을 만끽할 수 있으며, 사계절 내내 매력적이라 어느 계절에 방문해도 좋다. 또한, 반려견과 함께 다양한 액티비티를 즐길 수 있어 여행의 만족도가 높다. 도심을 벗어나 강원도의 청정 자연 속으로 떠나보자.

일정별 추천 코스 ▶ ## 하루면 충분하개! 당일치기

낭만이 넘치는 춘천

남이섬 ⟶ 김유정역 폐역 ⟶ 김유정 레일바이크 ⟶ 카페더웨이

1. **남이섬** - 볼거리와 놀거리가 다양한 펫프렌들리 여행지
2. **김유정역 폐역** - 레트로 감성이 가득한 곳에서 여유 즐기기
3. **김유정 레일바이크** - 자연 풍경을 즐기며 레일바이크 굴리기
4. **카페더웨이** - 갤러리 분위기 카페에서 커피 한 잔

반려견도 사람도 만족도 최상, 춘천

강아지숲 ⟶ 명동닭갈비 골목 ⟶ 삼악산 케이블카 ⟶ 카페 감자밭

1. **강아지숲** - 반려견에게 천국! 강아지숲에서 놀기
2. **명동닭갈비 골목** - 춘천 닭갈비 원조에서 닭갈비 맛보기
3. **삼악산 케이블카** - 반려견과 케이블카를 타고 춘천의 아름다움 느껴보기
4. **카페 감자밭** - 원조 감자빵을 파는 카페

산소 도시 태백에서 만나는 자연의 스토리텔링

황지연못 ─► 구문소 ─► 몽토랑 산양목장

커피 향 나는 강릉, 바다 즐기기에 제격 양양

(강릉)테라로사 커피공장 ─► 도깨비촬영지 ─► (양양)멍비치 ─► 하조대 전망대

일정별 추천 코스 ▶ **주말을 이용하개! 1박 2일**

평창&정선

DAY 1 ▶ 평창 육백마지기 ⟶ 평창 육십마지기 ⟶ 산너미팜
DAY 2 ▶ 정선아리랑시장 ⟶ 정선 나전역 ⟶ 정선 아우라지

DAY 1

1. 평창 육백마지기 — 탁 트인 하늘 아래 이국적인 풍경
2. 평창 육십마지기 — 육백마지기와 이름은 비슷하지만 느낌은 전혀 다른 풍경
3. 산너미팜 — 안 먹으면 후회할 맛있는 수제 버거

DAY 2

1. 정선아리랑시장 — 먹거리와 볼거리 모두 갖춘 전통시장 & 오일장, 주말장이라면 굿
2. 정선 나전역 — 시간이 멈춘 폐역 & 나전역 카페
3. 정선 아우라지 — 천혜의 자연환경을 자랑하는 아우라지에서 둘레길 산책

춘천

DAY 1 ▶ 김유정역 폐역 ━━ 김유정 레일바이크 ━━ 명동닭갈비 골목
DAY 2 ▶ 삼악산 케이블카 ━━ 의암호 스카이워크 ━━ 강아지숲

DAY 1

1. **김유정역 폐역**
레트로한 멋과 여유가 넘치는 곳 & 가벼운 산책

2. **김유정 레일바이크**
반려견과 함께하는 액티비티

3. **명동닭갈비 골목**
닭갈비 원조인 명동닭갈비 골목에서 반려견 동반 식사

DAY 2

1. **삼악산 케이블카**
의암호와 춘천 시내 풍경을 한눈에

2. **의암호 스카이워크**
잔잔한 호숫가에서 반려견과 여유로운 산책

3. **강아지숲**
여행의 마무리는 댕댕이들이 신나게 뛰어놀 수 있는 강아지숲에서

고성

DAY 1 ▶ 통일전망대 ◀▶ 김일성 별장 ◀▶ 켄싱턴리조트 설악밸리
DAY 2 ▶ 서낭바위 ◀▶ 능파대 ◀▶ 청간정

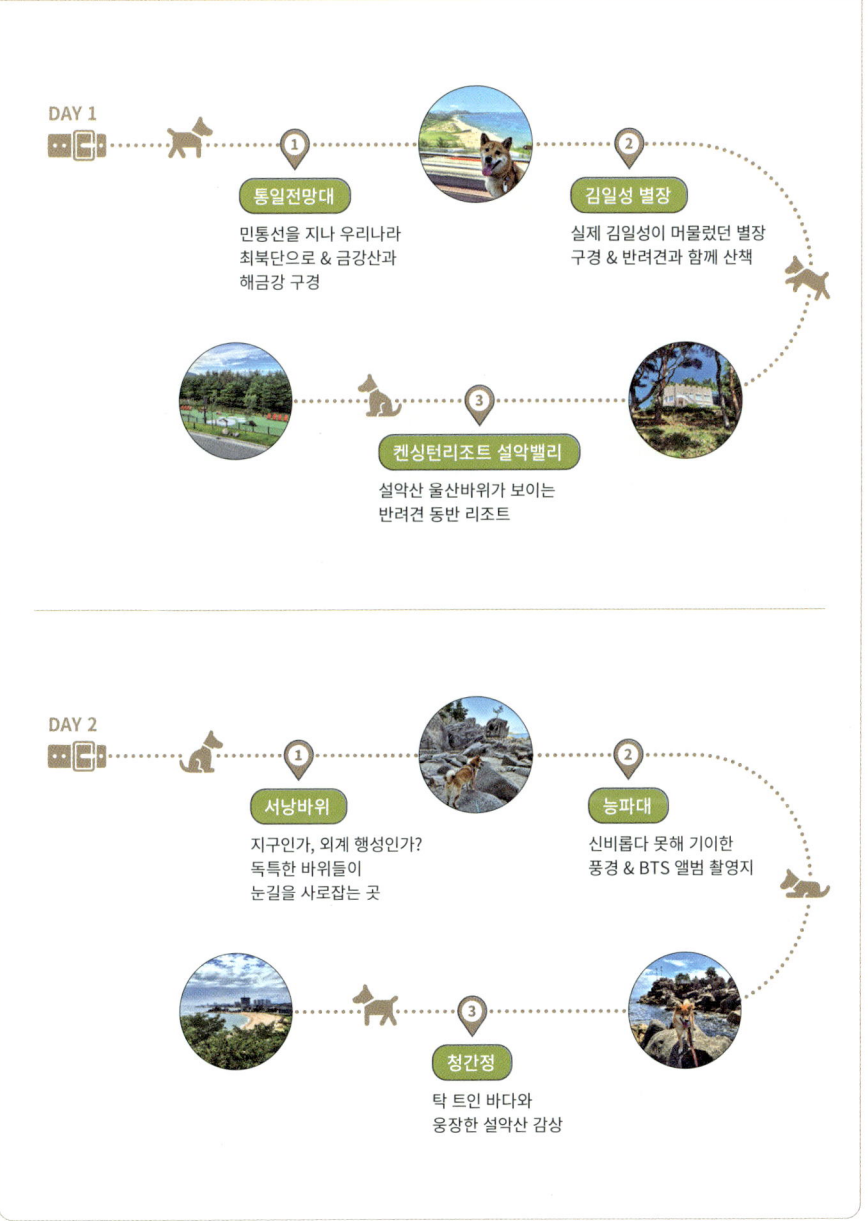

DAY 1

1. **통일전망대**
민통선을 지나 우리나라 최북단으로 & 금강산과 해금강 구경

2. **김일성 별장**
실제 김일성이 머물렀던 별장 구경 & 반려견과 함께 산책

3. **켄싱턴리조트 설악밸리**
설악산 울산바위가 보이는 반려견 동반 리조트

DAY 2

1. **서낭바위**
지구인가, 외계 행성인가? 독특한 바위들이 눈길을 사로잡는 곳

2. **능파대**
신비롭다 못해 기이한 풍경 & BTS 앨범 촬영지

3. **청간정**
탁 트인 바다와 웅장한 설악산 감상

속초

DAY 1 ▶ 영랑호수윗길 ━━ 영금정 ━━ 속초관광수산시장
DAY 2 ▶ 속초해수욕장 ━━ 청초호유원지 ━━ 대포항 ━━ 외옹치바다향기로

DAY 1

① 영랑호수윗길
호수 위를 걷는 듯한 기분

② 영금정
파도소리에 스트레스를 실어 날려버릴 수 있는 곳

③ 속초관광수산시장
만석닭강정, 막걸리술빵, 벌집아이스크림 등등 속초 먹거리 총집합

DAY 2

① 속초해수욕장
모래놀이 좋아하는 반려견이라면 필수

② 청초호유원지
산책 코스부터 근처 물회 맛집까지

③ 대포항
소박함과 정겨움이 묻어나는 대포항 구경 & 튀김골목

④ 외옹치바다향기로
바닷바람 쐬며 여행 마무리

강릉&양양

DAY 1 ▶ 강릉 테라로사 커피공장 ⟷ 강릉 도깨비촬영지 ⟷ 양양 멍비치
DAY 2 ▶ 양양 남애항 전망대 ⟷ 양양 하조대 전망대

DAY 1

① 강릉 테라로사 커피공장
커피를 좋아한다면 꼭 들러야 할 테라로사 본점

② 강릉 도깨비촬영지
'도깨비' 촬영지 중 가장 핫한 곳 & 도깨비젤라또

③ 양양 멍비치
여름철엔 반려견과 해수욕, 그 외의 계절엔 산책

DAY 2

① 양양 남애항 전망대
강원도 3대 미항 중 하나인 남애항에서 바다 구경

② 양양 하조대 전망대
바다와 기암절벽의 기막힌 조화 & 하조대 해수욕장

육백마지기

01 강원, 평창

해발 1,256m에 위치한 평창 청옥산 육백마지기는 자동차로 정상까지 오를 수 있는 평창의 관광지이다. 탁 트인 하늘 아래 펼쳐진 넓은 초원과 줄지어 서 있는 풍력발전기의 모습은 비현실적이기까지 하다. 밤하늘에 은하수가 잘 보여 '은하수 성지'로도 알려져 있으며 매년 6~7월이면 샤스타데이지가 만개해 그 장관을 보기 위해 전국 각지에서 사람들이 찾아온다. 한때는 차박 명소로 유명해 필자 역시 반려견과 함께 차박 겸 다녀오기도 했는데 아쉽게도 2024년 9월부터 차박이 금지되었다.

📍 강원도 평창군 미탄면 청옥산길 583-76　📞 033-330-2711
🌐 https://tour.pc.go.kr/Home/　🕐 24시간 연중무휴　ⓦ 무료　⏱ 1시간 내외　🐕 소형견, 중형견, 대형견 모두 방문 가능.

TIP
진드기 활동 철에는 진드기 방지제가 필수이다.

여기도 Check!

청옥산 무장애 나눔길

육백마지기 내 풍력발전기 2호기 옆으로 나 있는 산책로이다. 이곳에서는 피톤치드 샤워를 하며 반려견과 함께 힐링이 가능하다. 데크길과 흙길이 섞여 있어 산책하기에 좋고 30분 내외 소요된다. 많은 사람이 육백마지기만 보고 내려가는데 여기도 놓치지 말고 들러보자.

📍 강원도 평창군 미탄면 청옥산길 557-4　🐕 소형견, 중형견, 대형견 모두 방문 가능.

육십마지기

02 강원 평창

평창 미탄면에 위치한 육십마지기는 정식 명칭이 아니라 '작은 육백마지기' 같다 하여 붙여진 별명이다. 이곳에 오르려면 먼저 산너미목장으로 가야 하는데 캠퍼들 사이에서 뷰맛집 캠핑장으로 통하는 곳이다. 캠핑이 아니라도 방문 가능하며 목장 입구에서 입장료를 내고 올라갈 수 있다. 정상을 향해 오르다 보면 흑염소 떼를 만날 수 있으니 놀라지 말자. 또한 정상의 '나 홀로 나무' 아래에서 인생샷과 견생샷 찍기를 잊지 말 것.

📍 강원도 평창군 미탄면 산너미길 210 📞 0507-1396-8122 🌐 https://www.instagram.com/sanneomi.farm/ 🕐 10:00~18:00 💰 5,000원(음료 1잔 포함) ⏱ 1시간 🐕 소형견, 중형견, 대형견 모두 방문 가능.

TIP
- 트레킹 코스이니 운동화 착용 필수다.
- 육십마지기는 특히 노을뷰가 아름답다고 알려져 있다.

여기도 Check!

산너미목장

앞서 적어놓았듯 뷰맛집 캠핑장으로 명성이 자자하다. 체크인 시 라면, 햇반, 흑염소 진액이 들어 있는 웰컴키트를 준다. 육십마지기를 바라보고 있어 아무것도 하지 않아도 그저 좋은 곳. 메인 자리에만 전기 사용이 되고 나머지는 노지 느낌이다. 워낙 큰 규모이다 보니 화장실과 떨어진 사이트라면 이용이 번거로울 수 있다. 장점만큼 단점이 확실하나 이곳을 좋아하는 마니아층이 꽤 많다.

📍 강원도 평창군 미탄면 산너미길 210 📞 0507-1396-8122 🌐 https://www.instagram.com/sanneomi.farm/ (네이버 예약 가능) 🕐 체크인 14:00, 체크아웃 11:00 💰 1박 40,000~60,000원(연박 할인) 🐕 소형견, 중형견, 대형견 모두 방문 가능. 목줄 필수. 짖음 없고 케어 가능해야 함.

근처 애견 동반 맛집·카페

산너미팜(브루크)

육십마지기 출발점인 산너미목장에 위치한 수제버거 맛집으로 카페도 겸하고 있다. 육십마지기 트레킹 전후로 들러보자.

📍 강원도 평창군 미탄면 산너미길 210 📞 010-3069-5564 🐕 소형견, 중형견, 대형견 모두 방문 가능. 실내 X, 야외 테라스 O.

실버벨교회
03 강원 평창

영동고속도로 대관령 IC를 빠져나오면 나지막한 언덕에 예쁜 교회가 하나 있다. 인스타에서 핫플로 떠오르더니 어느덧 평창 대표 관광지가 되어버린 곳. 여름엔 스위스같이 이국적인 느낌이 들고, 겨울엔 교회 주변 하얀 설원에서 무료로 눈썰매를 탈 수 있다. 교회는 낮이나 밤이나 어느 때고 방문 가능하며 신앙인이 아닌 경우에도 들어가 볼 수 있다. 이름처럼 종탑 아래 실버벨(은종)이 달려 있다.

📍 강원도 평창군 대관령면 경강로 5107 📞 033-330-2771 🌐 https://tour.pc.go.kr/ 🕐 24시간 연중무휴 💰 무료 🐕 소형견, 중형견, 대형견 모두 방문 가능.

근처 애견 동반 맛집·카페

대관령자연애

대관령 시내에 있는 메밀요리 맛집으로 '메밀쌈 숯불고기'라는 특별한 요리가 있다. 건강하고 맛있는 한 끼를 즐겨보자.

📍 강원도 평창군 대관령면 눈마을길 39, 부띠끄 올리브 201호 📞 0507-1358-3372 🐕 소형견, 중형견, 대형견 모두 방문 가능. 실내 O. 가방 지참 필수.

TIP
- 주말, 공휴일에는 사람이 많으므로 한적하게 즐기고 싶으면 평일을 추천한다.
- 겨울엔 개인 눈썰매를 챙겨 와서 무료로 눈썰매를 즐겨보자.

대관령 순수양떼목장
04 강원 평창

해발고도 1,000m 고산에 위치한 20만 ㎡ 규모의 양떼 목장이다. 양뿐만 아니라 알파카, 염소 등 여러 동물을 만날 수 있고 먹이 주기 체험이 가능하다. 이곳이 특별한 이유는 목장 내 반려견 놀이터가 있기 때문인데 체급별로 나뉘어 있는 데다 드넓어서 실컷 뛰어놀고 가기에 좋다. 평창 시내가 내려다보이며 주변 풍경 또한 기가 막히다. 오르락내리락 산책로가 잘 되어 있어 반려견 운동 코스로도 좋다.

📍 강원도 평창군 대관령면 오목길 111 순수양떼목장 📞 0507-1422-1532 🌐 http://www.soonsusheepfarm.com 🕐 11~3월 09:00~17:00, 4~10월 09:00~18:00 💰 성인 7,000원, 반려동물 4,000원 ⏱ 1시간 내외 🐕 소형견, 중형견, 대형견 모두 방문 가능.

TIP
- 목장 입구에 카페가 있는데 뷰가 좋고 반려견 동반이 가능하다.

휘닉스파크 리조트
05 강원 평창

휘닉스파크는 겨울철 스키, 스노보드뿐 아니라 다양한 부대시설이 있어 사계절 방문하기 좋은 곳이다. 국내 리조트 중에서 발 빠르게 펫룸을 도입한 곳으로 여러 반려견 편의 시설을 보유하고 있다. 반려견 운동장은 물론 곤돌라도 함께 탈 수 있으며 정상 몽블랑에서 산책 역시 가능하다. 또한 바비큐 퀄리티도 타 리조트에 비해 좋은 편이다.

◎ 강원도 평창군 봉평면 태기로 174 ☎ 1577-0069 ⊕ http://phoenixhnr.co.kr/ ⏰ 체크인 15:00, 체크아웃 11:00 🐕 소형견, 중형견, 대형견 모두 가능. 펫어메니티(식기, 계단, 하우스, 배변봉투, 배변패드) O.

⊕ 여기도 Check!

곤돌라 위드 펫

휘닉스파크에는 곤돌라를 운행하는데 반려견과 함께 탑승이 가능하다. 약 10분 남짓 타고 올라가면 정상의 몽블랑으로 향한다. 정상에서 보는 자연 경치가 아름답기 때문에 휘팍에 왔으면 꼭 타보자. 소형견, 중형견, 대형견 모두 탑승 가능하며 케이지를 지참하거나 안고 탈 수 있다.

라마다 호텔
06 강원 평창

대관령에 위치한 4성급 호텔&스위트로 반려인들 사이에서 평이 좋은 곳이다. 스탠더드 더블, 트윈, 디럭스 패밀리 및 빌라 스위트와 같이 다양한 타입의 펫 동반 객실을 보유하고 있어 선택의 폭이 넓다. 여름철에는 야외 펫수영장을 운영하며 드라이룸도 갖췄다. 조식 뷔페에 애견 동반이 가능하진 않으나 지하 식당가에는 대부분 동반을 허용하고 있다. 호텔에서 바라보는 경치가 아름다워 산책하는 즐거움이 있고, 바로 옆에는 반려견 친화적인 대관령 순수양떼목장이 있으니 머무는 동안 들러보자.

◎ 강원도 평창군 대관령면 오목길 107 ☎ 033-333-1000 ⊕ http://www.pyeongchangramadahotel.com ⏰ 체크인 15:00, 체크아웃 11:00 🐕 20kg 이하의 길들여진 반려견 가능. 펫어메니티(식기, 쿠션, 배변패드, 배변봉투, 수건) O. 실내에서 가방이나 개모차 필수. 호텔 내 개모차 대여 서비스가 없으니 미리 준비할 것.

⊕ 여기도 Check!

야외 펫수영장

여름철 성수기에 운영하는 펫수영장은 다른 리조트, 호텔에서는 거의 없는 라마다 평창만의 특별 서비스이다. 수영 후 반려견 몸을 말릴 수 있는 드라이기, 드라이룸도 제공되기 때문에 이용하기 편리하다.

웰컴투동막골 촬영지

07 강원 평창

영화 '웰컴 투 동막골'에서 오지 촬영지로 알려진 곳이다. 영화가 상영된 지 오래되었지만 아직도 당시 세트장을 보존해놓아 많은 관광객들이 찾는다. 팝콘이 터지는 장면 속 배경, 추락한 전투기 등도 잘 보존되어 영화 속 기억이 새록새록 떠오른다. 영화 '손님', 드라마 '녹두전'을 촬영했던 곳이기도 하다.

📍 강원도 평창군 미탄면 동막골길 122　📞 033-330-2724　🌐 http://tour.pc.go.kr/
🕐 24시간 연중무휴　💰 무료　⏱ 최소 30분　🐕 소형견, 중형견, 대형견 모두 방문 가능.

남이섬

08 강원 춘천

드라마 '겨울연가' 촬영지로 알려져 있는 남이섬은 일 년 내내 많은 방문객이 찾아오는 춘천의 대표 관광지이다. 우리나라 사람뿐 아니라 외국인들에게도 필수 여행지일 정도로 핫하다. 배를 타고 5분 남짓 들어가면 도착하는데 섬 안에 볼거리와 놀거리가 꽤 다양하다. 또 반려견과 함께 즐길 수 있는 댕댕이 전기자전거, 하늘자전거 등 액티비티도 있어 만족도가 높다.

📍 강원도 춘천시 남산면 남이섬길 1　📞 0507-1311-8114　🌐 www.namisum.com　🕐 매일 08:00~21:00　💰 성인 19,000원　⏱ 3~4시간　🐕 20kg 미만 입장 가능. 배에 탈 때 반려견을 안거나 목줄 짧게 잡을 것.

> **TIP**
> - 네이버 예약 시 할인 가격으로 티켓을 구입할 수 있다.
> - 반려견과 함께할 수 있는 액티비티들은 대부분 저녁 시간에 운영하지 않으니 낮에 방문할 것을 추천한다.
> - 남이섬 내 애견 동반 숙박 가능한 호텔 정관루가 있다. 인기가 많기 때문에 미리 예약해야 한다(10kg 미만 가능).

반려견과 남이섬을 즐기는 방법 BEST 6

댕댕이 전기자전거

반려견 전용 좌석이 있는 전기자전거로 10kg 미만의 반려견일 경우 탑승 가능하다. 좌석 양쪽의 고리를 목줄에 걸어 고정시키는 것이라 안전하며 타다가 반려견의 거부가 심하면 환불해 주니 걱정 말고 일단 도전해 보자. 운전면허증을 필수로 지참해야 한다.

₩ 30분 15,000원

하늘자전거

공중에 있는 레일을 따라 자전거를 타는 액티비티로 반려견을 안고 탈 수 있다. 수동이라 직접 페달을 밟아 앞으로 나가는 형식으로 위에서 남이섬을 내려다볼 수 있어 은근 재미있다. 레일 경사가 없어 체력적으로 힘들지 않다.

₩ 3,000원

투개더파크

남이섬 내 위치한 무료 반려견 놀이터이다. 오프리시하여 놀 수 있으며 배변봉투 수거함, 어질리티 시설도 구비해놓았다. 입장 가능한 반려견 무게는 15kg 미만이며 10:00부터 17:00까지 운영하니 참고할 것.

스토리투어 버스

미니버스를 타고 남이섬을 한 바퀴 둘러볼 수 있다. 가이드가 남이섬에 대한 다양한 이야기를 들려준다. 반려견은 안고 탈 수 있다.

₩ 20분 8,000원

산책

남이섬을 즐기는 가장 기본적인 방법이면서도 모두들 만족하는 것이 산책이다. 약 3만 그루의 다양한 나무들이 섬을 메우고 있어 자연 풍경을 즐기기에 좋다. 또한 축제, 공연 등 다양한 행사가 일 년 내내 열리기 때문에 산책하며 같이 즐길 수 있다.

애견 동반 맛집·카페

남이섬 내 대부분 식당과 카페에는 애견 동반이 가능하다. 가방이나 캐리어 지참 시 실내 입장이 가능하고, 리드줄만 하고 올 경우 야외 테라스만 이용할 수 있다. 하지만 실내 동반 입장 가능한 곳들도 있다. 고목, 스윙카페&베이커리, 메타라운지 카페는 펫프렌들리존을 따로 마련해놓아 편안히 이용 가능하다.

삼악산 케이블카

09 강원 춘천

의암호를 가로지르는 케이블카로 2021년 10월 개장한 이후 춘천여행의 랜드마크로 떠올랐다. 삼천동에서 의암호를 지나 삼악산까지 3.61km 길이를 운행하며 산, 호수, 도시를 한 번에 조망할 수 있어 많은 사랑을 받고 있다. 총 2대의 펫 전용 캐빈이 15분 간격으로 운행하는데 반려견 동반 고객이 많을 경우 기다려야 한다. 2년 이내 광견병 예방 접종 내역을 필수로 지참해야 하고, 케이지나 개모차가 없을 시 매너벨트 또는 기저귀를 착용해야 한다. 철저히 검사하니 잊지 말고 챙기자. 매너벨트나 기저귀는 1층 편의점에서 판매한다.

📍 강원도 춘천시 스포츠타운길 245 📞 1588-4888 🌐 https://samaksancablecar.com/ 🕘 09:00~20:00(3, 4, 12월엔 1~2시간 단축하며 토요일엔 1~2시간 연장 운영), 기상 악화 시 운영하지 않으므로 홈페이지에서 사전 확인 💳 일반 성인 24,000원, 크리스털 캐빈 성인 28,000원 ⏱ 1시간 내외 🐕 소형견, 중형견, 대형견 모두 방문 가능. 45kg 초과 시 불가.

> **TIP**
> - 네이버 예약 시 할인이 가능하며 춘천 관광지 티켓을 들고 방문할 경우(익일까지)에도 할인받을 수 있다.
> - 케이블카 전망대 앞 이디야 카페, 아이스크림 파는 곳이 있다. 내부엔 출입 불가이지만 테이크아웃하여 테라스에서 반려견과 즐길 수 있다.

중앙시장

10 강원 춘천

춘천의 대표 재래시장이며 가방, 신발, 의류 등 다양한 잡화를 파는 상설시장으로 '낭만시장'이라 불리기도 한다. 시장 규모는 크지 않지만 춘천의 번화가인 명동과 연결되어 있어 주변을 구경하며 같이 둘러보기 좋고, 통로에 아케이드가 설치되어 비를 맞지 않고 다닐 수 있다. 관광지보다는 현지인들이 주로 많이 찾는 곳으로 친근감이 든다. 한국관광공사 선정 '외국인이 가기 좋은 전통시장'에 이름을 올린 곳이기도 하다.

📍 강원도 춘천시 중앙로 81-4 📞 033-254-2558 🌐 http://tour.chuncheon.go.kr 🕐 점포별 상이 ⏱ 30분 내외 🐕 소형견, 중형견, 대형견 모두 방문 가능.

여기도 Check!

춘천 명동거리

중앙시장을 벗어나면 춘천의 번화가인 명동거리와 바로 연결된다. 주요 관공서 및 은행들이 들어서 있고 옷과 화장품, 신발 등을 파는 다양한 상점들이 많이 보인다. '겨울연가' 촬영지였기에 외국인 관광객들도 많이 눈에 띈다. 중앙 로터리 쪽에는 지하상가가 있어 같이 둘러보기에 좋다.

📍 강원도 춘천시 중앙로 55 ⏱ 30분 🐕 소형견, 중형견, 대형견 모두 방문 가능.

명동닭갈비 골목

11 강원 춘천

약 150m에 이르는 골목에 닭갈비 식당들이 줄지어 있다. 24시간 영업하는 곳들도 있어 언제 어느 때고 방문하기 편한 것이 장점. 사전에 애견 동반 가능한 식당을 알아보지 않더라도 막상 가보면 반려견과 함께 들어갈 수 있는 곳들이 꽤 많다. 또한 춘천의 향토 음식인 춘천막국수도 사이드로 꼭 시켜보자. 닭갈비와의 음식 조화가 굿이다.

📍 강원도 춘천시 금강로 62번길 📞 033-250-4312 🌐 https://www.chuncheon.go.kr/tour 🐾 점포마다 상이 🐕 소형견, 중형견, 대형견 모두 방문 가능. 식사를 할 예정이라면 가방을 꼭 챙길 것.

근처 애견 동반 맛집·카페

명동숯불닭갈비
명동닭갈비 골목 안에 있는 식당으로 숯불 닭갈비, 철판 닭갈비를 판매한다. 막국수도 같이 곁들여 보자.

📍 강원도 춘천시 금강로62번길 10 📞 033-251-9293 🐕 소형견, 중형견 동반 가능. 가방이나 캐리어 지참.

한 걸음 더 Zoom in

춘천 닭갈비 탄생 배경

춘천 닭갈비는 1960년대 말 막걸리판에서 술안주 대용으로 개발된 음식이다. 다른 고기들이 비싸다 보니 상대적으로 저렴한 닭을 이용해 안주를 만들게 되었는데 이것이 바로 닭갈비의 시작이다. 처음에는 숯불에 굽는 방식으로 생겨났지만 도시가스가 공급된 후로 마진율을 높이기 위해 철판에 각종 야채를 넣고 볶는 방식으로 변화했다. 대부분 닭갈비 골목 식당에는 숯불 닭갈비와 철판 닭갈비를 따로 판매하는데 원조의 맛을 느끼고 싶다면 숯불구이로 먹어보자.

의암호 스카이워크

12 강원 춘천

높이 12m, 원형 지름 10m의 인공 구조물로 바닥에 투명 유리를 깔아놓아 아래가 훤히 들여다보인다. 눈앞에는 삼악산이 펼쳐져 있고, 그 아래 잔잔한 호수 위로 떠다니는 오리 떼를 보고 있으면 지상낙원이 따로 없다. 사실 의암호는 인공 호수인데 정취가 인위적이지 않아 마치 자연 호수 같은 느낌을 갖게 해준다. 스카이워크 내에는 반려견 출입 금지이지만 입구에 잠시 둘 수 있어 관람에는 크게 문제가 없다. 참고로 삼악산 케이블카 타는 곳과 가까이 있어 묶어 구경하기에 좋다.

📍 강원도 춘천시 칠전동 486 📞 033-253-3700 🌐 http://tour.chuncheon.go.kr/ 🕐 09:00~18:00 💰 무료 ⏱ 왕복 30분 🐕 소형견, 중형견, 대형견 모두 방문 가능.

TIP
- 오르막이 거의 없고 대부분 평지이며 살짝 내리막 코스가 있어 다른 레일바이크들에 비해 힘들이지 않고 운행이 가능하다.
- 레일 특성상 운행 시 덜컹거리는 소음이 있는데 반려견이 소음에 예민하다면 깜짝 놀랄 수 있으니 케어할 것.

김유정 레일바이크

13 강원 춘천

옛 경춘선 철로를 활용한 레일바이크로 현 김유정역 옆에서 출발한다. 코스는 김유정역에서 강촌역까지 전체 8.5km이며 처음 6km는 레일바이크 구간으로 약 50분을 달리게 된다. 이 구간에는 총 4개의 터널이 등장하는데 각각 핑크뮬리, 버블, 은하수, 네온사인 등 서로 다른 테마로 꾸며져 있어 색다른 재미를 더한다. 이후 남은 2.5km는 낭만열차를 타고 이동하며 강촌역 도착 후 다시 버스를 타고 출발지로 돌아온다. 해당 열차와 버스 역시 반려견 동반 탑승이 가능하다.

📍 강원도 춘천시 신동면 김유정로 1383 📞 033-245-1000 🌐 https://www.railpark.co.kr/ 🕐 09:00~17:30(성수기에는 연장 운영) 💰 2인승 40,000원, 4인승 56,000원 ⏱ 1시간 30분 🐕 10kg 이하의 반려견. 셔틀버스 내에서 반려견 머리가 나오면 안 되므로 사방을 모두 닫을 수 있는 가방 지참.

김유정역 폐역

14 강원 춘천

경춘선이 지나는 김유정역 옆에는 과거 무궁화호가 정차하던 옛 김유정역(폐역)이 있다. 1939년 신남역으로 처음 문을 열었으며 2004년 춘천 출신 문학가의 이름을 따 '김유정역'으로 이름을 변경했다. 이후 2010년 경춘선이 개통되면서 기존 역사는 역사 속으로 사라지게 된다. 춘천시는 폐역을 관광자원화 사업의 일환으로 개발하기 시작했고 꽤 성공을 거두었다. 내부에는 대합실과 역무실이 보존되어 있어 관람이 가능하다. 폐역이라는 이미지가 주는 쓸쓸함보다는 아기자기한 감성과 레트로한 느낌으로 꽉 채운 곳이며 반려견과 산책하기에도 좋은 장소다.

📍 강원도 춘천시 신동면 김유정로 1435 📞 033-261-7780
🕐 24시간 연중무휴(전시관, 기차 북카페는 매주 월요일 휴무) 💰 무료 ⏱ 30분 🐕 소형견, 중형견, 대형견 모두 방문 가능. 기차 실내는 동반 불가.

여기도 Check!

출처: 김유정문학촌

김유정 문학촌

김유정 폐역에서 도보로 2~3분 거리에 위치한 곳으로 김유정 생가를 비롯해 그의 작품, 관련 자료를 살펴볼 수 있다. 반려견 입장과 산책은 가능하나 내부 전시관 및 카페는 불가.

📍 강원도 춘천시 신동면 김유정로 1430-14 📞 033-261-4650 🐕 소형견, 중형견, 대형견 모두 방문 가능. 목줄 착용, 배변 처리 등 펫티켓 필수.

카페 더웨이

김유정역 근처에 있는 대형 카페로 삼악산을 조망할 수 있다. 갤러리형 카페로 운영되어 다양한 작품을 감상할 수 있으며 커피와 디저트 모두 수준급이다.

📍 강원도 춘천시 신동면 풍류1길 72 📞 033-264-3837 🐕 소형견, 중형견, 대형견 모두 방문 가능. 실내 O, 야외 테라스 O. 가방 지참 권장.

한 걸음 더 Zoom in

문학가 김유정

1908년생으로 일제강점기에 활동했던 소설가이자 수필가, 시인이다. 김유정역이 위치한 춘천시 신동면의 실레마을에서 태어났다. 〈봄·봄〉, 〈동백꽃〉 등 주요 작품이 교과서에 실리기도 했는데 이 작품들의 배경이 바로 김유정의 고향인 실레마을이다. 우리나라 최초로 철도에 사람 이름을 올릴 만큼 춘천시의 김유정에 대한 사랑은 각별하다.

카페 감자밭
15 강원 춘천

감자빵의 원조로 알려진 춘천의 베이커리 카페 감자밭은 팝업스토어에서 인기였던 감자빵을 본점에서 따끈하게 맛볼 수 있는 곳이다. 겉피는 타피오카 전분과 쌀가루로 만들어 쫀득하고, 속에는 '단짠단짠' 감자 소가 가득 들어 있어 풍미가 뛰어나다. 카페 규모가 크고 야외 공간도 잘 마련되어 있어 반려견과 방문하기 좋으며 다양한 포토존과 예쁜 조명 덕분에 사진 찍는 재미도 쏠쏠하다. 특히 밤이 되면 조명이 더해져 분위기가 한층 감성적이다.

📍 강원도 춘천시 신북읍 신샘밭로 674 📞 1566-3756 🌐 http://www.gamzabatt.com 🕐 매일 10:00~21:00 🐕 10kg 미만 가능. 실내 O, 야외 테라스 O. 실내 동반 시 막혀 있는 케이지 또는 개모차 지참.

강아지숲
16 강원 춘천

국내 최대 규모의 반려견 테마파크로 총 3만 평이 넘는 규모를 자랑한다. 체급별로 나누어진 천연 잔디 운동장은 물론 산책로, 네이처풀(수영장), 박물관, 반려동물 용품 마켓 등 여러 시설을 갖추고 있다. 워낙 규모가 크기에 강아지숲 내 무료 셔틀버스도 운행하고 있다. 각종 교육, 훈련뿐 아니라 다양한 반려동물 관련 축제도 진행한다. 반려견 동반 가능 식당 및 카페도 운영하고 있어 먹거리 걱정은 하지 않아도 된다.

📍 강원도 춘천시 남산면 충효로 437 📞 033-913-1400 🌐 http://www.dforest.co.kr 🕐 10:00~18:00(매주 월요일 휴무) 💰 성인 17,000원, 반려견 8,000원 ⏱ 2~3시간 🐕 소형견, 중형견, 대형견 모두 방문 가능.

TIP
- 네이처풀(수영장)은 여름 한정으로 운영하며 중소형견과 대형견의 입장 가능한 날이 나뉘어 있다. 예약제이므로 방문 전 네이버 예약을 이용할 것.
- 박물관 및 일부 실내 시설은 반려견 동반이 불가한데 이 경우 강아지 대기실을 이용하면 하루 최대 2시간까지 무료로 맡길 수 있다. 전문 트레이너가 반려견을 돌봐주며 내부에는 CCTV가 설치되어 있어 안심이다.

횡성호수길

17 강원 횡성

횡성군 갑천면에 위치한 인공 호수인 횡성호는 횡성댐이 완공되면서 만들어졌다. 특히 횡성호를 둘러싼 횡성호수길은 그림 같은 풍경과 더불어 반려견과 산책하기 좋은 코스다. 호수길은 총 31.5km인데 그중 4.5km 길이의 5구간이 인기가 많다. 경사가 완만할 뿐 아니라 횡성댐 건립으로 수몰된 마을을 그리워하는 수몰민들이 만든 공간이라 더욱 의미가 있다. 잔잔한 호수를 구경하며 자연의 아름다움을 만끽해 보자.

📍 강원도 횡성군 갑천면 구방리 산164 📞 033-340-5986~7 🌐 https://www.hsg.go.kr/tour/ 🕘 09:00~18:00(요금 징수 시간) 💰 2,000원(횡성군 관광상품권으로 환급) ⏱ 1시간 30분 내외 🐕 소형견, 중형견, 대형견 모두 방문 가능.

펫704

18 강원 횡성

산과 계곡 옆에 자리 잡은 조용한 독채 펜션이다. 객실마다 바깥이 보이지 않는 펜스로 둘러쳐진 개별 운동장이 있어 예민한 반려견도 편하게 놀 수 있다. 펜션 앞 계곡에서는 반려견과 물놀이가 가능하며 펜션에서 운영하는 반려견 수영장도 따로 있다. 또한 실내 놀이터, 공용 운동장, 개별 바비큐 등 반려견과 추억을 쌓을 수 있는 편의 시설이 다양해 만족도가 높다. 컵라면, 시리얼 등 간단한 조식도 제공한다.

📍 강원도 횡성군 서원면 서원서로 704 📞 010-4402-8782 🌐 http://pet704.co.kr 🕐 체크인 15:00, 체크아웃 11:00 🐕 소형견, 중형견, 대형견(30kg 미만) 가능. 펫어메니티(식기, 배변패드, 배변봉투, 발수건) O.

고라데이마을

19 강원 횡성

횡성의 산골 마을로 다양한 농촌 체험 및 힐링을 할 수 있는 캠핑장을 운영한다. 사이트 간격이 넓어 쾌적하며 캠핑장 내부 및 바깥에서 반려견과 산책하기 좋다. 마을에서 운영하는 프로그램은 총 35가지인데 그중 화덕 밥 짓기, 돌 목걸이 만들기 등 반려견과 함께할 수 있는 프로그램도 준비되어 있다. 또한 캠핑장 바로 옆에 펜션도 운영하며 역시 반려견 동반이 가능하다. 정겨운 시골 민심을 느끼며 자연 속에서 치유를 원한다면 고라데이 마을 캠핑장의 문을 두드려보자.

📍 강원도 횡성군 청일면 봉명로 375-1 📞 0507-1459-1072 🌐 https://blog.naver.com/psypsy0053 🕐 체크인 15:00, 체크아웃 11:00 💰 1박 45,000원 🐕 소형견, 중형견, 대형견 모두 가능.

➕ 여기도 Check!

자작자작 캠핑장

고라데이마을 캠핑장 바로 옆에 있는 자작자작캠핑장 역시 반려견 동반이 가능한 캠핑장이다. 고라데이마을은 사이트에 울타리가 따로 없으나 자작자작은 울타리가 설치되어 사이트 내 반려견을 풀어 둘 수 있다.

📍 강원도 횡성군 청일면 봉명로 375-4 💰 1박 60,000원 🐕 소형견, 중형견, 대형견 모두 동반 가능. 반려견 운동장 O.

홍시

20 강원 홍천

반려견 운동장이 있는 홍천 애견 동반 식당으로 재방문율이 꽤 높은 곳이다. 모든 식사 공간이 개별 룸으로 되어 있어 프라이빗하게 이용 가능하며 감각적인 인테리어 또한 눈길을 끈다. 식당에 머무는 동안 운동장에서 마음껏 뛰어놀 수 있는 것 또한 장점. 피자, 파스타 등 음식 맛이 수준급이고, 개인적으로 이곳의 시그니처 메뉴인 '홍시 고르곤졸라 피자' 맛이 잊히질 않아, 오직 피자를 먹기 위해 경기도에서 홍천까지 다녀간 적이 있을 정도다. 2025년 9월 기준 홍시는 강원도 홍천에서 영업 중이지만, 추후 타 지역으로 이전할 가능성이 있다. 하지만 이전 후에도 본 도서 지참 시 쿠폰 할인 혜택이 있으므로 참고하자(이전 소식은 인스타 계정에서 확인 가능).

📍 강원도 홍천군 서면 팔봉산로 96 📞 0507-1315-0339 🌐 http://instagram.com/hongsi_pet_cafe ⏰ 매일 10:00~20:00 🐾 소형견, 중형견, 대형견 모두 방문 가능. 실내 O, 야외 테라스 O.

홍천 소노펫

21 강원 홍천

소노펫 클럽앤리조트 비발디파크는 '강아지계의 신라호텔'이라 불릴 정도로 시설뿐 아니라 모든 면에서 반려동물 친화적인 리조트이다. 한번 다녀오면 눈이 높아져서 웬만한 숙소는 성이 차지 않을 정도. 미끄럽지 않은 바닥, 강아지 시력에 맞춘 조도, 깨끗한 시설 등 반려견에 맞춘 설계가 눈에 띈다. 1,500평이 넘는 플레이그라운드에서 실컷 뛰어놀 수 있고, 조식 뷔페뿐 아니라 리조트 내 모든 식당에 반려견 동반이 가능하다. 체크인 시 2년 이내 종합백신, 광견병 접종 확인서 둘 다 확인한다(만 10살 이상의 경우 3년 이내의 종합백신, 광견병 접종 내역 확인).

📍 강원도 홍천군 서면 한치골길 262 📞 1588-4888 🌐 https://www.sonohotelsresorts.com/ ⏰ 체크인 15:00, 체크아웃 11:00 🐾 소형견, 중형견, 대형견 모두 방문 가능. 펫어메니티(식기, 계단, 소파, 배변패드, 배변판, 탈취제, 펫수건) O.

SPECIAL PAGE

홍천 소노펫 알차게 즐기는 방법

띵킹독 카페
소노펫 E동 1층에 위치한 카페로 간단한 식사가 가능하며 펫 전용 음식과 디저트를 판매한다. 음식도 수준급이며 플레이그라운드와도 연결되어 있으니 소노펫에 왔다면 꼭 들러보자.

플레이그라운드
체급별로 나뉘어 있는 운동장으로 띵킹독과 바로 연결되어 있어 접근성이 좋다. 체크아웃 후 14:00까지 이용 가능한 점도 굿.
ⓦ 투숙객 무료, 일반 고객 10,000원

산책로 추천
소노펫 뒤쪽에 비발디 포레스트가 있다. 평지가 아니라 경사진 곳이어서 가벼운 등산을 병행할 수 있는 예쁜 숲길이다. 왕복 약 30분 소요된다.
ⓦ 무료

소노펫 포미
1층에 위치하며 스파, 월풀, 하이드로 바스까지 올인원으로 이용 가능한 셀프 목욕 시설이다. 성능 좋은 드라이기가 있어 목욕 후 빠른 건조도 가능하다.
ⓦ 기본 30분 8,000원, 추가 10분 4,000원

개암벌용소관광농원

22 강원·홍천

강원도 대표 뷰맛집 캠핑장으로 홍천 용소계곡을 끼고 있어 여름엔 계곡에서 물놀이를, 가을엔 단풍을 감상하기에 좋다. 무엇보다 사이트 간격이 널찍하여 각기 떨어져 있는 것이 장점이다. 캠핑장 전반적으로 경사가 꽤 있는 편이지만 다른 장점들이 상쇄하고도 남는다. 강원도 산골에 위치해 있기에 밤에는 별이나 은하수도 잘 보인다. 펜션도 운영하는데 이곳은 반려견 동반 불가다. 캠핑장 맞은편 용소계곡 트레킹 코스가 있어 반려견과 함께 산책할 수 있다.

📍 강원도 홍천군 두촌면 군유동길 361-26　📞 033-435-9720　🌐 http://개암벌용소관광농원.com/　체크인 12:30, 체크아웃 12:00　₩ 1박 50,000원　🐾 15kg 미만 가능. 목줄 필수.

아우라지

23 강원 정선

'아우라지'는 송천과 골지천이 만나 강이 되어 어우러진다는 뜻에서 유래된 지명으로 서울까지 이어지는 한강이 이곳을 지난다. 주변 풍경이 아름답고 밤하늘에 촘촘히 박힌 별들에 반해 반려견과 몇 번 차박을 다녀간 곳이기도 하다 (현재는 차박 금지). 깨끗한 강물에 발을 담그거나 둘레길을 따라 걸으면 스트레스가 달아난다. 또한 정선아리랑 '애정편'의 주요 무대임을 보여주듯 강을 사이에 두고 서로 만나지 못하는 처녀, 총각의 동상이 놓여 있고, 쉼터가 되어주는 정자도 있다. 아우라지 둘레길을 따라 반려견과 함께 산책하며 힐링의 경험을 맛보자.

📍 강원도 정선군 여량면 아우라지길 69 📞 1544-9053 🌐 https://www.jeongseon.go.kr/tour ⏰ 24시간 연중무휴 ₩ 무료 ⏱ 둘레길 기준 1시간 🐕 소형견, 중형견, 대형견 모두 방문 가능.

여기도 Check!

아우라지역

자그마한 간이역으로 소박한 멋이 있다. 아우라지 둘레길과 닿아 있으며 현재는 정선 레일바이크 종착지로 쓰인다. 이곳의 어름치 플레이스가 사람들의 시선을 끄는데 물고기 어름치를 닮아 이름이 붙여졌다. 내부는 도서관 겸 쉼터로 운영된다.

📍 강원도 정선군 여량면 여량 6길 17 🐕 소형견, 중형견, 대형견 모두 방문 가능.

나전역 카페

국내 1호 간이역 카페로 내부를 간이역 감성으로 꾸며놓았다. 실내 애견 동반이 가능하며 쉬었다 가기에 좋다.

📍 강원도 정선군 북평면 북평 8길 38 📞 0507-1367-3646 🐕 소형견, 중형견, 대형견 모두 방문 가능. 가방 지참 권장.

정선 레일바이크

우리나라 최초의 레일바이크로 구절리역에서 아우라지역까지 7.2km를 운행하는 철길 자전거이다. 수려한 자연경관을 감상할 수 있어 인기가 많다. 아우라지역에서부터는 풍경열차를 타고 되돌아온다.

📍 강원도 정선군 여량면 노추산로 745 ₩ 2인승 30,000원, 4인승 40,000원 🐕 소형견 가능. 머리를 닿을 수 있는 케이지 필수.

정선아리랑시장

[24] 강원 정선

정선아리랑시장은 상설시장이자 오일장, 주말장을 겸하는 시장으로 우리나라를 대표하는 재래시장이다. 끝자리가 2일, 7일에 열리는 오일장에는 지역 주민들뿐 아니라 전국에서 모여드는 여행객들로 북적인다. 이때는 정선아리랑을 비롯한 다채로운 문화 공연을 진행하며 흥을 돋운다. 단 공연은 봄, 여름, 가을에만 하니 참고할 것.

◎ 강원도 정선군 정선읍 5일장길 40 ☎ 033-563-6200 🌐 https://blog.naver.com/jungsun_mk ⏰ 09:00~18:00(점포별 상이) ₩ 무료 ⏱ 1시간 🐕 소형견, 중형견, 대형견 모두 방문 가능.

근처 애견 동반 맛집·카페

단임길
정선 오일장에 있는 카페로 고로쇠와 에스프레소를 섞은 고로쇠리카노를 판매한다.

◎ 강원도 정선군 정선읍 5일장길 38-48 ☎ 0507-1495-8887 🐕 소형견, 중형견 동반 가능. 실내 O. 가방 지참 권장.

정선회관
정선 오일장 바로 옆에 있는 식당으로 장칼국수, 녹두전 등 강원도 향토 음식을 판매한다.

◎ 강원도 정선군 정선읍 5일장길 58 ☎ 0507-1384-2860 🐕 소형견, 중형견 동반 가능. 실내 O. 가방 지참 필수.

하이원 펫클럽

[25] 강원 정선

하이원 리조트의 펫룸은 시설이 좋고 깨끗하여 평이 꽤 좋은 곳이다. 체크인 센터를 운영하지 않아 고객이 직접 모바일 체크인을 하는 시스템이며 힐콘도 D동에 펫룸 객실이 위치해 있다. 전반적으로 펫프렌들리하여 반려견과 다니기에 편리하며 여러 부대시설을 함께 즐길 수 있다. 산으로 둘러싸여 공기가 좋고 산책할 곳이 많아 힐링이 가능하다.

◎ 강원도 정선군 하이원길 424 힐콘도 ☎ 1588-7789 🌐 https://www.high1.com/ ⏰ 체크인 15:00, 체크아웃 11:00 🐕 소형견, 중형견, 대형견 모두 방문 가능. 펫어메니티 (식기, 계단, 쿠션, 배변판, 배변매트, 탈취제, 돌돌이) O.

정선아리랑시장 먹거리

올챙이국수

여름에는 살얼음 동동 띄워 시원하게, 겨울에는 따뜻하게 먹는 강원도 대표 음식. 국수 모양이 올챙이를 닮아 이름이 붙여졌다. 비슷한 음식으로 콧등치기국수가 있는데 올챙이국수와 달리 면발이 길다. 먹을 때 면발이 '콧등을 친다'하여 이름 붙여졌다.

TIP 시장 내 식당 '대박집' 야외 테이블에서 반려견과 함께 식사가 가능하다.

수수부꾸미

수수 가루를 반죽하여 부친 음식으로 팥소가 들어 있어 달달하다. 겉은 바삭하고 속은 쫄깃한 식감으로 인기 많은 전통 먹거리이다.

곤드레, 취나물

정선의 대표 특산물로 시장에서 많이 보인다. 곤드레는 밥, 국, 나물 등 다양한 방식으로 요리해 먹지만 이 중 '곤드레밥'이 정선의 대표 음식이다.

벌꿀

정선은 천연 벌꿀이 많이 생산되는 지역이다. 특히 벌집 꿀을 소량으로 맛볼 수 있게 판매하여 간편하게 먹기 좋고, 아이스크림에다 토핑으로 얹어 팔기도 한다.

송이버섯

향이 진하고 풍미가 깊어 만족도가 높다. 생으로 찢어 참기름장에 찍어 먹기도 하고, 살짝 지져 먹기도 하는데 시장 인심이 좋다 보니 맛보기로 건네는 곳이 많다.

전통 한과

이곳의 한과는 설탕이 아니라 조청을 사용하여 많이 달지 않아 먹기 부담 없다. 많은 한과 전문점 중에서도 '아리곳간'이 유명하다.

못난이약과

얇게 튀겨내 바삭하면서도 촉촉한 것이 특징이다. 모양이 일정하지 않아 투박하며 조청을 이용해 다른 약과보다 덜 달다.

반려견과 하이원 알차게 즐기기

하이하우 클럽라운지
하이원 안에 있는 반려견 동반 식당으로 힐콘도 D동 옆 1층에 위치해 있다. 5성급 호텔 조리 명장이 직접 반려견 요리를 개발하여 반려견도 영양가 있는 식사가 가능하다. 또한 사람 음식도 모두 엄지척을 할 만큼 맛과 퀄리티가 좋다.

그라운드파크
힐콘도 야외에 있는 250평가량의 반려견 전용 놀이터이다. 24시간 오픈이라 머무는 동안 언제든 방문이 가능하며 무료로 운영한다. 소형견, 중형견, 대형견과 같이 체급별 구분이 확실히 되어 있어 안전하게 뛰어 놀 수 있다.

스카이파크
힐콘도 T동 루프톱에 위치한 야외 놀이터로 규모는 340평가량이다. 그라운드파크와 마찬가지로 운영시간 제한이 따로 없으며 무료이다. 체급별 구분 없이 하나로 통일되어 있으니 참고할 것.

운암정
분위기가 운치 있는 한옥 카페로 예전에는 드라마 세트장으로 운영했던 곳이다. 전통 디저트와 베이커리류를 같이 판매하며 특히 여러 디저트가 함께 나오는 '운암정 애프터눈티'의 인기가 많다. 반려견은 야외 동반이 가능하다.

곤돌라
반려견 동반으로 곤돌라를 타고 정상 하이원탑까지 올라갈 수 있다. 곤돌라 길이가 꽤 길어서 편도 시간만 약 20분이 소요된다. 정상에 도착 후 반려견과 산책이 가능하며 주변의 멋진 경치를 감상할 수 있다. 곤돌라 이용 시 반려견은 리드줄만 하고 탑승이 가능하다.
ⓦ 성인 18,000원(투숙객은 할인 가능)

보딩룸
힐콘도 D동 1층에 위치하며 하이원에서 애견 동반이 불가한 시설을 이용할 때 반려견을 무료로 맡길 수 있다. 직원이 보딩룸 내부에 상주하고 있으며 간식 및 사료는 보호자가 직접 준비해야 한다. 보딩룸 좌측에는 목욕시설도 있다.

하늘길 카트투어
반려견과 골프카트를 타고 하이원 슬로프를 둘러보며 야생화를 감상하는 액티비티이다. 특히 6월에 오면 샤스타데이지가 슬로프에 가득 피어 있어 군락지를 이루는 듯한 풍경을 볼 수 있다. 운전자는 운전면허증을 제시해야 하며 겨울철 스키&스노보드 시즌엔 카트투어를 영업하지 않으니 방문 전 미리 체크하자.
📍 마운틴 잔디광장 아테나 리프트 근처 ⓦ 1시간 50,000원

노추산 모정탑길

26 강원 강릉

노추산은 강릉 내륙 태백산맥 줄기를 따라 솟아 있는 산으로 약 3,000여 개의 돌탑이 줄짓어 서 있는 모정탑길이 유명하다. 봄에는 진달래 군락지가 있어 화사하고, 가을에는 단풍으로 물들어 화려하다. 많은 사람이 방문하는 모정탑길 코스는 약 1.2km이며 가는 길이 평탄하여 산책하기에 무리가 없다. 산책로 옆을 따라 흐르는 송천 또한 주변 산세와 어우러져 비경을 자아낸다.

📍 강원도 강릉시 왕산면 대기리 1679-8 📞 033-640-5420 🌐 https://www.gn.go.kr/tour 🕐 24시간 연중무휴 💰 무료 ⏱ 1~2시간 🐕 소형견, 중형견, 대형견 모두 방문 가능.

TIP
안반데기 마을과 멀지 않으니 묶어서 다녀오기에 좋다.

한 걸음 더 Zoom in

모정탑길 탄생 배경

'모정탑길'이란 말 그대로 '어머니의 정이 담긴 탑길'이라는 뜻이다. 이곳은 차순옥 여사가 26년간 쌓아 올리고 길을 터서 만든 곳으로 약 3,000개의 돌탑들이 줄지어 있다. 여사는 결혼 후 4남매를 두었는데 아들 둘을 잃고 남편은 정신질환을 앓는 등 집안에 늘 걱정이 끊이질 않았다. 하루는 꿈에 산신령이 나타나 계곡에 돌탑 3,000개를 쌓으면 우환이 사라질 것이란 말을 남긴다. 강릉 시내에 살던 차순옥 여사는 돌탑을 쌓을 장소를 찾아다녔고 노추산 계곡(송천)이 흐르는 이곳에 돌을 쌓기로 한다. 어머니의 한없는 사랑으로 결국 집안의 평화를 되찾게 되었고, 이후 모정탑길은 소원 성취의 명소로 알려지게 되었다.

안반데기

27 강원 강릉

강원 내륙 산지에 위치한 안반데기 마을은 고랭지 배추밭이 드넓게 펼쳐진 곳이다. 해마다 8월 중순부터 9월 말까지 배추를 출하하는데 이때 모습은 그야말로 장관이 따로 없다. 필자 역시 몇 번이나 다녀갔을 정도로 이곳의 이국적인 풍경은 보는 사람을 매료시킨다. 또한 일출, 일몰, 은하수 및 별 관측하기에도 좋은 여행지로 알려져 사계절 내내 오고 가는 차들이 많다. 마을 전반적으로 경사가 심하지만, 배추밭을 구경하는 포인트 및 산책로는 평지로 되어 있어 반려견과 다니기에 좋다.

📍 강원도 강릉시 왕산면 안반데기길 428 📞 033-655-5119 🌐 http://www.안반데기.kr/ 🕐 24시간 연중무휴 💰 무료 ⏱ 1시간 🐕 소형견, 중형견, 대형견 모두 방문 가능.

노추산 힐링캠프

28 강원 강릉

뷰맛집 캠핑장 중 하나로 모정탑길 입구에 위치해 있다. 산과 계곡에 인접해 있어 공기 좋고 물이 맑아 머무는 내내 상쾌한 기분을 느낄 수 있다. 일부 사이트는 간격이 좁으나 독립 사이트들도 여럿 존재하여 반려견과 프라이빗하게 머무르기에 좋다. 성수기를 제외하곤 주로 금~일요일만 운영하며 겨울철에는 휴장을 한다. 이곳에 머무르며 모정탑길과 안반데기에 다녀오기 좋다.

📍 강원도 강릉시 왕산면 노추산로 1254 📞 010-6375-3333 🌐 네이버에서 '강릉 노추산 힐링캠프' 검색 🕐 체크인 13:00, 체크아웃 12:00 💰 1박 40,000~60,000원 🐕 소형견, 중형견, 대형견 모두 방문 가능. 목줄 필수.

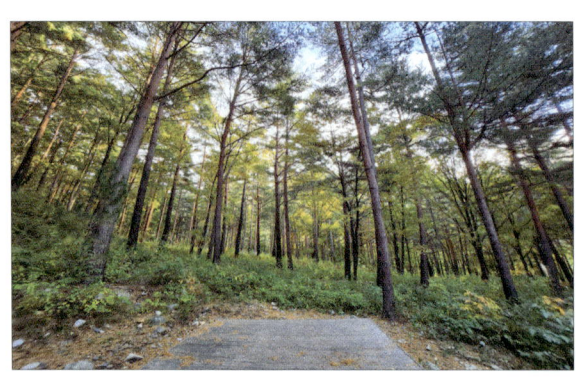

도깨비 촬영지
29 강원 강릉

강릉 주문진 영진해변은 드라마 '도깨비' 국내 촬영지 중 가장 잘 알려진 곳으로 방영된 지 몇 해가 흘렀음에도 여전히 핫하다. 이곳의 방사제는 공유와 김고은이 처음 만나는 장소로 많은 사람들이 주인공을 따라 포즈를 취하며 사진을 찍는다. 탁 트인 동해 바다도 구경할 수 있고, 영진해변의 고운 모래사장에서 반려견과 산책도 가능하다.

📍 강원도 강릉시 주문진읍 해안로 1609 📞 033-640-4535 🌐 https://www.gn.go.kr/ 🕐 24시간 연중무휴 💰 무료 ⏱ 20분 🐕 소형견, 중형견, 대형견 모두 방문 가능.

➕ 여기도 Check!

도깨비젤라또

도깨비촬영지 앞에 있는 순두부젤라또 맛집이다. 순두부 외에도 초당옥수수 맛, 강릉커피 맛 등 다양한 수제 젤라또를 판매한다. 감성적으로 잘 꾸며져 있고 2, 3층에서 촬영지가 내려다보인다. 반려견 전용 락토프리 젤라또를 100원에 판매해 댕댕이도 즐길 수 있으며, 여러 단체에 기부를 하는 등 좋은 일을 많이 하는 가게이다. 개인적으로 원조 순두부젤라또보다 훨씬 맛있던 곳이라 추천한다.

📍 강원도 강릉시 주문진읍 해안로 1605 📞 0507-1356-0079 🕐 평일 11:00~19:00, 주말 10:00~20:50 🐕 소형견, 중형견, 대형견 모두 방문 가능. 입장 시 QR코드 체크인 필요.

테라로사 커피공장

30 강원 강릉

커피를 좋아하는 사람이라면 강릉에서 꼭 들러야 할 필수 코스, 바로 테라로사 본점이다. 한국 커피 전문가 1세대 김용덕 씨가 운영하는 곳으로 전 세계 질 좋은 원두를 직접 로스팅하여 커피를 내린다. 커피뿐 아니라 베이커리도 판매하며 원두, 굿즈 등 다양한 제품을 만날 수 있다. 또한 야외 테라스에 펫존을 마련해놓아 반려인들이 편하게 머무를 수 있다. 인스타 핫플이라 늘 사람들로 북적거리므로 참고할 것. 전국에 몇몇 지점이 생겨났지만 강릉에 왔다면 본점에 꼭 들러보자.

📍 강원도 강릉시 구정면 현천길 7 📞 1668-2764 🌐 http://www.terarosa.com/ 매일 09:00~19:00(하절기 ~20:00) 🐕 소형견, 중형견, 대형견 모두 방문 가능. 실내 X, 야외 테라스 O.

여기도 Check!

테라로사 사천해변점

강릉 사천해변에 있어 바다 구경 후 들르기 편하다. 키 큰 소나무 숲으로 둘러싸여 분위기가 꽤 좋으며 커피 외 디저트도 맛있다. 특히 얼그레이 파운드케이크가 촉촉하고 향도 진해서 추천.

📍 강원도 강릉시 사천면 순포안길 6 📞 1668-2764 🐕 소형견, 중형견, 대형견 모두 방문 가능. 실내 X, 야외 테라스 O.

삼부연폭포

31 강원 철원

한탄강 유네스코 세계지질공원에 속해 있는 철원 9경 중 하나로 명성산 중턱에 위치한 높이 약 20m 규모의 3단 폭포이다. '삼부연'이란 이름은 물줄기가 세 번 꺾이고 폭포 하부의 웅덩이가 세 개 있다 하여 붙여졌다. 조선시대 진경산수화의 대가인 겸재 정선이 금강산 가는 길에 이곳에 잠시 들러 그린 그림이 바로 '삼부연도'다. 겨울철에 방문하면 커다란 빙벽을 볼 수 있으며 인공 빙벽이 아닌 자연적으로 만들어진 풍경이라 더 감동적이다.

- 강원도 철원군 갈말읍 신철원리
- 033-450-4810
- http://www.hantangeopark.kr/
- 24시간 연중무휴
- 무료
- 20분
- 소형견, 중형견, 대형견 모두 방문 가능.

TIP

- 폭포 앞 도로 갓길에 주차하지 말고 따로 마련된 주차장으로 가서 안전하게 주차할 것을 권한다. 주차 후 자그마한 터널을 지나 전망대로 향하는 길이 운치 있다.
- 주차장 쪽에 탐방 안내소가 있는데 삼부연폭포 설명과 더불어 한탄강 유네스코 세계지질공원 해설 안내를 해준다. 직접 신청하거나 사전에 전화로 예약할 수 있다.

한 걸음 더 Zoom in

겸재 정선이 생애 두 번이나 찾아 화폭에 담은 곳이 바로 철원 삼부연 폭포다. 첫 그림은 1712년, 그의 나이 36세에 남긴 것으로 금강산 유람 후 그린 '해악전신첩'에 수록됐으나 안타깝게도 현재 남아 있지 않다. 세월이 흘러 71세가 되던 1747년, 36년 전에 그렸던 장소들의 발자취를 따라가며 두 번째 '해악전신첩'을 그리게 된다. 이때 그린 '삼부연도'가 현재 간송미술관에 소장돼 있다.

송대소

32 강원 철원

높이 30m가 넘는 주상절리들이 촘촘히 박혀 있는 곳으로 기둥 모양, 부채꼴 모양, 민들레꽃 모양 등 다양한 모습의 주상절리들을 관찰할 수 있다. 철원평야를 이루며 흐르던 현무암이 침식되어 현재와 같은 가파른 절벽과 주상절리가 만들어졌는데 그 모습이 아주 장엄하다. 한탄강 지오트레일 한여울길 1코스에 해당하며 은하수교 입구 좌측의 전망대에서 송대소를 바라볼 수 있다. 동절기에는 물윗길 트레킹을 통해 바로 옆에서 자세히 관찰할 수 있으나 아쉽게도 애견 동반은 불가이다.

📍 강원도 철원군 동송읍 장흥리 📞 033-450-5532 🌐 https://www.cwg.go.kr/tour/ 🕐 24시간 연중무휴 💰 무료 🚗 주차장에서 전망대까지 왕복 20분 🐕 소형견, 중형견, 대형견 방문 가능.

여기도 Check!

철원 한탄강 은하수교

송대소 바로 옆에 위치하고 있으며 길이 180m, 폭 3m의 현수교이다. 바닥 중앙에 유리가 길게 놓여 있고 걸어갈 때 흔들거림이 있어 스릴을 느낄 수 있다. 반려견과 다녀간 후기들이 있지만 안전 위험성 때문에 원칙적으로 반려견 동반은 금지하고 있다.

📍 강원도 철원군 동송읍 장흥리 725-12 📞 0507-1482-1621

물윗길트레킹

철원 한탄강 위에 설치한 부교를 따라 걸어보는 트레킹 코스로 매년 10월 개장하여 이듬해 3월에 폐장한다. 아쉽게도 반려견 동반은 불가다.

📍 강원도 철원군 갈말읍 한탄강 일원(매표소: 태봉대교, 은하수교, 고석정, 순담계곡, 승일교) 📞 033-455-7072 💰 입장료 10,000원(철원사랑상품권 5,000원 교환 지급)

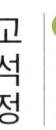

33	강원 철원

고석정

고석정은 한탄강 중류에 있는 정자와 바위, 주변 일대를 가리키는 것으로 경치가 아름다워 철원 9경 중 하나로 손꼽힌다. 조선시대 임꺽정이 활동했던 무대이며 고석정 중앙에 위치한 커다란 고석 바위가 바로 임꺽정이 은신한 곳이라서 '임꺽정 바위'라 부르기도 한다. 현무암질 용암이 기반암 위로 흘러 용암대지를 형성한 것을 확인할 수 있기에 지질학적으로 중요한 가치를 지닌 곳이다. 고석정은 한탄강 유네스코 세계지질공원에 속해 있다.

📍 강원도 철원군 동송읍 태봉로 1825 📞 033-450-5558 🌐 http://www.hantangeopark.kr/ ⏰ 24시간 연중무휴 💰 무료 ⏱ 30분 🐕 소형견, 중형견, 대형견 모두 방문 가능.

> **TIP**
> 철원 고석정은 가을철 꽃밭 축제로도 유명하며 무려 24만 ㎡에 달하는 거대한 규모를 자랑한다. 반려견은 15kg까지 동반 가능하다.

근처 애견 동반 맛집·카페

팔도강산

우렁쌈밥, 제육 등을 판매하는 한식당으로 로컬 '찐맛집'이다. 여행 중 든든한 한 끼 식사를 원한다면 들러보자.

📍 강원 철원군 서면 자등로 593 팔도강산 📞 033-455-6703 🐕 소형견, 중형견 동반 가능. 실내 O. 가방 지참 필수.

직탕폭포

34	강원 철원

'한국의 나이아가라 폭포'라 불리는 곳으로 한탄강에 위치해 있다. 높이는 약 3m, 너비가 약 80여m로 우리나라의 다른 폭포들과 달리 넓게 펼쳐져 물이 떨어져내린다. 용암이 식어 굳어진 현무암 위로 오랫동안 물이 흐르면서 풍화침식 작용을 받게 되는데, 이때 주상절리를 따라 떨어져 나가면서 계단 모양의 직탕폭포가 형성됐다. 겨울철에 방문하면 빙벽으로 띠를 이룬 모습을 볼 수 있고, 현무암으로 된 징검다리를 건널 수도 있다.

📍 강원도 철원군 동송읍 직탕길 86 📞 033-450-4810 🌐 http://www.hantangeopark.kr/ ⏰ 24시간 연중무휴 💰 무료 ⏱ 20분 🐕 소형견, 중형견, 대형견 모두 방문 가능.

소양강둘레길

35 강원 인제

인제 소양강 둘레길은 소양강 상류지역에 해당하는 곳으로 다른 구역에 비해 아직 손때가 덜 묻어 자연의 아름다움을 간직하고 있다. 붐비거나 혼잡하지 않아 반려견과 여유롭게 산책하기에 좋고, 원시림을 연상케 하는 풍경도 곳곳에서 마주하게 된다. 1코스 하늘길(7.9km), 2코스 내린길(1.9km), 3코스 도보코스(5.7km)로 이루어져 있으며 이 중 1코스가 난이도가 쉽고 풍경이 다양해 인기가 있다. 등산화 또는 운동화 착용은 필수다.

📍 강원도 인제군 인제읍 남북리 산 14-1 ☎ 033-460-4312
🌐 http://www.inje.go.kr 🕐 24시간 연중무휴 💰 무료
🐾 1코스 기준 1시간 30분 🐕 소형견, 중형견, 대형견 모두 방문 가능.

인제캠핑타운

36 강원 인제

사이트에서 설악산을 감상할 수 있는 뷰맛집 캠핑장으로 캠퍼들 사이에서는 꽤 유명한 곳이다. 숲속에 파묻혀 캠핑하는 느낌이 들 정도로 아늑하고, 사이트 간격이 좁은 편이지만 잘 고르면 프라이빗하게 지낼 수 있다. 전반적으로 깨끗하게 관리하기 때문에 지내는 데 불편함이 없고 캠핑장 내에서 반려견과의 산책이 만족스러울 정도로 풍경이 좋다.

📍 강원도 인제군 인제읍 한석산로 1423-15 ☎ 010-6251-3826 🌐 http://cafe.naver.com/injecamping 🕐 체크인 13:00, 체크아웃 12:00 💰 40,000~75,000원 🐕 15kg 미만의 소형견, 중형견 가능. 반려견 동반 시 사전 연락 필수.

TIP

- 윈디닷컴 등 날씨 사이트에서 바람이 많이 분다고 나와도 인제캠핑타운은 지형상 바람이 많이 불지 않는다.
- 가까운 곳에 마트가 없고 한 번 들어오면 나가기가 애매하므로 미리 장을 봐올 것을 추천.
- 인제캠핑타운은 네이버 카페를 운영하며 각종 정보 및 후기를 확인할 수 있다.

미산분교 캠핑장

37 강원 인제

반려견 전용 캠핑장으로 사이트가 넓고 개별 울타리가 있어 마니아들이 많다. 폐교를 개조하여 만든 곳으로 가운데에는 반려견 운동장이 있어 안전하게 뛰어놀 수 있다. 또한 캠핑장 옆으로 인제 내린천이 흐르는데 여름에 가면 계곡에서 반려견과 물놀이를 즐길 수 있다. 캠장님 부부 내외가 무척 부지런하여 이곳저곳 깨끗이 쓸고 닦고 열심히 움직인다. 일 년 내내 언제든 와도 좋지만 특히 여름철 반려견과 계곡에서 시원한 캠핑을 계획한다면 강추다.

📍 강원도 인제군 상남면 내린천로 1622 📞 010-2013-6096 🌐 https://cafe.naver.com/camptool 🕒 체크인 14:00, 체크아웃 12:00 ₩ 1박 60,000~65,000원 🐕 소형견, 중형견, 대형견 모두 방문 가능.

여기도 Check!

반디하우스 캠핑장

미산분교캠핑장 예약이 꽉 찼다면 주변에 있는 반디하우스도 생각해 보자. 미산분교와 마찬가지로 반려견 전용 캠핑장이며 계곡 옆에 위치하고 개별 울타리도 갖추고 있다. 무엇보다 샤워실이 개별로 되어 있다는 점이 큰 메리트.

📍 강원도 인제군 상남면 내린천로 2355 📞 0507-1412-7797 🌐 http://www.bandihouse.com/ ₩ 63,000~78,000원 🐕 소형견, 중형견, 대형견 모두 방문 가능.

구문소

38 강원 태백

구문소는 강물이 산을 뚫고 지나가며 큰 돌문을 만들고, 그 아래 깊은 물웅덩이가 생겼다는 뜻의 '구무소'를 한자로 적은 것이다. 5억 년 전 한반도 지형이 어떻게 만들어졌는지 알 수 있을 뿐 아니라 당시 지질 구조 및 퇴적 구조가 잘 보존되어 천연기념물 제417호로 지정되었다. 구문소의 높이는 30m이며 석회 동굴 형태를 띠고 있다. 특히 주변의 낙락장송, 기암절벽 등의 경관이 사람들의 발길을 이끈다.

📍 강원도 태백시 동태백로 11 📞 033-560-2379 🌐 https://tour.taebaek.go.kr/tour 🕒 24시간 연중무휴 ₩ 무료 ⏱ 20분 🐕 소형견, 중형견, 대형견 모두 방문 가능.

TIP

- 동굴을 지나 5분만 걸어가면 공원을 만날 수 있는데 이곳에서의 풍경 또한 예술이다. 대부분 사람들이 구문소 앞부분만 보고 가는데 뒷부분을 꼭 놓치지 말자.
- 근처에 태백고생대자연사박물관이 있다. 아이들뿐 아니라 어른도 재밌게 구경할 정도로 잘 되어 있다. 아쉽게도 반려견 동반은 불가하다.

몽토랑 산양목장

39 강원 태백

유산양 목장으로 해발고도 800m의 공기 좋은 곳에 위치해 있다. 목장에 방사된 산양을 만날 수 있을 뿐 아니라 먹이주기 체험, 피크닉, 차박 등 다양한 체험을 즐길 수 있다. 겨울에도 목장에서 뛰어노는 산양을 만날 수 있어 계절에 구애받지 않고 방문하기에 좋다. 목장에서는 매봉산, 태백역 등이 한눈에 들어오는데 특유의 풍경이 마음을 따뜻하게 한다.

📍 강원도 태백시 효자1길 27-2 📞 033-553-0102 🕐 매일 09:30~20:00(입장 마감 18:00) 💰 입장료 5,000원, 먹이주기 등 각종 체험 프로그램 유료 ⏱ 1시간 30분
🐕 견종 제한은 없으나 목장 내 목줄 산책이 불가하고, 안고 있거나 가방을 지참해야 해서 대형견은 현실적으로 어려운 편.

⊕ 여기도 Check!

몽토랑 제빵소

목장과 붙어 있는 카페로 산양유로 만든 빵과 음료가 유명하다. 감성적인 인테리어가 눈에 띄며 목장을 둘러본 뒤 방문하기에 좋다.

📍 강원도 태백시 효자1길 27-2 몽토랑 산양목장 카페 2층 🐕 소형견, 중형견 가능. 실내 O, 야외 테라스 O. 실내 동반 시 가방 또는 캐리어 지참.

황지연못

40 강원 태백

태백 시내에 위치하며 낙동강 발원지로 알려진 곳이다. 상지, 중지, 하지 등 3개의 연못으로 이루어져 있으며, 깊이를 알 수 없는 수굴이 있어 하루 약 5,000톤의 물이 끊임없이 솟아난다고 한다. 연못 가운데에는 바가지가 놓여 있는데 바가지 안에 동전 던지기를 성공하면 소원이 이루어진다는 말이 있다. 공원처럼 조성해놓아 반려견과 산책하기에 좋으니 태백에 갔다면 꼭 들러보자.

📍 강원도 태백시 황지연못길 12 📞 033-550-2117 🌐 http://tour.taebaek.go.kr
🕐 24시간 연중무휴 W 무료 ⏱ 30분 🐕 소형견, 중형견, 대형견 모두 방문 가능.

한 걸음 더 Zoom in

태백 물닭갈비

태백 여행 시 꼭 먹어봐야 할 음식이 바로 물닭갈비이다. 태백 향토 음식으로 칼칼하고 개운한 국물과 쫄깃한 닭이 일품이다. 냉이가 들어가는 점이 특징이며 비주얼은 국물이 있는 닭볶음탕과 비슷하지만 맛은 완전히 다르다. 처음 맛보면 낯선 맛에 긴가민가할 수도. 하지만 어느덧 빠져드는 모습을 발견할 수 있다. 대표 맛집으로 태백닭갈비, 김서방네닭갈비 등이 있으나 아쉽게도 애견 동반은 불가하다.

통일전망대

41 강원 고성

우리나라 분단의 아픔을 달래고 통일의 의지를 다지기 위해 1984년 개관한 곳으로 남한의 최북단에 위치해 있다. 날씨 맑은 날에는 금강산과 해금강을 볼 수 있고, 서글픈 휴전선 철조망과는 대조적으로 쉴 새 없이 몰아치는 깨끗한 동해 바다가 묘한 안타까움을 불러일으킨다. 반려견은 전망대 실내, 야외 할 것 없이 모두 동반 가능하며 리드줄만 하고도 입장 가능하다. 전망대 주변에 있는 6·25전쟁 체험 전시장과 DMZ 박물관도 둘러볼 만하나 이곳은 반려견 입장 불가다.

📍 강원도 고성군 현내면 통일전망로 457 📞 033-682-0088 🌐 http://www.tongiltour.co.kr/ 🕐 하절기 09:00~17:50, 동절기 09:00~15:50, 봄·가을 09:00~16:50 💰 성인 3,000원, 주차비 5,000원 🐕 소형견, 중형견, 대형견 모두 방문 가능. 목줄 착용 또는 가방 지참.

한 걸음 더 Zoom in

통일전망대 출입 신고 절차

1 통일전망대로 향하기 전 출입신고소에 먼저 들른다.
2 창구 좌측에 비치된 출입신고서 작성 후 창구로 가서 접수를 하며 동시에 입장료 및 주차요금을 납부한다. 이때, 일행 중 한 사람만 가서 접수하면 되고 신분증을 필수로 지참해야 한다.
3 바로 옆 안보교육관으로 이동해 10분가량의 안보교육 및 관람 시 주의사항 영상을 시청한다.
4 시청 후 다시 차를 타고 이동하여 민통선 검문소를 통과한다. 이곳에서 차량출입증을 받고 돌아올 때 반납하면 된다.

* 출입신고소, 안보교육관 내부 모두 반려견 동반이 가능하다.

청간정

42 강원 고성

탁 트인 바다가 내려다보이는 정자로 기암절벽 위에 세워져 있다. 경치가 아름다워 고성 8경 중 하나이자 관동팔경으로 꼽힌다. 송강 정철이 청간정에 반해 관동별곡에서 그 경관을 칭송하였고 다른 명필가, 문장가들 역시 이곳의 아름다움을 시와 글로 표현하곤 했다. 뒤를 돌아보면 설악산이 눈에 들어오며 노송으로 드리워진 산책길이 운치 있다. 해파랑길 46코스와 연결되어 있어 같이 둘러보기에 좋다.

📍 강원도 고성군 토성면 동해대로 5110 📞 033-680-3368
🌐 http://cheongganjeong.co.kr/ 🕐 24시간 연중무휴 💰 무료 ⏱ 30분 내외 🐕 소형견, 중형견, 대형견 모두 방문 가능. 정자에 마킹하지 않도록 주의.

TIP
여름철 방문하면 백일홍이 많이 피어 있어 화사하며 대부분 그늘이라 시원하다.

근처 애견 동반 맛집·카페

바다정원

청간정 근처 대형 카페로 바다와 맞닿아 있는 오션뷰 맛집이다. 속초와도 가까워 근처를 여행한다면 좋은 선택이 될 것이다. 반려견은 야외에서만 가능하다.

📍 강원도 고성군 토성면 버리깨길 23 속초카페거리 📞 0507-1409-1096 🐕 소형견, 중형견, 대형견 방문 가능. 실내 O(1층 제외), 야외 테라스 O. 실내 동반 시 가방 또는 캐리어 지참.

능파대

43 강원 고성

기이한 형상의 바위들이 신비로움을 자아내는 곳으로 BTS의 앨범 촬영지로 더욱 유명해졌다. 능파대는 '파도를 능가하는 돌섬'을 뜻하는데 파도가 바위를 때리는 광경을 두고 붙여진 이름이다. 매끈한 바위가 아닌 여기저기 불규칙적으로 구멍이 나 있는 특이한 모양의 기암괴석들이 군락을 이루고 있어 꽤 볼 만하다. 바위틈 사이를 걷게 되므로 반려견 산책 시 평소보다 신경 쓰도록 하자.

> **TIP**
> • 능파대 우측으로 가면 BTS 앨범 촬영지를 만날 수 있다. 팻말이 있어서 찾기 쉽다.
> • 숨은 스노클링 포인트 중 한 곳이라 여름철엔 물놀이를 즐길 수 있다.

📍 강원도 고성군 죽왕면 괘진길 65　☎ 033-680-3337　🌐 http://www.neungpadae.co.kr/　⏰ 24시간 연중무휴　💰 무료　⏱ 30분　🐕 소형견, 중형견, 대형견 모두 방문 가능.

켄싱턴리조트 설악밸리

44 강원 고성

설악산 울산바위가 한눈에 들어오는 리조트로 규모가 크고 자연환경이 아름다워 하루 종일 리조트에서만 머물러도 만족스러운 곳이다. 세월의 흔적이 느껴지지만 관리가 잘 되어 있어 전반적으로 깨끗하며 반려견이 자유롭게 뛰어놀 수 있는 펫파크도 마련돼 있다. 특히 리조트 내 산책로가 잘 정비되어 있어 반려견과 발맞춰 걸어볼 것을 추천한다. 펫룸 객실은 6인 기준이라 2인이 투숙할 경우 쾌적하게 지낼 수 있으며 대가족 혹은 2가족끼리 묶어가기에 안성맞춤이다. 체크인 시 1년 이내 광견병 접종 내역을 확인하니 반드시 지참하도록 하자.

📍 강원도 고성군 토성면 신평골길 8-325　☎ 033-633-0100　🌐 http://www.kensington.co.kr/rsr/　⏰ 체크인 15:00, 체크아웃 11:00　🐕 소형견, 중형견, 대형견 모두 방문 가능. 펫어메니티(식기, 반려견 식탁, 드라이룸, 반려견 욕조, 펫침대, 안전문, 배변판, 배변패드, 탈취제, 돌돌이) O.

켄싱턴리조트 설악밸리 즐기기

펫파크
펫베른 7동 앞에 위치하며 투숙객에게 무료로 오픈되어 있다. 귀여운 포토존 및 간단한 어질리티가 구비되어 있고 밤에는 파티라이트 조명이 들어와 갬성 있다. 체급 분리가 되어 있지 않으니 참고할 것.

산책 코스
체크인 시 리조트에서 산책 지도를 제공해 준다. 구석구석 둘러보면 2시간 이상 소요되며 산책길이 예뻐 힐링하는 기분이 든다. 사슴, 양 등 동물들도 구경할 수 있으며, 특히 하늘 전망대에서의 울산바위 풍경을 놓치지 말자.

모닝뷔페 TO-GO
켄싱턴리조트 설악밸리는 뷔페 만족도가 높기로 명성이 자자한데 아쉽게도 반려견 동반 식사는 불가하다. 펫 동반 고객을 위해 조식 뷔페 메뉴를 객실 딜리버리 서비스로 제공하고 있으니 활용해 보자.

개모차 무료 이용 서비스
다른 리조트에서는 로비나 프런트에서 개모차를 빌려야 하지만 이곳은 객실마다 현관에 개모차를 구비해두고 있다. 가격대가 있는 로얄테일즈 제품으로 주행감이 좋아 만족스럽다. 대형견에겐 작기 때문에 소형견, 중형견만 이용 가능하다.

서낭바위

45 강원 고성

송지호해수욕장 남쪽, 비밀스럽게 감춰진 공간에 위치해 있다. 스케일이 꽤 크며 독특한 바위들 모습이 마치 다른 행성에 와 있는 듯한 착각이 든다. 서낭바위는 우리나라 전통신앙인 성황신을 모신 공간으로 쓰였는데, 해안의 암석들이 풍화와 침식작용으로 인해 깎이고 깎이며 부채바위, 복어바위 등 다양한 모양을 하고 있다. 이 독특한 형상 덕분에 알음알음 입소문이 나 이제는 제법 사람들이 찾는 관광지가 되었다.

- 강원도 고성군 죽왕면 오호리 29-47　☎ 033-680-3337
- https://koreadmz.kr/geopark　⏰ 24시간 연중무휴　Ⓦ 무료　⏱ 20분　소형견, 중형견, 대형견 모두 방문 가능.

근처 애견 동반 맛집·카페

테일

옛 가옥을 개조하여 만든 시골집 감성의 카페다. 순하고 사람을 잘 따르는 대형 상주견이 있다.

- 강원도 고성군 죽왕면 가진길 40-5 초록지붕
- 070-7585-8080　소형견, 중형견, 대형견 모두 동반 가능. 실내 O. 가방 지참 권장.

여기도 Check!

김일성 별장

김일성이 1948년부터 1950년까지 여름 휴양지로 사용한 곳으로 '화진포의 성'이라 불리기도 한다. 내부는 반려견 동반이 불가하지만 주변 산책은 가능하다. 깨끗한 화진포해수욕장이 내려다보이며 서낭바위와는 차로 20분 정도 떨어져 있다.

- 강원도 고성군 화진포길 280　☎ 033-680-3677　소형견, 중형견, 대형견 모두 방문 가능. 별장 내부 동반 불가.

청초호 유원지

46 강원 속초

속초시의 중심부에 있는 호수로 속초항의 내항 역할을 하고 있다. 호수를 둘러싼 둘레길은 평지에다 뷰가 좋아 반려견과 산책하기에 좋다. 이곳이 매력적인 이유는 철새 도래지, 엑스포타워 전망대, 청초정 등 다양한 볼거리가 있기 때문이다. 야경 또한 볼만하여 야간에 산책 나오는 사람들도 많다. 건너편 풍경이 호수에 반영되는 모습이 오래 잔상에 남을 정도로 아름다운 여행지이다.

📍 강원도 속초시 철새길 76 🕐 24시간 연중무휴 🏷 무료 🐾 한 바퀴 기준 1시간 30분 🐕 소형견, 중형견, 대형견 모두 방문 가능.

근처 애견 동반 맛집·카페

칠성조선소

실제 조선소를 개조하여 만든 카페로 속초 대표 핫플 카페 중 하나다. 2층에선 청초호가 내려다보여 뷰가 좋고, 무엇보다 커피가 맛있어 필자가 속초 여행 시 꼭 들르는 카페다. 반려견을 위한 멍푸치노도 판매한다.

📍 강원도 속초시 중앙로 46번길 45 ☎ 0507-1373-2309 🐕 소형견, 중형견, 대형견 모두 방문 가능. 실내 O. 가방 지참 권장.

청초수물회

속초 3대 물회 횟집 중 하나. 청초호 옆으로 이전한 뒤로 더 깔끔하고 넓은 곳에서 즐길 수 있게 되었다. 식사할 동안 반려견은 1층 인포메이션에서 보호해 준다.

📍 강원도 속초시 엑스포로 12-36 ☎ 0507-1425-5051 🐕 9kg 이하 소형견 가능.

바람꽃해녀마을 속초본점

물회와 해물뚝배기가 맛있는 식당. 반려견 동반 식사 공간이 분리되어 있다. 여행 중 한식이 생각난다면 추천.

📍 강원도 속초시 바람꽃마을길 37 ☎ 0507-1416-5157 🐕 소형견, 중형견, 대형견 모두 가능. 실내 O. 가방 지참 필수.

아바이마을

47 강원 속초

속초 아바이마을은 1950년 한국전쟁 시 피란 온 함경도 실향민들이 정착한 마을이다. 현재는 이곳을 오가는 갯배와 함께 속초의 대표 여행 코스가 되었다. 돼지 대창 속 찹쌀과 선지를 넣고 쪄낸 함경도식 순대인 '아바이순대'가 유명하여 마을 곳곳에서 파는 식당을 볼 수 있다. 오징어순대 역시 인기 먹거리다. 송승헌, 송혜교 주연의 '가을 동화' 촬영지로 알려져 있어 옛 드라마 추억을 소환하기도 한다. 간이 해수욕장에서 휴식도 취하고 순대도 먹으며 마을을 사부작사부작 걷는 것이 이곳을 즐기는 포인트.

* 아바이란 함경도 사투리로 '아버지', '나이 많은 남성'을 뜻한다.

📍 강원도 속초시 청호로 122 📞 033-633-3171 🌐 http://www.abai.co.kr/ 🕐 24시간 연중무휴 💰 무료 ⏱ 1시간 30분 🐕 소형견, 중형견, 대형견 모두 방문 가능.

아바이마을의 볼거리

아바이마을 갯배

원래 갯배는 중앙동과 청호동(아바이마을)을 이어주는 유일한 교통수단이었다. 현재는 다리와 도로가 나 있지만, 과거에는 사람이 직접 끌어 움직이는 이 갯배를 이용해야 마을로 들어갈 수 있었다. 요금은 성인 기준 편도 500원으로 이곳에 오면 꼭 한 번 타볼 것을 권한다. 참고로 갯배는 너울성 파도가 있는 날에는 운항을 중단하니 사전에 확인하고 방문하자.

● 소형견, 중형견, 대형견 모두 가능.

아바이순대 골목길

아바이마을 메인 거리에는 아바이순대를 파는 식당들로 가득하다. 여기저기서 순대를 찌고 지져서 골목 곳곳에 고소한 기름 냄새가 진동을 한다. 식당들이 서로 화려함을 뽐내고 있지만 소박해 보이는 느낌이 참 좋다. 아바이마을 애견 동반 식당에는 단천식당, 등대생선구이, 함경도임가네 등이 있다.

가을동화 촬영지

갯배 선착장에 내려서 마을 입구로 들어가면 첫 번째에 위치한 집이 바로 은서 엄마가 운영하던 구멍가게다. 지금은 아바이순대, 오징어순대 등을 파는 식당으로 운영 중이다. 또한 갯배 선착장에는 '가을동화' 촬영지임을 알 수 있는 송승헌, 송혜교 동상이 서 있다.

간이해수욕장

아바이마을 동쪽에 위치한 규모가 작은 해수욕장이다. 여름철에도 복잡하지 않아 한적하게 수영할 수 있다. 바다멍 하며 한가로이 산책하기 좋다.

속초해수욕장 ⟨48 강원 속초⟩

일 년 내내 사람들로 북적거리는 곳으로 생동감이 넘치는 해수욕장이다. 'ㅅㅊ' 이니셜과 대형 액자 프레임, 천국의 계단 등 다양한 포토존들이 많은 이들의 발길을 붙잡는다. 특히 속초 시내와 고속버스 터미널에서 가까워 뚜벅이 여행자들에게도 사랑받는 장소다. 해변 옆으로 소나무 숲이 드리워져 있는데 반려견과 산책하기에 좋다. 한가로이 바다멍도 즐기고 쉬엄쉬엄 돌아가는 속초아이 대관람차도 바라보며 이곳만이 가지는 특유의 분위기를 즐겨보자. 아쉽게도 속초아이는 반려견 동반이 불가하다.

📍 강원도 속초시 해오름로 190 📞 033-639-2027 🌐 http://www.sokchotour.com ⏰ 24시간 연중무휴 💰 무료 ⏱ 1시간 내외 🐕 소형견, 중형견, 대형견 모두 방문 가능.

대포항 ⟨49 강원 속초⟩

개항한 지 100년이 넘은 오래된 항구로, 원형 형태의 항구를 상가들이 둘러싸고 있다. 수산시장, 튀김골목이 몰려 있어 속초 여행 중 한 번쯤 방문하게 되는 곳이기도 하다. 과거 속초의 핫플이라 하면 대포항을 떠올리던 시절이 있었는데 다른 곳들이 급부상하며 잠시 시들해지기도 했었다. 하지만 외옹치 바다향기로, 대포항 전망대 다리 등을 조성하면서 다시금 사람들의 발길을 끌고 있다.

📍 강원도 속초시 대포항길 64 📞 033-633-3171 🌐 http://daepo-port.co.kr ⏰ 24시간 연중무휴 ⏱ 30분 🐕 소형견, 중형견, 대형견 모두 방문 가능.

근처 애견 동반 맛집·카페

보사노바 커피로스터스 속초점

펫룸이 따로 있어 편안하게 머무를 수 있는 카페로 내부에서 속초아이 대관람차가 보인다.

📍 강원도 속초시 해오름로 161 📞 0507-1428-0053 🐕 소형견, 중형견, 대형견 모두 동반 가능. 실내 O.

근처 애견 동반 맛집·카페

우리

강원도 고성의 차와 다양한 티를 즐길 수 있는 카페. 아늑하고 정갈한 분위기가 방문객을 사로잡는다.

📍 강원도 속초시 설악산로 6, 1층 📞 0507-1419-9764 🐕 소형견, 중형견, 대형견 모두 가능. 실내 O. 캐리어 또는 가방 지참. 케어 필수.

대포항 알차게 둘러보기

대포항 수산시장

대포항에서 동그란 원을 그리며 상가들이 주루룩 들어서 있는 곳이 바로 대포항 수산시장이다. 난전활어시장, 관광수산시장, 튀김골목이 주욱 연결되어 있어 동선이 좋다. 이곳은 어촌계 회원들이 직접 운영하는 시장으로 유통 단계 없이 조업한 해산물을 그날그날 바로 만날 수 있다. 또한 차양막이 있어 날씨에 상관없이 쾌적하게 둘러볼 수 있는 점이 장점이다.

튀김골목

대포항 수산시장의 또 다른 명물, 튀김골목이다. 새우, 오징어, 대게, 베이비크랩 등 다양한 튀김을 판매하며 상인들이 친절하고 가격도 대부분 비슷하다. 숙소 들어가기 전 이곳에서 술안주로 포장해 가면 좋다.

애견 동반 대게 횟집

대포항에는 애견 동반이 되는 대게 횟집들이 몇 있다. 몇 군데 먹어본 결과 추천하고 싶은 곳이 바로 '강남활어'다. 대게와 회를 가성비 코스로 즐길 수 있으며 반려견 룸이 따로 있어 편안하게 식사가 가능하다.

강남활어

📍 강원도 속초시 대포항희망길 81, 관광수산시장 C동 5호 📞 033-635-6751
소형견, 중형견, 대형견 모두 가능. 실내 O. 가방 지참 필수.

영금정

50 강원 속초

속초 바다의 거센 파도를 눈앞에서 서라운드 사운드로 감상할 수 있는 곳이다. 영금정은 넓게 펼쳐져 있는 바위에 부딪치는 파도 소리가 거문고 소리처럼 아름답게 들린다 하여 붙여진 이름이다. 가슴이 뻥 뚫리는 느낌과 함께 스트레스가 날아가는 것 같아 필자가 속초에 오면 매번 빠지지 않고 들르는 코스이기도 하다. 날씨가 좋으면 설악산도 볼 수 있으며 야경 명소 중 하나라 밤바다 산책 장소를 찾는다면 추천하고 싶다. 이곳에선 카메라나 폰은 잠시 내려두고 오롯이 파도를 즐기는 시간을 가지길 권유한다.

📍 강원도 속초시 영금정로 43 📞 033-639-2690 🌐 http://yeonggeumjeong.co.kr/ 🕐 24시간 연중무휴 💰 무료 🐕 20분 🐾 소형견, 중형견, 대형견 모두 방문 가능.

TIP
영금정뿐 아니라 영금정을 내려다볼 수 있는 바로 옆 영금정 전망대에도 올라가 보자(반려견 동반 가능).

속초관광수산시장

51 강원 속초

속초를 대표하는 전통시장으로 '속초중앙시장'이라 불리기도 한다. 골목 시장과 상가 건물로 나뉘어 있으며 다양한 먹거리를 팔기 때문에 속초 여행 필수 코스로 자리 잡은 곳이다. 대표적인 먹거리로는 만석닭강정, 오징어순대 등이 있고, 주말이나 공휴일에는 발 디딜 틈이 없이 사람들로 북적거린다. 숙소 들어가기 전 포장해가거나 여행 마치고 집으로 돌아가기 전 들러서 쇼핑하면 좋다. 시장 내 바닥에 음식이 떨어져 있을 수 있으므로 반려견이 먹지 못하도록 각별히 케어하거나 가방에 넣도록 하자.

📍 강원도 속초시 중앙로 147번길 12 📞 033-635-8433 🌐 https://sokcho-central.co.kr/ 🕐 08:00~24:00(점포별 상이) 🐕 1시간 내외 🐾 소형견, 중형견, 대형견 모두 방문 가능. 업소별 동반 가능 여부는 상이.

TIP
- 속초관광수산시장 먹거리는 '닭전골목'에 몰려 있다.
- 상가 건물에선 의류, 생활용품, 잡화 등을 팔며 하나로마트도 입점되어 있다. 또한 지하에 회센터가 있어 싱싱한 회와 해산물을 맛볼 수 있다.

속초관광수산시장 대표 먹거리

만석닭강정

30년 이상의 전통을 가진 닭강정 맛집으로 전국 3대 닭강정 중 하나로 불린다. 속초관광수산시장에 왔다면 대부분 손에 하나씩 들고 가는 먹거리다. 위에 아몬드가 올라가 있으며 식어도 맛있다.

막걸리술빵

옛 추억을 떠올리게 하는 술빵으로 촉촉하고 쫀득해 자꾸 손이 가게 만든다. 술빵 파는 가게가 여럿인데 그중에서도 '강원도 막걸리술빵'이 원조다. 인기가 많아 주말에 방문하면 웨이팅은 각오해야 한다.

벌집 아이스크림

아이스크림 위에 벌집을 통째로 올려서 달콤함이 배가 되는 먹거리. 손에 하나 들고 시장을 돌아다니며 먹기에 좋다.

튀김

바닷가이다 보니 새우, 오징어, 베이비크랩 등 해산물 튀김이 많다. 즉석에서 바삭바삭하게 튀겨 고소하다. 술안주로도 굿.

오징어순대

오징어 속에 야채, 당면을 채워 만든 것으로 쫄깃하고 부드러운 식감이 좋다. 특히 누룽지 오징어순대는 바삭하게 눌어붙어 더욱 고소하다.

부각

김부각뿐 아니라 다시마, 우엉, 연근, 고추 등 다양한 식재료를 부각으로 만들어 판매한다. '티각태각'이 인기가 많다.

영랑호수윗길

52 강원 속초

속초 영랑호를 가로지르는 데크길로 설악산과 영랑호를 동시에 감상할 수 있는 곳이다. 총 길이 400m, 폭 2.5m의 부교이며 호수 위를 걷는 듯한 경험을 할 수 있다. 자연환경이 깨끗해 철새들이 머물다 가며 다리 중간에 포토존이 있어 설악산을 배경으로 사진을 남기기에 좋다. 날씨가 맑을 때는 설악산 울산바위, 달마봉, 대청봉 등 봉우리를 조망할 수 있다. 봄철 벚꽃 명소로도 알려져 있으며 밤에 오면 은은한 야경이 멋을 더해준다.

📍 강원도 속초시 금호동 600-12 📞 033-639-2690 🌐 https://www.sokchotour.com/ ⏰ 동절기 7:00~20:00, 하절기 6:00~22:00 💰 무료 🐾 데크길 왕복 20분, 둘레길 1시간 내외 🐕 소형견, 중형견, 대형견 모두 방문 가능. 안고 가거나 가방, 캐리어 지참. 리드줄만 하고 걷는 것은 금지.

여기도 Check!

영랑호 범바위

호랑이가 웅크린 모습을 닮았다 하여 '범바위'라는 이름이 붙여졌다. 독특한 모양새가 눈길을 끄는데 보기와 달리 매끄럽지 않고 마찰력이 강해 바위에 오를 때 신발이 착착 붙는 경험을 할 수 있다. 범바위 위에서 설악산을 배경으로 인생샷, 견생샷을 찍어보자. 위험하진 않지만 바위에 오르내릴 때 반려견 케어를 잘할 것.

📍 강원도 속초시 영랑호반길 140 📞 033-639-2690 🐕 소형견, 중형견, 대형견 모두 방문 가능.

근처 애견 동반 맛집·카페

카페 코엘

영랑호 근처 장사항에 있는 오션뷰 애견 동반 카페다. 직접 만드는 맛있는 수제 케이크를 맛볼 수 있는 곳.

📍 강원도 속초시 장사항해안길 25 📞 0507-1344-4321 🐕 소형견, 중형견, 대형견 모두 동반 가능. 실내 O(1층만). 목줄 필수. 가방 지참 권장.

TIP

- 영랑호 주변을 걸을 수 있는 둘레길이 잘 되어 있다. 반려견 산책이 필요하다면 이곳에서 하자.
- 입구에 문화관광해설사가 있어 속초의 역사, 문화, 관광에 대한 설명을 들을 수 있다. 10:00~17:00 운영하며 12:00~13:00는 제외.

외옹치바다향기로

53 강원 속초

외옹치항에서 속초해수욕장까지 이어진 해안 절벽 둘레길로 총 길이는 1.74km이다. 바다와 어우러지는 풍경이 아름답고 시원한 파도 소리를 들을 수 있어 산책 코스로 좋다. 바다향기로에 속해 있는 외옹치 해안 구간은 한국전쟁 이후 민간인 출입이 통제됐었고, 1970년 무장공비 침투 사건으로 해안선 경계 철책이 세워지며 완전 차단됐었던 곳이다. 바다향기로가 준공되면서 60여 년만인 2018년 일반인에 개방한 곳이라 더욱 특별하게 다가온다. 속초해수욕장 구간은 평지인 반면 롯데리조트 쪽의 외옹치항 구간은 계단이 많으니 참고하자.

◎ 강원도 속초시 대포동 656-14 ☎ 033-639-2362 🌐 http://www.sokchotour.com/tour 🕐 하절기 06:00~20:00, 동절기 07:00~18:00 💰 무료 ⏱ 30분~1시간 🐕 소형견, 중형견 방문 가능. 안고 있거나 가방, 켄넬 안에 있는 경우만 동반 가능.

TIP
반려견 동반 시 안거나 개모차에 태워갈 수 있지만 바닥에서 걷게 할 수는 없다. 개모차를 가져간다면 계단이 없는 속초해수욕장 구간을 이용할 것. 롯데리조트 쪽은 계단이 많아 개모차 이용이 어렵다.

멍비치

54 강원 양양

국내 최초 반려견 동반 해수욕장으로 매년 7월부터 8월 사이에 운영한다. 300m 길이의 해변에 오프리시 및 바다 입수가 가능해 물놀이를 좋아하는 반려견과 함께한다면 방문할 것을 추천한다. 무게별로 놀 수 있는 공간이 나뉘어 있으며 반려견 샤워장, 대형 선풍기 등이 비치되어 있어 물놀이 후 간단히 목욕도 시킬 수 있다. 반려견과 함께 여름휴가를 계획한다면 양양 멍비치를 고려해 보자.

◎ 강원도 양양군 현남면 광진리 78-20 ☎ 033-670-2397 🌐 https://cafe.naver.com/grayonhjj 🕐 09:00~18:00 (매년 7~8월 개장) 💰 파라솔 이용권 10,000원, 소형견 5,000원, 중형견 10,000원, 대형견 15,000원 🐕 소형견, 중형견, 대형견 모두 방문 가능.

TIP
여름철 외에도 방문이 가능하다. 멍비치는 공식적으로 운영하지 않으나 해변 산책은 얼마든지 할 수 있다.

하조대 전망대

55 강원 양양

하조대해수욕장 우측에 위치하며 눈앞에 펼쳐진 바다와 기암절벽의 경관이 아름답다. 입구에서 몇 계단만 오르면 하얀 등대가 나오는데 이곳에서 보는 풍경은 탄성을 자아내게 한다. 전망대 구경 후 해안 산책로인 하조대 둘레길로 가보자. 양양 절경을 즐기며 반려견과 느긋하고 평온한 산책을 하게 될 것이다.

📍 강원도 양양군 하륜길 54 📞 033-672-5645 🌐 http://hajodae.co.kr/ 🕐 24시간 연중무휴 💰 무료 ⏱ 30분 🐕 소형견, 중형견, 대형견 모두 방문 가능.

여기도 Check!

하조대 해수욕장
전망대 좌측에 있는 곳으로 모래사장 길이가 1.5km, 폭은 100m에 달하는 넓은 해수욕장이다. 동해 해수욕장 중에서도 아름답기로 유명하며 여름철 피서객들이 많이 몰린다. 모래가 부드럽고 고와서 반려견과 함께 걷기 좋지만 해수욕장 개장 기간에는 동반이 제한될 수 있다.

하조대 정자와 애국송
하조대 전망대에서 도보 20여 분 정도 떨어진 곳에 하조대(정자)가 있다. 이곳이 특별한 이유는 바로 애국가 첫 소절에 나오는 소나무인 '애국송'이 있기 때문이다.

남애항 전망대

56 강원 양양

남애항은 강원도 3대 미항 중 하나로 전망대인 스카이워크로 가면 바다를 내려다볼 수 있다. 투명한 유리 바닥 아래 보이는 파도는 짜릿함을 안겨 주며, 소박하고 아름다운 남애항은 자꾸 시선을 머물게 한다. 스카이워크를 지나 나선형 계단을 타고 전망대 2층으로 올라가자. 뷰가 더 시원하게 들어온다. 이곳에서는 고래 벽화부터 고래 조형물, 고래 카페 등 고래와 관련된 것들이 많이 보이는데 1980년대 중반 개봉했던 영화 '고래사냥'의 마지막 촬영지이기 때문이다.

◎ 강원도 양양군 현남면 남애리 2-72 ☎ 033-670-2398 🌐 https://tour.yangyang.go.kr ⏰ 24시간 연중무휴 💰 무료 ⏱ 20분 🐕 소형견, 중형견, 대형견 모두 방문 가능.

영월 오일장

57 강원 영월

동강 옆 하천 제방길을 따라 약 400m 정도 되는 길에 4일, 9일이면 장이 들어선다. 직접 재배한 과일, 채소, 농수산물뿐 아니라 전국 유명한 곳에서 직접 가져온 상품들도 판매한다. 이곳은 장돌뱅이연합 협동조합에서 운영하는데 조합원들은 영월, 제천, 평창 등지를 돌며 오일장에 참여한다. 말 그대로 옛날 장돌뱅이처럼 물건을 파는 것. 참여하는 점포에 변동이 있지만 평균 140~150개 정도이다. 영월 오일장의 가장 핫한 먹거리는 가마솥 통닭과 다슬기 해장국이다.

◎ 강원도 영월군 영월읍 덕포리 486-28 ☎ 033-374-1230 ⏰ 4일, 9일 09:00~17:00(점포별 상이) 🐕 소형견, 중형견, 대형견 모두 방문 가능.

> **TIP**
> 상설 시장이 아니므로 평소에는 도로로 이용된다. 방문 전 날짜를 꼭 확인하자.

근처 애견 동반 맛집·카페

별애별빵1984

영월역 근처에 위치한 베이커리 카페. 석탄카스테라, 석탄찰빵 등 재밌는 빵들이 많다.

◎ 강원도 영월군 영월읍 영월로 2085 한영빌라 1층 ☎ 0507-1328-0001 🐕 소형견, 중형견, 대형견 모두 가능. 실내 O. 가방 지참 권장.

영월 섶다리

58 강원 영월

'섶다리'란 땔감으로 쓰이는 나무들을 통칭하는 것으로 섶나무를 엮어서 만든 다리를 뜻한다. 예전에는 강원도 영월과 정선에서 많이 볼 수 있었지만 요즘은 거의 사라지고 이곳에 위치한 섶다리를 비롯한 몇 군데에서만 명맥을 이어가고 있다. 매년 10월 말경 마을 사람들이 모여 다리를 설치하며 이듬해 장마 시작 전 거두어들인다. 그렇기에 이 시기에 방문하면 섶다리를 볼 수 없으니 참고할 것. 주변 풍광이 운치 있어 영월에 가면 들렀다 가야 할 여행지로 추천한다.

📍 강원도 영월군 주천면 판운리 📞 033-374-6834 🌐 www.yw.go.kr/tour
🕐 24시간 연중무휴 💰 무료 ⏱ 30분 🐕 소형견, 중형견, 대형견 모두 방문 가능.

TIP
- 기존에는 유명 관광지가 아니었으나 '모텔 캘리포니아' 촬영지로 알려지며 사람들의 관심을 끌었다.
- 매년 10월 다리를 놓을 때 섶다리 축제도 같이 진행한다.
- '영월 섶다리 마을'은 이곳과 다른 곳이다. 지도 검색 시 유의하자.

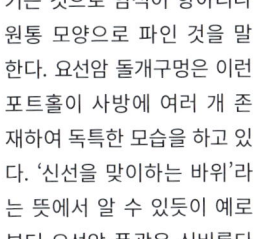

요선암 돌개구멍
59 강원 영월

돌개 구멍이란 포트홀을 가리키는 것으로 암석이 항아리나 원통 모양으로 파인 것을 말한다. 요선암 돌개구멍은 이런 포트홀이 사방에 여러 개 존재하여 독특한 모습을 하고 있다. '신선을 맞이하는 바위'라는 뜻에서 알 수 있듯이 예로부터 요선암 풍광은 신비롭다고 알려졌다. 인스타 핫플로 떠오르며 조명을 받아 MZ 세대들이 많이 다녀가는 곳이다.

📍 강원도 영월군 무릉도원면 무릉법흥로 275-25 📞 033-560-2931 🌐 http://www.paleozoicgp.com/ ⏰ 24시간 연중무휴 💰 무료 ⏱ 1시간 🐕 소형견, 중형견, 대형견 모두 동반 가능.

TIP
- 미끄러운 신발이나 슬리퍼보다 운동화를 추천한다.
- 그늘이 없으므로 여름이나 햇볕이 강한 날에는 양산, 모자 등을 준비하는 것이 좋다.

선돌
60 강원 영월

영월 방절리 서강에 위치한 높이 70m의 절벽으로, 마치 커다란 칼로 절벽을 둘로 자른 듯한 모습을 하고 있다. 선돌이란 말 그대로 '서 있는 돌'을 뜻하며 단종이 청령포로 유배 가는 길에 잠시 들렀다고도 알려졌다. 주차장에서 약 10여 분 정도 걸으면 전망대에 닿게 된다. 이곳에선 또 다른 전망대인 철계단이 보이는데 계단 위에 올라서면 파노라마처럼 펼쳐지는 풍경이 한층 더 인상적이다.

* 사진은 장마철이어서 서강이 흙탕물로 보이지만 평소에는 맑고 깨끗한 물이 흐른다.

📍 강원도 영월군 남면 영월로 1472 📞 033-560-2379 🌐 https://www.yw.go.kr/tour ⏰ 24시간 연중무휴 💰 무료 ⏱ 30분 🐕 소형견, 중형견, 대형견 모두 방문 가능.

근처 애견 동반 맛집·카페

카페 올라

한때 영월 '캠핑 올라' 캠핑장을 운영했던 부부가 문을 연 브런치 카페다. 파스타, 샌드위치 등 모든 메뉴가 수준급의 맛을 자랑하며 반려견 운동장이 있어 강아지들이 뛰어놀기 좋다.

📍 강원도 영월군 영월읍 청령포로 126-3, 3층 📞 0507-1393-8082 🐕 소형견, 중형견, 대형견 모두 동반 가능. 실내 O. 가방 또는 케이지 필수 지참.

서부시장

61 강원 영월

영월 시외버스 터미널 건너편에 자리한 시장으로 깨끗하고 정돈이 잘 되어 있어 둘러보기 편리하다. 서부아침시장, 공설시장, 종합상가로 구성되어 있으며 특히 전국 3대 닭강정 중 하나로 불리는 일미닭강정이 있어 많은 여행객들의 발길이 끊이지 않는다. 아침시장은 말 그대로 아침에 열리는 곳이라 정오가 넘어가면 한산해진다. 영월의 특산물과 신선한 농산물을 판매하는데 쇼핑하기에 좋다.

📍 강원도 영월군 서부시장길 12-4 📞 1577-0545 🌐 https://www.yw.go.kr/tour 🕐 점포마다 상이 🐕 소형견, 중형견, 대형견 모두 방문 가능.

근처 애견 동반 맛집·카페

청령포 맛집

서부시장 내 애견 동반이 가능한 식당으로 올챙이국수, 메밀전병, 메밀전, 녹두전 등을 판매한다. 맛도 좋아 먹어본 올챙이국수 가게 중 손에 꼽힌다. 반려견 동반 시 반드시 가방을 지참해야 하며 알러지 있는 손님이 있을 수 있어 손님들께 양해를 구해야 한다.

📍 강원도 영월읍 서부시장길 15-7 📞 0507-1407-7558 🐕 소형견, 중형견 가능. 실내 O. 가방 지참 필수.

쏠비치 삼척

62 강원 삼척

쏠비치 삼척은 대명소노그룹의 4성급 리조트로 삼척 해수욕장 바로 옆에 위치해 있다. 그리스 산토리니를 옮겨놓은 듯한 이국적인 외관이 인상적이며 펫룸 객실을 보유하고 있어 반려견과 머물 수 있다. 반려견 운동장이 없고 애견 동반 식당 등 펫 관련 부대시설이 적다는 점이 아쉽지만 해수욕장이나 산토리니 광장에서의 산책은 비교적 괜찮은 편이다. 체크인 시 2년 이내 광견병 접종예방 내역을 검사하니 잘 챙기도록 하자.

📍 강원도 삼척시 수로부인길 453 📞 1588-4888 🌐 https://www.sonohotelsresorts.com/solbeach_sc 🕐 체크인 15:00, 체크아웃 11:00 🐕 15kg까지 가능. 펫어메니티(식기, 쿠션, 계단, 물티슈, 배변판, 배변봉투, 탈취제, 돌돌이) O.

추암촛대바위

63 강원 동해

동해와 삼척 경계에 위치한 추암 촛대바위는 애국가 첫 소절에 등장하는 곳이다. 촛대바위는 바다에 솟아오른 기암괴석으로 그 모습이 마치 촛대와 같아 붙여진 이름이다. 예전부터 동해 해돋이 명소로 유명한 곳이며 특히 해가 촛대바위에 걸리는 모습이 장관이다. 계단을 따라 올라가면 능파대(정자)가 보인다. 이곳에선 촛대바위와 형제바위가 동시에 내려다보이므로 놓치지 말자.

📍 강원도 동해시 추암동 산 69 📞 033-530-2801 🌐 http://www.dh.go.kr/tour/ 🕐 동절기 09:00~17:00, 하절기 09:00~18:00 💰 무료 ⏱ 30분 🐕 소형견, 중형견, 대형견 모두 방문 가능.

여기도 Check!

추암 출렁다리

추암 촛대바위 좌측으로 가면 출렁다리를 만날 수 있다. 길이가 72m로 짧지만 이곳에서 바라보는 기암괴석과 바다는 비경이 따로 없다. 기상 악화 시 출입을 통제하고 있으니 출발 전 날씨를 잘 확인하자.

📍 강원도 동해시 촛대바위길 28 🐕 소형견, 중형견, 대형견 모두 방문 가능.

추암 조각공원

출렁다리에서 직진하면 추암 조각공원과 연결된다. 다 둘러보는 데 15분가량 소요되며 촛대바위, 출렁다리와 묶어서 구경하기에 좋다. 조각공원은 길이 잘 닦여 있어 반려견과 산책하기에 적합하다.

📍 강원도 동해시 추암동 산 72 🐕 소형견, 중형견, 대형견 모두 방문 가능.

TIP
- 일출뿐 아니라 멋진 야경도 볼 수 있다.
- 경사와 계단이 있기 때문에 개모차를 가져오는 것은 비추.

충청도

충청도는 반려견과 여행하기에 꽤 매력적인 요소를 갖춘 지역이다. 자연, 역사, 여유로움이 어우러져 있어서 편안한 분위기를 느낄 수 있다. 반려견 동반 가능한 숙소와 카페가 다른 지역보다 빠르게 증가하는 추세이며 서울, 수도권 등에서 접근성이 좋아 장거리 이동에 민감한 반려견의 부담을 줄여준다. 당일치기 또는 1박 2일 여행을 찾는다면 충청도를 주목하자.

일정별 추천 코스 ▶ **하루면 충분하개! 당일치기**

역사와 젊음, 문화가 함께 **청주**

상당산성 ⟶ 아우트로커피 ⟶ 성안길 ⟶ 올드타운클럽 ⟶ 정북동 토성

1. **상당산성** — 둘레길을 따라 가볍게 산책 & 돗자리 피크닉
2. **아우트로커피** — 감각적이고 아늑한 카페에서 휴식
3. **성안길** — 청주의 젊음을 느낄 수 있는 성안길 도보 탐방
4. **올드타운클럽** — 성안길에 있는 핫한 아시안 퓨전 애견 동반 식당
5. **정북동 토성** — 이국적인 풍경에서 인생샷, 견생샷 남기기

편안함과 특별함이 있는 **충주&진천**

중앙탑사적공원 ⟶ 비내섬 ⟶ 롤스퀘어 ⟶ 농다리

1. **중앙탑사적공원** — 볼거리가 많고 피크닉하기에 좋은 공원
2. **비내섬** — 경치가 아름답고 반려견 산책으로 멋진 곳
3. **롤스퀘어** — 단순한 카페를 넘어 대형 식물원과 문화 공간이 어우러진 특별한 장소
4. **농다리** — 진천 여행의 트레이드 마크 & 여유가 있다면 초롱길 하늘다리까지

레트로함과 핫플이 공존하는 예산&아산

예산시장 → 예당호 출렁다리 → 외암민속마을 → 시인과 촌장

1. **예산시장** - '백종원의 레미제라블' 방영으로 핫해진 시장
2. **예당호 출렁다리** - 아름다운 예당호에서 산책과 음악분수쇼 즐기기
3. **외암민속마을** - 500년 역사의 전통 민속마을 둘러보기
4. **시인과 촌장** - 맛과 퀄리티가 보장된 옛날 경양식 돈가스와 파스타

반려동물 친화 관광도시 태안

꽃지해수욕장 → 꽃게다리 → 몽산포제빵소 → 네이처월드

1. **꽃지해수욕장** - 물때를 맞춰 간조에 방문하면 바닷길을 걸을 수 있는 곳
2. **꽃게다리** - 백사장항에서 드르니항까지 꽃게 모양 다리 산책 & 수산시장
3. **몽산포제빵소** - 제과·제빵 명인이 말아주는 빵! 반려견과 함께 고고
4. **네이처월드** - 형형색색 볼거리가 가득한 야간의 태안 빛축제

일정별 추천 코스 ▶ **주말을 이용하개! 1박 2일**

청주

DAY 1 ▶ 청남대 ── 상당산성 ── 컵넛
DAY 2 ▶ 성안길 ── 무심천 ── 정북동 토성

DAY 1

1. **청남대**
역대 대통령들의 별장으로
반려견과 둘러보기 좋은 여행지

2. **상당산성**
둘레길 산책 및
청주 시내뷰 감상

3. **컵넛**
맛있는 도넛이 있는
상당산성 한옥 카페

DAY 2

1. **성안길**
시내 탐방하며 옛 청주역까지
걸어보기 & 애견 동반 식당과
카페 들르기

2. **무심천**
무심천에서 돗자리
펴고 피크닉과 휴식

3. **정북동 토성**
인스타 핫플에서
일몰 즐기기

PART 2 ▶ 멍캉스를 떠나보개! ▶ 여행 실전

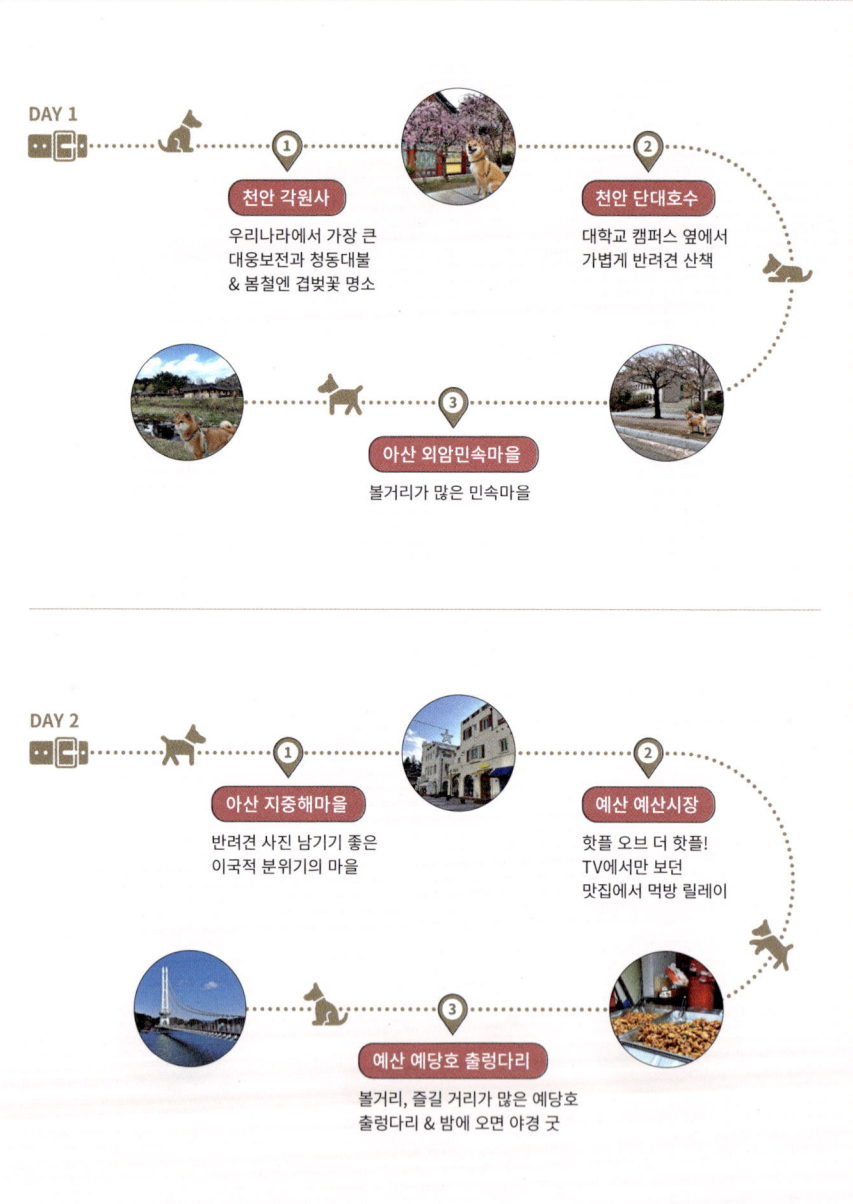

태안

DAY 1 ▶ 태안로컬푸드직매장 반려견 놀이터 ● ● 안면암 ● ● 꽃지해수욕장
DAY 2 ▶ 청산수목원 ● ● 몽산포제빵소 ● ● 꽃게다리 ● ● 백사장항 수산시장

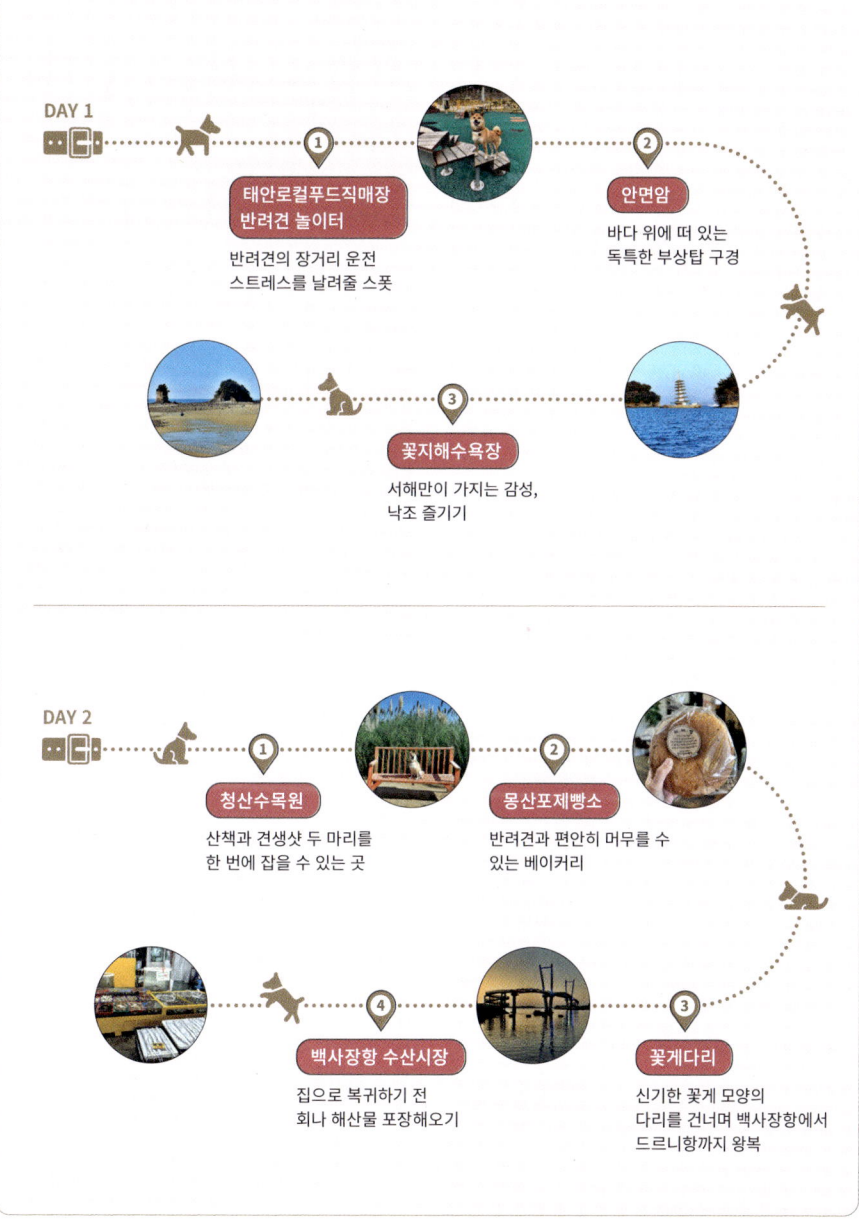

DAY 1

① 태안로컬푸드직매장 반려견 놀이터
반려견의 장거리 운전 스트레스를 날려줄 스폿

② 안면암
바다 위에 떠 있는 독특한 부상탑 구경

③ 꽃지해수욕장
서해만이 가지는 감성, 낙조 즐기기

DAY 2

① 청산수목원
산책과 견생샷 두 마리를 한 번에 잡을 수 있는 곳

② 몽산포제빵소
반려견과 편안히 머무를 수 있는 베이커리

③ 꽃게다리
신기한 꽃게 모양의 다리를 건너며 백사장항에서 드르니항까지 왕복

④ 백사장항 수산시장
집으로 복귀하기 전 회나 해산물 포장해오기

장태산 자연휴양림

01 대전

울창한 메타세쿼이아 숲이 인상적인 장태산 자연휴양림은 이국적인 풍경으로 많은 사람의 발길을 끄는 명소다. 특히 11월 단풍이 숲을 채울 때면 전국 각지에서 많은 여행객들이 모여들 정도로 아주 핫하다. 가장 유명한 스폿인 출렁다리와 스카이타워는 과거 애견 동반이 가능했다가 불가로 바뀌었지만, 산림욕장에서의 반려견 산책은 허용된다. 쭉쭉 뻗어 있는 나무 사이를 거닐고 있으면 어느덧 일상의 스트레스는 사라져 있을 것이다.

📍 대전광역시 서구 장안로 461 📞 042-270-7885 🌐 https://www.jangtaesan.or.kr ⏰ 24시간 연중무휴(일부 시설은 별도 운영) 💰 무료 ⏱ 2시간 🐶 소형견, 중형견, 대형견 모두 방문 가능. 숙박 시설, 출렁다리, 스카이타워, 전망대는 불가.

> **TIP**
> • 주차장 4번 건너편에 씨앗호떡 집이 하나 있는데 구경 전후로 들르기 좋다. 모르는 사람은 그냥 지나쳐도 한 번 맛본 사람은 꼭 들러서 먹고 가는 곳이다.
> • 가을 단풍뿐 아니라 여름의 푸릇한 숲도 매력적인 곳이다.

계족산

02 대전

계족산은 황톳길 맨발 걷기로 유명하여 일명 '어싱(Earthing)'의 성지로 불린다. 어싱이 유행하기 훨씬 전인 2006년도부터 조성한 맨발 트레킹의 명소로 많은 대전 시민들의 사랑을 받고 있다. 경사가 완만하며 총 길이 14.5km에 달하는 코스로 꽤 긴 길이를 자랑하지만 중간중간 세족대가 있어 원하는 구간만 끊어 맨발 걷기를 할 수 있다. 반려견 동반은 가능하나 황톳길에는 반려견 출입 불가이므로 나란히 걸을 땐 들어오지 못하도록 케어를 잘해야 한다.

📍 대전광역시 대덕구 장동 산 85 📞 042-608-5163 🌐 https://www.durunubi.kr ⏰ 24시간 연중무휴 💰 무료 ⏱ 최소 1시간 30분 🐶 소형견, 중형견, 대형견 모두 방문 가능.

상당산성

03 충북 청주

청주를 상징하는 대표적인 건축물로 상당산 능선을 따라 성벽이 빙 둘러져 있다. 산성 입구의 넓은 잔디밭은 청주 시민들의 나들이 및 산책 장소로 많은 사랑을 받고 있으며 봄에는 벚꽃 명소로도 유명하다. 상당산성의 둘레길은 총 길이 4.4km로 오르막과 내리막이 이어지는데 산성 안쪽에는 한옥마을이 있어 같이 둘러볼 수 있다. 남암문에서는 청주 시내가 훤히 내려다보이니 잠시 쉬었다 가는 여유를 가져보자.

📍 충북 청주시 상당구 성내로 70 📞 043-201-0202 🌐 https://www.cheongju.go.kr/ ⏰ 24시간 연중무휴 💰 무료 🐕 2시간 내외 🐾 소형견, 중형견, 대형견 모두 방문 가능.

근처 애견 동반 맛집·카페

아웃트로커피

곡선 지붕이 인상적인 카페로 인테리어가 멋지고, 커다란 난로가 홀 중앙에 있어 아늑하다. 베이커리도 맛있으니 방문한다면 빵도 주문해볼 것.

📍 충북 청주시 상당구 낭성면 산성로 676 📞 043-221-6222 🐾 소형견, 중형견 가능. 대형견은 야외만. 실내 O, 야외 테라스 O. 가방 또는 개모차 이용.

컵넛 청주 상당산성점

상당산성 한옥마을 내 위치한 카페로 도넛 디저트가 맛있다. 야외에서는 한옥뷰가 보이고 전반적으로 아늑한 분위기다.

📍 충북 청주시 상당구 성내로 124번길 34-2 📞 043-715-5908 🐾 소형견, 중형견, 대형견 가능. 실내 X, 야외 테라스 O. 가방 또는 개모차 이용.

청남대

04 충북 청주

역대 대통령들의 별장으로 사용되던 곳으로 2003년 일반인에게 개방하였다. 대청호반에 자리 잡고 있으며 다양한 나무와 야생화를 감상할 수 있고 조경을 잘해놓아 산책하는 재미가 있다. 다 둘러보려면 4시간 이상이 소요되는 곳이라 선택과 집중을 해야 한다. 봄에는 벚꽃 명소, 가을엔 단풍 명소로 알려져 있으며 여름, 겨울에도 이곳의 아름다움을 충분히 느낄 수 있다.

✱ 청남대는 남쪽에 있는 청와대라는 뜻을 담고 있다.

📍 충북 청주시 상당구 문의면 청남대길 646 📞 043-257-5080 🌐 http://chnam.chungbuk.go.kr ⏰ 2~11월 09:00~18:00, 12~1월 09:00~17:00 (매주 월요일 정기 휴무) 💰 성인 6,000원 🐕 최소 1시간 30분 🐾 소형견, 중형견, 대형견 모두 방문 가능. 실내 X, 야외 O.

성안길

05 충북 청주

청주의 번화가로 일명 '청주 시내'라 통하는 곳이다. 과거 청주읍성이 시내 한가운데에 자리하고 있었는데 당시 남문과 북문을 연결하는 큰길을 성안길이라 불렀다. 말 그대로 '성 안에 있는 길'이라는 뜻. 성안길은 서울의 명동처럼 영화관, 식당, 옷가게 등이 몰려 있으며 사람들로 북적이는 핫플이다. 특히 반려견 동반으로 갈 만한 식당과 카페가 많고, 산책과 함께 둘러볼 곳들이 꽤 있어 청주 여행 중 가볼 만한 곳이다.

📍 충북 청주시 상당구 상당로 59번길 59 ☎ 043-223-5200 🌐 https://tour.chungbuk.go.kr 🕐 24시간 연중무휴 🐕 소형견, 중형견, 대형견 모두 방문 가능.

근처 애견 동반 맛집·카페

올드타운클럽

성안길 맛집이자 핫플 중 하나로 다양한 아시아 퓨전 요리를 판매한다. 장국영이 자주 갔다는 홍콩의 미도카페를 모티브로 한 식당이며 영화 '중경삼림'이 떠오르는 곳. 대부분 메뉴가 꽤 수준급인데 특히 깐풍기덮밥은 꼭 먹어보기를 추천한다. 오픈런 외에는 기본 웨이팅이 있으며 오후 늦게 가면 재료 소진으로 일찍 마감하기도 한다.
* 같은 건물 1층에 있는 쫄쫄호떡은 청주 명물 중 하나. 호떡 사먹으려면 웨이팅 필수.

📍 충북 청주시 상당구 상당로 55번길 40-1, 2층 ☎ 0507-1329-0797 🐕 소형견, 중형견까지 가능. 실내 O. 캐리어 또는 사방이 막힌 케이지 필수 지참.

3번 출구

카페 전체를 포토존으로 꾸며놓아 톡톡 튀고, 스폿마다 스탠드 조명이 놓여 있어 사진이 잘 나온다. 케이크를 직접 만들 수 있는 키트를 판매하는 이색적인 카페로 재미와 볼거리를 모두 갖췄다. 성안길 맞은편 소나무길에 위치해 있다.

📍 충북 청주시 상당구 중앙로 30, 지하 1층 ☎ 0507-1321-1592 🐕 소형견, 중형견, 대형견 모두 가능. 실내 O. 가방 지참 권장.

다이너 청주점

파스타, 피자, 리소토 등을 판매하는 곳으로 맛과 분위기를 모두 갖춘 식당이다. 반려견 동반 시 칸막이가 있는 룸에서 프라이빗하게 식사할 수 있으며, 펫 전용 멍피자, 멍치킨 등 펫푸드도 판매한다. 대형견 동반이 가능한 점이 굿.

📍 충북 청주시 상당구 상당로 69번길 55, 2층 ☎ 0507-1497-7007 🐕 소형견, 중형견, 대형견 모두 가능. 실내 O.

여기도 Check!

옛청주역사공원
옛 청주역을 복원하여 만든 역사공원이다. 당시 대합실과 개찰구를 비롯해 철길 건널목 풍경을 재현했으며, 전시관에서는 옛 청주역에 관한 다양한 이야기를 접할 수 있다.

📍 충북 청주시 상당구 중앙로 36 🕐 09:00~18:00(매주 월요일, 공휴일 휴일), 공원 24시간 연중 무휴 🐕 소형견, 중형견, 대형견 모두 가능. 전시관 내부 불가.

중앙공원
단순한 공원이 아닌 청주의 문화유산이 몰려 있는 곳이라 의미가 있다. '더 글로리'에서 송혜교가 이도현에게 바둑을 배우던 곳으로 실제 어르신들께서 바둑을 두고 있는 모습을 볼 수 있다. 중앙공원 가운데에는 수령 900년 이상으로 추정되는 은행나무인 '압각수'가 있다.

📍 청주시 상당구 남사로 117 🐕 소형견, 중형견, 대형견 모두 방문 가능.

소나무길
성안길 건너편에 있는 소나무길은 이색 카페, 디저트 가게 등이 많이 입점되어 있는 거리이다. 특히 매주 토요일 12:00부터 18:00까지 플리마켓이 열리는데 다양한 수공예품 및 유니크한 제품들을 많이 만날 수 있다.

📍 충북 청주시 중앙로 7-1 소나무길프리마켓 🐕 소형견, 중형견, 대형견 모두 방문 가능.

무심천

06 충북 청주

청주를 남과 북으로 관통하는 하천으로 충북 대표 벚꽃 명소다. 매년 3~4월경 무심천 체육공원을 중심으로 하천 거리에는 벚꽃 축제와 여러 공연이 펼쳐진다. 반려견과 산책하기에 좋고, 밤에도 벚꽃 야경을 즐길 수 있어 많은 이들이 찾는다. 벚꽃 외에도 개나리, 버드나무, 메밀, 목화, 유채꽃 등 다양한 꽃과 나무들을 사계절 내내 감상할 수 있어 언제든 찾기 좋은 곳이다.

📍 충북 청주시 서원구 무심천자전거길 550 📞 043-233-8431 🌐 https://www.cheongju.go.kr/sangdang/ 🕐 24시간 연중무휴 🅦 무료 🐾 소형견, 중형견, 대형견 모두 방문 가능.

TIP
무심천 중에서도 무심천 체육공원 근처에 벚꽃길이 잘 되어 있다. 길 하나만 건너면 성안길이라 같이 묶어 둘러보기에 좋다.

축조 연대는 정확히 알 수 없으나 삼국시대에 만들어진 것으로 추정되는 토성이다. 인스타 핫플로 알려져 있어 사진 찍거나 데이트하러 나오는 사람들이 많고, 반려견과 여유롭게 산책하기에도 좋다. 특히 노을 지는 모습이 아름다워 일몰 명소로 입소문 나 있으며 평지에다 주변에 높은 건물이 없어 탁 트인 모습을 볼 수 있다. '정북토성'이라고도 불리는 이곳의 성벽 높이는 약 3.5m 정도이며, 위에는 한바퀴 돌 수 있는 길이 있다.

📍 충북 청주시 청원구 정북동 353-2 📞 043-201-2023 🌐 https://www.cheongju.go.kr/ 🕐 24시간 연중무휴 🅦 무료 ⏱ 30분 🐾 소형견, 중형견, 대형견 모두 방문 가능.

정북동 토성

07 충북 청주

농다리

08 충북 진천

고려 초기 축조된 다리로 작은 돌을 물고기 비늘처럼 쌓아 올린 후 지네 모양을 본떠 길게 늘여놓은 형태를 하고 있다. 폭이 1m가 채 되지 않음에도 장마에 떠내려가지 않고 그대로 버티는 등 튼튼하고 견고하게 지어졌다. 정자, 산책로, 수변데크 등이 조성되어 둘러보기 편리하며 주변의 수려한 풍경 또한 이곳을 찾게 하는 매력 요소이다. 드라마 '대추나무 사랑걸렸네', '모래시계' 촬영지이기도 한 곳. 반려견과 농다리를 건너며 운치를 느껴보자.

📍 충북 진천군 문백면 구산동리 128　📞 043-539-3622　🌐 https://blog.naver.com/jincheongun　🕐 24시간 연중무휴　💰 무료　⏱ 30분　🐕 소형견, 중형견, 대형견 모두 방문 가능.

➕ 여기도 Check!

초롱길&생거진천 하늘다리

농다리를 건너면 '초롱길'이라는 트레킹 코스가 시작되는데 수변데크가 깔려 있어 반려견과 산책하기 좋다. 옆으로는 초평저수지의 아름다운 뷰를 감상할 수 있고, 약 30분 정도 걸으면 생거진천 하늘다리에 닿게 된다. 건널 때 약간 출렁거림이 있어 짜릿한 기분도 느낄 수 있다. 하늘다리 건너편에 매점과 쉼터가 있으니 산책 후 쉬었다 가자.

📍 충북 진천군 초평면 화산리 802-1　⏱ 농다리에서 왕복 1시간　🐕 소형견, 중형견, 대형견 모두 방문 가능.

룻스퀘어 [09 충북 진천]

대형 카페이자 식당, 전시, 스마트팜, 공연 등 다양한 콘텐츠를 경험할 수 있는 공간으로 진천의 대표 핫플이다. 농업 기술과 문화를 접목해 많은 사람이 찾도록 하였으며 미래 농촌 사회의 모습을 미리 엿보는 듯한 느낌을 준다. 실내뿐 아니라 야외도 세련된 감각이 돋보이는데 특히 이곳에서의 산책은 만족도 높은 경험을 선사한다. 작은 개울과 식물들로 가득한 스템가든에서 커피 한 잔의 여유를 즐겨보자.

📍 충북 진천군 이월면 진광로 928-27 📞 0507-1353-7180 🌐 https://rootsquare.co.kr/ ⏰ 매일 10:00~20:00 🐕 소형견, 중형견, 대형견 모두 방문 가능. 실내 O, 야외 테라스 O. 실내는 가방이나 케이지 지참.

TIP
- 룻스퀘어 내 애견 동반 식당 '소바공방'은 소바, 돈가스를 팔며 평 또한 좋다. 가방은 필수로 지참할 것.
- 룻스퀘어에서 열리는 전시회, 스마트팜은 구경할 수 있도록 개방해 놓았다.

비내섬 [10 충북 충주]

물억새 군락지가 펼쳐진 습지보호구역으로 인위적 요소 없이 자연 그대로의 멋을 간직한 곳이다. 드라마 '사랑의 불시착' 촬영지로 알려지면서 많은 사람들의 발길이 이어지고 있다. 규모가 35만 평에 이르는 아주 큰 섬이지만 입구에 걷기 코스가 잘 정리되어 있어 도움이 된다. 특히 가을, 겨울철 이른 아침엔 물안개가 피어올라 멋진 장관을 보여준다. 비내섬 입구에 카페 겸 휴게소가 있는데 반려견 동반이 가능하다.

📍 충북 충주시 앙성면 조천리 412 📞 043-850-3612 🌐 https://www.chungju.go.kr/tour/ ⏰ 24시간 연중무휴 💰 무료 ⏱ 1~2시간 🐕 소형견, 중형견, 대형견 모두 방문 가능.

TIP
- 진드기 활동철에는 반려견 산책 시 주의해야 한다. 기피제를 활용할 것.
- 매년 10월에는 비내섬 축제가 열린다. 피크닉, 생태탐방, 공연 등 주요 행사를 진행하며 충주시청 홈페이지에서 관련 정보를 얻을 수 있다.

⭐ 캠프202

11 충북 충주

비내섬을 내려다볼 수 있는 곳에 위치한 뷰맛집 캠핑장이다. 노키즈에다 최대 2인까지 머무를 수 있고, 블루투스 스피커 금지 및 매너타임 외에도 관리가 잘 되어 휴식하고 싶은 사람들에게 최적의 캠핑장이다. 웰컴 드링크로 충주 앙성 생막걸리를 주는데 피칭하면서 한잔 걸치면 최고! 캠장님이 친절하고 이것저것 많이 도와줘서 캠린이들도 불편함 없이 다녀갈 수 있다. 바로 앞 비내섬에서 반려견과의 산책을 잊지 말고 꼭 해보자.

📍 충북 충주시 앙성면 남한강변길 112 📞 0507-1312-8172 🌐 https://www.camfit.co.kr/에서 '캠프202' 검색 🕐 체크인 13:00, 체크아웃 12:00 💰 1박 60,000원 🐕 소형견, 중형견, 대형견 모두 방문 가능. 목줄 필수.

⭐ 켄싱턴리조트 충주

12 충북 충주

일반 고객보다 반려견 동반 고객이 더 많을 정도로 펫프렌리한 리조트이다. 뷔페, 바비큐, 불멍존, 카페 등 대부분 부대시설에 반려견과 출입이 가능하며, 체급별로 구분된 넓은 공용 운동장은 물론 개별 운동장이 있는 객실도 마련되어 있다. 개모차 무료 대여 서비스, 펫 전용 엘리베이터 등 반려인에 대한 세심한 배려가 돋보인다. 4성급인데도 다른 리조트에 비해 가격이 저렴하여 가성비 있게 멍캉스를 즐길 수 있는 점도 매력적이다.

📍 충북 충주시 앙성면 산전장수1길 103 📞 043-857-0055 🌐 http://www.kensington.co.kr/rcj/ 🕐 체크인 15:00, 체크아웃 11:00 🐕 소형견, 중형견, 대형견 모두 방문 가능.

TIP
아고다, 야놀자 등 호텔 예약 모음 사이트도 좋지만 공식 홈페이지에서 패키지를 잘 노리면 더 저렴하게 구입 가능하다.

중앙탑 사적 공원

13 충북 충주

국보 '탑평리 7층 석탑'이 세워진 공원으로, 우리나라 중앙부에 위치한다 해서 중앙탑이라고도 불린다. 주변에 넓은 잔디밭이 있어 많은 충주 시민들이 피크닉을 즐기러 나오는 곳이다. 또한 다양한 조각품, 조형물 등 볼거리가 많고 밤에 오면 멋진 조명들로 인해 아름다운 야경을 감상할 수 있다. 공원에는 충주박물관이 있어 충주 역사 및 유물에 관한 정보를 접할 수 있다. 아쉽게도 충주박물관은 반려견 동반 불가이다.

📍 충북 충주시 탑정안길 6 📞 043-842-0532 🌐 https://www.chungju.go.kr/tour ⏰ 24시간 연중무휴 💰 무료 ⏱ 1시간 내외 🐕 소형견, 중형견, 대형견 모두 방문 가능.

여기도 Check!

탄금호 무지개길

탄금호는 중앙탑사적호공원을 끼고 있는 인공 호수로 수려한 자연 경관을 자랑한다. 특히 탄금호 무지개길은 '사랑의 불시착' 촬영지로도 알려져 있는데 밤에 들어오는 화려한 조명이 압권이다.

📍 충북 충주시 중앙탑면 루암리 642 🐕 소형견, 중형견, 대형견 모두 방문 가능.

지중해마을

14 충남 아산

산토리니, 프로방스, 파르테논 등 지중해 연안 건축양식을 벤치마킹하여 조성한 마을로 아산의 대표적인 관광 명소이다. 이국적인 건물들이 마치 해외 감성 여행을 하는 듯한 착각을 불러일으키게 한다. 맛집, 카페, 소품숍이 모여 있어 많은 이들이 찾는 곳으로 마을을 둘러보는 재미가 있다. 원래는 포도 농사를 짓던 마을이었지만 삼성SDI 및 탕정신도시가 생기면서 이주하게 된 원주민들이 이곳에 정착하여 조성되었다. 각 건물의 1층은 레스토랑, 카페, 상점이 주를 이루고, 2층은 공방이나 체험공간, 3층은 마을 주민들의 주거공간으로 이용된다.

📍 충남 아산시 탕정면 탕정로8번길 55-7 📞 041-547-2246 🕐 24시간 연중무휴 (점포별 상이) 💰 무료 ⏱ 30분 🐕 소형견, 중형견, 대형견 모두 방문 가능.

TIP
지중해마을은 전망대가 따로 없는데 2025년에 새로 생긴 공영주차장 옥상에 올라가면 마을을 내려다볼 수 있다.

근처 애견 동반 맛집·카페

시인과 촌장

1990년대 레트로 감성을 불러 일으키는 경양식 식당이다. 소스가 가득 뿌려진 돈가스는 옛날 추억을 떠올리게 하고, 해물뚝배기 파스타는 매콤하고 맛있어서 계속 손이 간다. 반려견 동반 시 일반 손님과 분리하여 2층에서 편안하게 식사할 수 있다.

📍 충남 아산시 음봉면 음봉로 162 📞 041-541-8667 🐕 소형견, 중형견 방문 가능. 대형견은 사전 문의. 가방 지참 권장.

외암민속마을

15 충남 아산

약 500년 전부터 형성된 마을로 전통 가옥 60여 채가 잘 보존되어 있는 국가민속문화유산 제236호이다. 한국의 살기 좋은 마을 10선에 선정된 적이 있으며 현재도 마을에 거주민들이 살고 있다. 주민들은 대부분 농업에 종사하며 전통문화를 이어가고 있는데, 여행객들에게 다양한 체험을 제공하여 이곳에서 머무는 시간을 풍성하게 만들어준다. 또한 전통 음식을 파는 저잣거리도 있어 입을 즐겁게 해준다. 마을에서 숙박할 수 있는 민박도 운영하나 아쉽게도 반려견 동반은 되지 않는다.

📍 충남 아산시 송악면 외암민속길 5 📞 041-540-2110 🌐 http://www.oeam.co.kr ⏰ 동절기 09:00~17:00, 하절기 09:00~18:00 💰 성인 2,000원 ⏱ 1시간 🐕 소형견, 중형견, 대형견 모두 방문 가능. 대형견은 입마개 착용.

TIP
- 외암마을의 저잣거리나 식당을 이용하려면 가방을 챙겨야 한다.
- 마을 돌담길을 따라 구석구석 다니는 재미가 있다. 지도를 보지 않고 발길 따라 마을을 누벼보는 것이 묘미.

근처 애견 동반 맛집·카페

외암마을 바베큐캠핑스카이

캠핑장에 온 것처럼 바비큐를 즐길 수 있는 식당이다. 외암마을과 100m 떨어져 있다.

📍 충남 아산시 송악면 강당로 77 📞 0507-1498-9323 🐕 소형견, 중형견 동반 가능. 실내 텐트 O, 야외 O.

삼원레져타운 캠핑장

16 충남 서산

전체가 잔디밭으로 이루어진 대형 캠핑장으로 골프장을 개조하여 만든 곳이라 풍경이 아주 멋지다. 전반적으로 관리가 잘 되어 있고 산책로가 예뻐 구석구석 다니기에 좋으며 야간에는 파티라이트로 꾸며놓아 '캠성갬성'하다. 예약 사이트에 기재된 것보다 사이트 크기가 훨씬 크고, 지정석이 아닌 선착순으로 원하는 자리를 고르는 시스템이라 늦은 시간에 오면 좋은 자리를 얻기 어려울 수 있다.

📍 충남 서산시 팔봉면 진장서낭골길 204 📞 043-663-1111 🌐 http://www.samwonleisure.com/ ⏰ 체크인 13:00, 체크아웃 13:00 💰 1박 60,000~70,000원 🐕 소형견, 중형견, 대형견 모두 방문 가능. 목줄 필수.

예당호 출렁다리

17 충남 예산

총 길이 402m의 다리로 양옆에 펼쳐진 케이블이 마치 황새가 길고 흰 날개를 펼쳐 호수를 비상하는 듯한 모습을 연상케 한다. 2019년 오픈한 이후로 꾸준히 많은 여행객들이 다녀가고 있으며 출렁다리뿐 아니라 모노레일, 음악분수, 느린호수길 등 여러 시설을 함께 즐길 수 있다. 출렁다리는 꿀렁거림이 있고, 다리 가운데 전망대 아래에는 투명 유리가 있어 짜릿함을 맛볼 수 있다. 특히 야간에는 조명과 음악분수가 어우러져 더욱 멋진 분위기를 자아낸다.

📍 충남 예산군 응봉면 예당관광로 161 📞 041-339-8287 🌐 http://www.yesan.go.kr/bridge.do ⏰ 3월~12월 첫째 주 일요일 09:00~22:00, 12월 첫째 주 화요일~2월 09:00~20:00(매월 첫째 월요일 휴무) 💰 무료 ⏱ 30분 🐕 소형견, 중형견 동반 가능. 안거나 개모차 지참.

여기도 Check!

모노레일

예당호 옆을 따라 약 1.3km 코스를 22분간 탑승하는 것으로 사계절 운행한다. 경사가 있는 길은 느린 속도로 지나가기 때문에 아이들도 무섭지 않게 탈 수 있다. 반려동물은 3kg 이하만 탑승이 가능하다.

📍 충남 예산군 응봉면 예당관광로 158 🐕 소형견 3kg 이하. 안거나 가방 지참.

예산시장

18 충남 예산

소외된 전통시장에서 활기 넘치는 곳으로 바뀐 힙한 시장이다. 백종원의 예산시장 프로젝트 컨설팅, 골목식당, 레미제라블 등 예능 프로그램을 통해 새롭게 탈바꿈한 뒤 이제는 핫플 오브 더 핫플이 되었다. 필자 역시 예전에 두어 번 와서 국밥만 먹고 갔던 곳인데 환골탈태한 모습이 그저 놀랍기만 하다. 상설시장이라 매일 열리기 때문에 어느 때나 방문할 수 있는 점이 메리트다.

📍 충남 예산군 예산읍 예산시장길 2 📞 041-333-3318 🕐 매일 11:00~21:00(점포별 상이) Ⓦ 무료 🐕 소형견, 중형견, 대형견 모두 방문 가능. 바닥에 음식물이 떨어져 있을 수 있으니 가방 지참 권장.

한 걸음 더 Zoom in

예산 오일장

예산 오일장은 끝자리가 5일, 10일에 열리는데 장이 서는 곳이 예산시장 바로 앞이다. 점포 80여 개, 노점 약 400여 개가 들어설 정도로 규모가 꽤 큰 오일장이며 농산물, 수산물, 의류, 주전부리 등 다양한 품목들을 만날 수 있어 볼거리가 풍성하다. 상설시장이 핫해지면서 오일장과 겹치는 날에는 이 일대 주차장이 매우 혼잡하므로 참고할 것.

예산 맥주 페스티벌

2023년 9월, 예산시장 장터광장 앞에서 처음 개최된 '예산 맥주 페스티벌'에는 무려 24만 명이 다녀가며 큰 관심을 모았다. 축제의 성공적인 반응에 힘입어 2024년에도 행사가 열렸고, 이번에는 35만 명이 방문하며 더욱 큰 성과를 거두었다. 다양한 먹거리와 더불어 바가지 없는 축제로 좋은 호응을 이끌어냈다는 후문. 앞으로도 예산 맥주 페스티벌은 계속 될 것으로 보인다. 축제 시기가 고정된 것이 아니므로 자세한 정보 및 관련 일정은 검색 엔진을 활용하자.

예산시장 먹거리 이것만은 알고 가자!

예산시장을 방문하는 대부분 여행객들이 먹거리를 즐기러 오기 때문에 인기 있는 메뉴 중심으로 소개해본다. 참고로, 핫플이라 주말이나 공휴일에 가면 점포마다 웨이팅이 긴 편이다. 반면 평일에는 좀 더 여유롭게 즐길 수 있다.

신양튀김
'고기튀김' 단일 메뉴만 판매하며 후기가 좋은 먹거리 중 하나이다. 속재료는 만두가 연상되며 다진 고기가 듬뿍 들어가 있어 육즙이 가득하다.

광시카스테라
'카스테라가 거기서 거기겠지'라고 생각하는 사람들의 고정관념을 바꿔줄 카스테라. 특히 사과카스테라는 빵 가운데 사과잼과 버터크림이 한 겹씩 발려 있어 우유 없이도 촉촉하게 먹을 수 있다.

사과당
사과파이를 파는 곳으로 오리지널뿐 아니라 우유크림, 바닐라, 초코 등 다양한 맛을 판매한다. 바삭한 식감이 살아 있는 페이스트리 느낌의 파이로 인기가 많다.

낙원약과
사과 약과가 특히 핫하며 안에 사과잼이 들어 있다. 딱딱하지 않고 겉바속촉이라 식감이 좋다. 약과치고 많이 달지 않아 단것에 거부감이 강한 사람들도 한 입 할 수 있을 정도.

뚝딱뚝딱닭강정
차갑게 식혀 먹는 닭강정으로 식감이 살아 있어 인기가 많다. 사과의 고장 예산답게 여기 닭강정에도 사과가 들어 있다.

선봉국수
저렴한 가격에 멸치국수, 비빔국수를 파는 가게로 많은 사람들이 원픽으로 꼽는 곳이다. 특히 파기름 비빔국수가 인기이며 주말엔 웨이팅 줄이 길다.

피플앤독 느티캠핑장

19 충남 예산

반려견이 있어야 올 수 있는 애견 전용 캠핑장으로 폐교를 개조해 만들었다. 중소형견존과 대형견존이 분리되어 있고, 사이트마다 개별 울타리가 설치되어 반려견을 풀어둘 수 있다. 카라반과 캠핑 트레일러 진입이 가능하며 시골 마을에 위치해 주변 환경이 조용한 편이다. 장박하는 사람, 마니아들이 많은 캠핑장인 만큼 장점이 확실하다.

📍 충남 예산군 신양면 불원귀곡길 108 📞 010-8253-2790
🌐 https://cafe.naver.com/doghealingcamp ⏰ 체크인 14:00, 체크아웃 13:00 💰 1박 60,000~75,000원 🐶 소형견, 중형견, 대형견 모두 방문 가능.

단대호수

20 충남 천안

'단대호수 걷자고 꼬셔♪' 버스커버스커 '꽃송이가' 노래 가사의 현실 무대이다. 원래 이름은 '천호지'이지만 단국대학교 천안캠퍼스를 끼고 있어서 '단대호수'로 불린다. 천안을 대표하는 벚꽃 명소로 유명하며 개나리, 매화꽃 등도 볼 수 있다. 평소에도 운동하거나 반려견과 산책 나온 사람들, 데이트하는 커플들이 많다. 현수교, 아치교, 분수 등이 있으며 야경 또한 아름다워 천안 12경 중 하나로 선정되었다.

📍 충남 천안시 동남구 단대로 119 📞 1577-3900 🌐 http://www.cheonan.go.kr/tour.do ⏰ 24시간 연중무휴 💰 무료 ⏱ 1시간 🐶 소형견, 중형견, 대형견 모두 방문 가능.

근처 애견 동반 맛집·카페

마리스커피

단대호수(천호지)에 있는 반려견 동반 가능한 카페로 뷰가 좋다. 산책 후 들러서 여유롭게 휴식을 취하자.

📍 충남 천안시 동남구 천호지길 11 📞 070-4007-5220 🐶 소형견, 중형견, 대형견 모두 동반 가능. 실내 O(1층), 야외 테라스 O. 목줄 필수, 실내 가방 지참 권장.

각원사

21 충남 천안

천안시 태조산에 자리한 사찰로 봄철 겹벚꽃과 수양벚꽃 명소로 알려져 있다. 겹벚꽃은 벚꽃이 질 때 피기 시작하는데 일반 벚꽃보다 색감이 진하고 꽃잎이 여러 겹으로 나기 때문에 풍성한 느낌을 준다. 또한 흔히 볼 수 없는 수양벚꽃 또한 이곳에서 만날 수 있으며 가지를 늘어뜨린 모습이 겹벚꽃 버금가는 아름다운 모습을 자랑한다. 각원사에서는 높이 15m짜리의 청동대불(청동 아미타불상)을 만날 수 있어 많은 이들의 발길을 이끈다.

📍 충남 천안시 동남구 각원사길 245　📞 041-561-3545　🌐 http://www.gakwonsa.or.kr　🕐 24시간 연중무휴　💰 무료　⏱ 30분　🐕 소형견, 중형견, 대형견 모두 방문 가능.

TIP
- 벚꽃은 청동대불과 천불전 주변에 많이 피어 있다.
- 사찰 바로 앞에 주차가 가능하다.

청산수목원

22 충남 태안

계절별로 다양한 꽃을 감상할 수 있어 사계절 어느 때나 방문하기 좋은 곳이다. 특히 가을에 방문하는 것이 가장 예쁘다고 알려져 있으며 팜파스그라스, 핑크뮬리를 원없이 볼 수 있다. 또한 우리나라에 몇 없는 빅토리아 연꽃도 만날 수 있다. 관리를 잘 해놓아 사진이 예쁘게 나오고, 포토존이 많아서 그 자체로 오브제인 것이 많다. 드라마 '사랑의 불시착'에서 현빈과 손예진이 자전거를 탄 장면의 촬영지이기도 하다.

📍 충남 태안군 남면 연꽃길 70　📞 0507-1324-0656　🌐 http://www.greenpark.co.kr　🕐 08:00~19:00(계절별 상이, 일몰 1시간 전 입장 마감)　💰 가을 기준 성인 13,000원(계절별로 상이), 반려동물 4,000원　⏱ 1시간 30분　🐕 10kg 이하 가능.

TIP
- 청산수목원 내부에 카페 두 군데가 있어 쉬었다 갈 수 있다.

꽃지해수욕장

23 충남 태안

안면도에 위치한 꽃지해수욕장은 5km에 이르는 백사장이 그림처럼 펼쳐져 있는 곳이다. 특히 바다 한가운데 할미, 할아비 바위의 풍광이 인상적이다. 간조 때 오면 바위까지 걸어갈 수 있어 드라이브 삼아 나오는 사람들이 많다. 해수욕장 모래는 고운 편이나 바위까지 걸어가는 길에는 일부 각지고 날카로운 돌이 있는 편이라 이 부분만 조심하면 반려견 산책에 무리가 없다. 한쪽에서는 조개를 캐는 모습을 볼 수 있으며 반려견과 함께 체험할 수도 있다.

📍 충남 태안군 안면읍 승언리 📞 041-670-2543 🌐 http://www.taean.go.kr/tour.do 🕐 24시간 연중무휴 💰 무료 ⏱ 최소 30분 🐕 소형견, 중형견, 대형견 모두 방문 가능.

TIP
- 꽃지해수욕장의 물때는 바다타임에서 '나치도'를 검색하면 된다.
- 무료로 조개를 캘 수 있으며, 장비가 없다면 해수욕장 앞 슈퍼에서 빌릴 수 있다.

안면암

24 충남 태안

바다 위에 떠 있는 부상탑으로 유명한 사찰이다. 1998년에 창건한 절로 생긴 지 오래되진 않았으나 주변의 뛰어난 풍경과 부상탑이라는 독특한 탑을 구경하기 위해 많은 사람들이 찾는다. 동자승 석상들이 줄지어 놓여 있는 얕은 언덕을 따라 올라가면 전망대에 이르는데 이곳에서 부상탑 및 주변 풍경들을 감상할 수 있다. 바닷가엔 해상 데크길이 있어 산책이 가능하며 썰물 때엔 부상탑이 있는 여우섬까지 걸어갈 수 있다.

📍 충남 태안군 안면읍 여수해길 198-160 📞 041-673-2333 🕐 24시간 연중무휴 💰 무료 ⏱ 1시간 내외 🐕 소형견, 중형견, 대형견 모두 방문 가능.

TIP
- 서해안에서 흔치 않은 일출 명소이기도 하다.
- 안면암 물때는 바다타임에서 '안면암'을 검색하자.

네이처월드

25 충남 태안

태안 빛축제가 열리는 이곳은 약 600만 개의 LED 전구를 이용해 어두운 밤을 화려한 불빛으로 수놓는다. 약 5,000평의 규모로 굉장히 넓은 데다, 총 25개의 테마로 이루어져 볼거리가 많다. 일 년 내내 운영하기에 계절에 상관없이 방문하기 좋으나 우천 시에는 진행하지 않을 수 있으니 사전에 날씨를 체크하자. 전반적으로 어둡지만 통로가 넓어 반려견과 함께 다니기에 괜찮은 편이다. 하지만 사람들이 있을 땐 목줄을 짧게 잡는 등 펫티켓을 꼭 지키도록 하자.

📍 충남 태안군 남면 마검포길 200 📞 041-675-9200 🌐 http://www.ffestival.co.kr/ 🕐 18:00~21:30(계절별 상이) 👤 성인 10,000원 ⏱ 최소 1시간 🐕 소형견, 중형견, 대형견 모두 방문 가능.

TIP 낮에는 꽃정원으로 운영한다.

한 걸음 더 Zoom in

펫니스태안

2023년 충남 태안군은 문화체육관광부와 한국관광공사가 주관하는 '반려동물 친화관광도시 공모'에 최종 선정되었다. '펫니스태안 – 건강하개, 행복하개'라는 주제로 2026년까지 반려동물 동반 여행 프로그램 및 이벤트를 운영할 예정이며 이미 많은 반려인들의 호응을 얻고 있다. 펫니스란 'Pet'과 'Wellness'의 합성어로 '반려동물이 행복한 세상'이라는 의미를 담고 있다.

- 펫니스태안 공식 홈페이지(https://petnesstaean.kr/)에 접속하면 태안의 애견 동반 여행지, 숙소, 맛집과 카페 리스트뿐 아니라 다양한 행사와 이벤트를 확인할 수 있다. 반려견과 패들보드 체험, 갯벌 체험, 댕댕버스투어, 미션투어 등 각종 이벤트를 진행한다. 이벤트 기간이 정해져 있으니 홈페이지에서 일정을 직접 확인하자.

- 필자 역시 펫니스태안 이벤트를 통해 태안 여행을 다녀온 적이 있는데 미션투어에 참여해 여행 지원금을 받은 적이 있고, 태안군 반려동물 동반여행 콘텐츠 공모전에서 수상하여 상금을 받기도 했다. 반려인 입장에서는 여행지 정보를 얻을 수 있고, 재밌는 프로그램과 이벤트에 참여하여 즐거운 추억을 만들 수 있다. 지금 당장 펫니스태안에 접속하자.

몽산포제빵소

26 충남 태안

제과·제빵 명인이 운영하는 태안 베이커리 카페로 애견 동반홀을 따로 갖춰 비반려인과 분리하여 머물 수 있다. 야외 정원을 예쁘게 꾸며 놓아 날씨 좋은 날엔 바깥에서 차 한 잔 하기에 좋다. 빵들 모두 평균 이상의 훌륭한 맛이고, 특히 바베킹은 몽산포제빵소의 시그니처 메뉴다. 크림치즈와 바질이 들어간 어니언 베이글인데 사이즈가 무척 크고 맛있으니 꼭 먹어보길 바란다. 반려견과 여행 중 편안하게 휴식하고 싶다면 몽산포제빵소를 추천한다.

📍 충남 태안군 남면 우운길 56-19 📞 041-675-9802 🕘 09:00~19:00(주말 ~19:30, 계절별 상이) 🐕 소형견, 중형견, 대형견 모두 방문 가능. 실내 O, 야외 테라스 O.

여기도 Check!

팜카밀레

청산수목원과 비슷하면서도 다른 느낌. 팜카밀레가 조금 더 규모가 작고 아기자기한 편이다. 특히 여름철 수국 시즌이 인기가 많으며 몽산포제빵소 바로 옆에 있어 묶어서 구경하기에 좋다.

📍 충남 태안군 남면 우운길 56-19 📞 041-675-3636 🕘 매일 09:00~18:00 💰 성인 13,000원(수국 시즌 기준, 시즌마다 상이), 소형견 4,000원, 대형견 6,000원 🐕 소형견, 중형견, 대형견 모두 동반 가능.

꽃게다리

27 충남 태안

태안 백사장항과 드르니항을 잇는 다리로 꽃게 모양을 닮았다 하여 붙여진 이름이다. 길이는 총 250m이며 다리 위에서 보는 풍경이 아름다워 태안에 오면 꼭 들러야 할 여행지다. 특히 일몰 명소로 알려져 있고 노을 지는 타이밍에 맞춰 오면 멋진 장관을 볼 수 있다. 다리 끝지점으로 가면 드르니항에 닿게 되는데 백사장항에 비해 자그맣고 아담한 항구로, 소박한 멋이 있어 가볍게 들르기에 좋다. 해가 지고 나면 다리에 조명이 들어오니 시간이 허락한다면 야경 모습도 눈에 담고 가자.

📍 충남 태안군 안면읍 창기리 📞 041-674-1900 🌐 http://www.taean.go.kr/tour.do 🕐 24시간 연중무휴 💰 무료 ⏱ 30분 🐾 소형견, 중형견, 대형견 모두 방문 가능.

TIP
- 다리 근처에 꽃게, 새우튀김 등 먹거리 파는 곳이 많다. 포장해 가기에도 굿.
- 바로 옆에 백사장항 수산시장이 있으니 같이 묶어서 들르자.

근처 애견 동반 맛집·카페

트래블브레이크
이국적인 해외 감성의 카페로 개별 방갈로가 있어 프라이빗하게 즐기기 좋다.

📍 충남 태안군 안면읍 등마루1길 125 📞 0507-1402-9036 🐾 소형견, 중형견, 대형견 모두 동반 가능. 실내 O, 야외 텐트 O. 실내 이용 시 가방 또는 캐리어 권장.

백사장항 수산시장

28 충남 태안

태안 백사장 어촌계에서 직접 운영하는 수산시장으로 어부들이 직접 조업해 판매한다. 중간 단계가 없기 때문에 저렴하고 싱싱해 많은 사람들이 회를 떠가거나 수산물을 포장해 간다. 활어뿐 아니라 조개류, 대하, 꽃게, 건어물, 젓갈 등 다양한 해산물을 판매하며 시장 규모가 크지 않아 한 바퀴 금방 둘러볼 수 있다. 또한 바로 옆에 수협직판장이 있어 가격을 비교한 뒤 구입해도 좋다. 이곳에서 회를 포장해 숙소에 가서 먹어도 좋고, 집으로 복귀하기 전 포장해 가는 것도 좋은 선택이다.

◎ 충남 태안군 안면읍 백사장1길 126 ☎ 041-670-2114 ⏰ 매일 09:00~20:00(점포별 상이) ₩ 무료 🐕 소형견, 중형견, 대형견 모두 방문 가능.

근처 애견 동반 맛집·카페

털보선장횟집

안면도에 위치한 맛집으로 칼칼하고 구수한 게국지, 짜지 않고 살이 꽉 찬 간장게장을 맛볼 수 있다.

◎ 충남 태안군 안면읍 백사장1길 95 ☎ 010-8005-4254 🐕 소형견, 중형견, 대형견 모두 동반 가능. 실내 O. 내부에 강아지 의자 있음.

태안로컬푸드직매장 반려견 놀이터

29 충남 태안

안면도 진입하는 길에 위치해 있어 본격 여행 전 들르면 좋은 놀이터이다. 무료로 운영하며 체급별로 나뉘어 있어서 이용하기에 편리하다. 주변 공원에서 반려견 산책도 가능하다. 몇 가지 어질리티, 음수대 등의 시설이 있고 출입구도 이중 문으로 만들어 안전에 신경 썼다. 바로 옆 태안로컬푸드직매장에서는 싱싱하고 저렴한 로컬 푸드를 판매하기 때문에 이곳에서 장을 본 뒤 숙소로 들어가면 굿!

📍 충남 태안군 남면 안면대로 1641 📞 041-675-9804 🕘 09:00~20:00 💰 무료
🐕 소형견, 중형견, 대형견 모두 방문 가능.

펄베이풀빌라

30 충남 태안

그리스에 온 듯 이국적인 분위기가 물씬 풍기는 감성 숙소이자 애견 동반 펜션이다. 마치 어느 작품 공간에 들어와있는 듯한 인상을 받을 정도로 유니크하다. 펫룸 객실에는 노천 스파가 있으며 이용객들의 만족도가 높다. 애견 전용 수영장이 구비되어 있는데 6~9월까지만 운영하므로 참고할 것. 또한 365일 공용 수영장(사람 전용)과 버블파티를 무료로 이용할 수 있다. 이곳에서는 반려견 입수가 불가하지만 가방을 지참하여 데려올 수 있어 반려인 입장에서는 쌩큐다.

📍 충남 태안군 남면 곰섬로 129-87 📞 0507-1392-1565 🌐 http://www.moken.co.kr/ 🕘 체크인 17:00, 체크아웃 13:00 🐕 15kg 이하 가능. 반려견 추가 요금 있음. 펫 어메니티 X.

전라도

전라도는 넉넉한 인심과 풍미 깊은 음식, 자연과 전통이 어우러진 여유로운 분위기를 느낄 수 있는 여행지다. 전주, 고창, 여수, 순천 등 매력적인 소도시들이 많고, 천천히 흘러가는 풍경이 여행자의 마음을 사로잡는다. '맛의 고장'이라는 말처럼 어디서든 맛있는 로컬 푸드를 맛볼 수 있는 것도 큰 즐거움이다. 반려견과 함께 느긋하고 소박한 전라도 여행을 떠나보자.

일정별 추천 코스 ▶ **하루면 충분하개! 당일치기**

뚜벅이 여행자를 위한 최고의 도시, 군산

초원사진관 → 신흥동 일본식가옥 → 말랭이마을 → 동국사

1. **초원사진관** - 세월이 흘러도 변함 없이 감성을 자극하는 영화 '8월의 크리스마스' 촬영지
2. **신흥동 일본식 가옥** - 일제강점기 일본식 가옥 & 영화 '타짜'에 나오는 그곳
3. **말랭이마을** - 요즘 보기 드문 정겨운 풍경이 있는 마을
4. **동국사** - 국내에 남아 있는 유일한 일본식 사찰

전주 여행의 엑기스만 모은 코스

전주한옥마을 → 오목대 → 자만벽화마을 → 전주향교

1. **전주한옥마을** - 전국 최대 규모의 한옥촌 & 다양한 먹거리
2. **오목대** - 전주한옥마을을 내려다볼 수 있는 뷰
3. **자만벽화마을** - 한적하게 반려견과 산책하기 좋은 곳 & 꼬지따뽕에서 차 한 잔
4. **전주향교** - 향교 특유의 고즈넉한 분위기 & 400년 넘은 은행나무

자연의 아름다움 맘껏 누리기, 고창

학원농장(청보리밭) → 구시포 해수욕장 → 장어장터

① 학원농장(청보리밭)
청보리밭 축제로 유명 &
계절에 따라 유채꽃, 해바라기,
메밀꽃 등 다른 모습

② 구시포 해수욕장
반려견과 조개잡이 &
노을 즐기기

③ 장어장터
고창에 갔다면
육즙 팡팡 장어구이!

색다른 여행지가 기다리는 순천

낙안읍성 → 암파스타레 → 드라마촬영장 → (여수)가사리 갈대밭

① 낙안읍성
현존하는 조선 읍성들
가운데 가장 잘 보존된 곳
& 민박 가능

② 암파스타레
파스타, 스테이크
맛집으로 반려견 동반 시
즉석사진 서비스

③ 드라마촬영장
'폭싹 속았수다', '제빵왕
김탁구' 등의 촬영지

④ (여수)가사리 갈대밭
반려견 동반 불가인 순천만
습지 대신 가사리 갈대밭!

일정별 추천 코스 ▶ **주말을 이용하개! 1박 2일**

군산

DAY 1 ▶ 경암동 철길마을 — 신흥동 일본식가옥 — 말랭이마을
DAY 2 ▶ 장자도 호떡마을 — 대장봉 전망대

DAY 1

1. **경암동 철길마을**
   군산의 대표 레트로 감성 여행지

2. **신흥동 일본식가옥**
   일제강점기 일본식 건축 양식을 살펴볼 수 있는 가옥

3. **말랭이마을**
   산비탈에 형성된 벽화마을 & 김수미 생가

DAY 2

1. **장자도 호떡마을**
   고군산군도까지 드라이브 & 호떡마을에서 호떡 즐기기

2. **대장봉 전망대**
   고군산군도가 내려다보이는 환상적인 뷰

전주

DAY 1 ▶ 전주한옥마을 ◆━━▶ 오목대 ◆━━▶ 무국 무국적식당
DAY 2 ▶ 청연루 ◆━━▶ 전주향교 ◆━━▶ 자만벽화마을

DAY 1

1. **전주한옥마을** — 한옥마을 한 바퀴 & 전주난장 등 반나절 둘러보기
2. **오목대** — 전주한옥마을이 한눈에 & 여유로운 휴식
3. **무국 무국적식당** — 세계 각국 요리를 퓨전식으로

DAY 2

1. **청연루** — 아름다운 전주천과 한옥마을 눈에 담기
2. **전주향교** — '성균관 스캔들'과 '구르미 그린 달빛' 촬영지
3. **자만벽화마을** — 볼거리 많고 정감 있는 마을 & 전주향교와 전주한옥마을 뷰

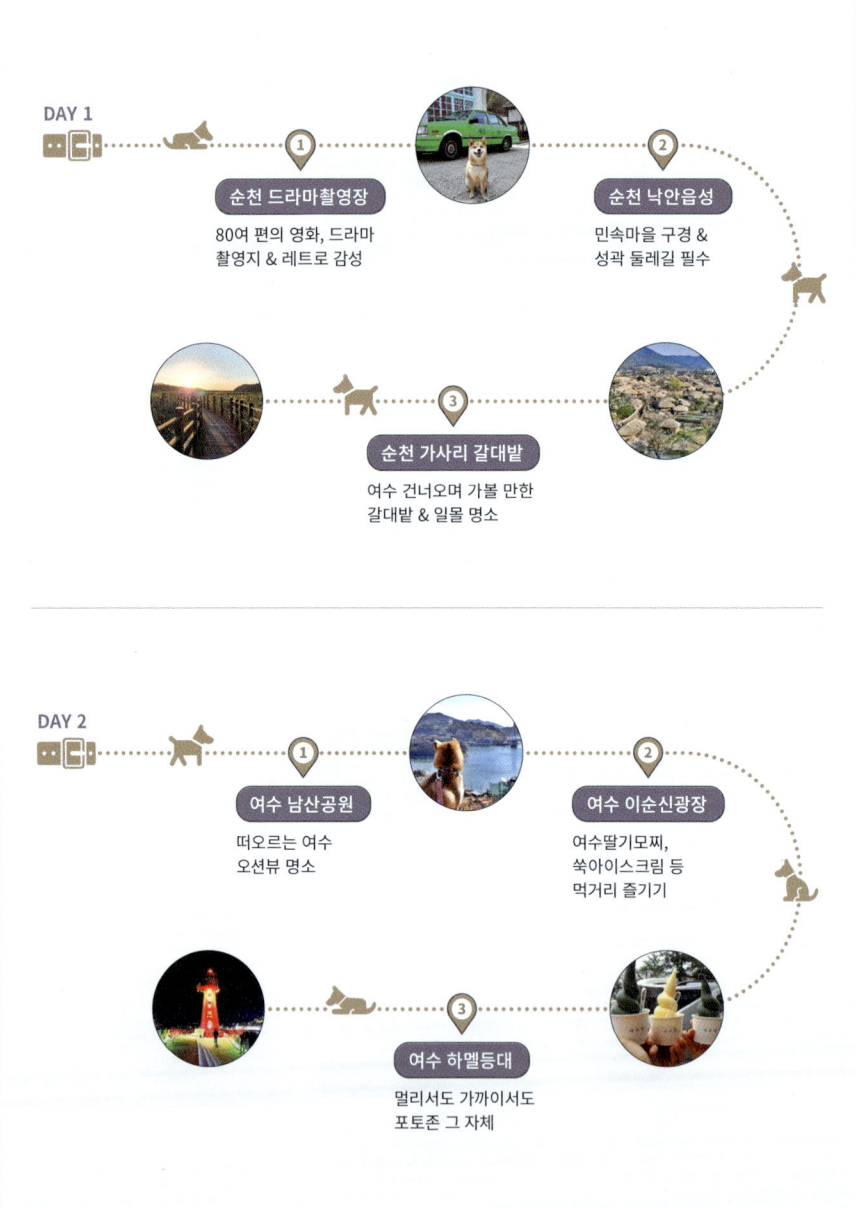

여수

DAY 1 ▶ 이순신광장 ⟶ 남산공원 ⟶ 향일암
DAY 2 ▶ 서시장 ⟶ 돌산공원 ⟶ 여수해상케이블카

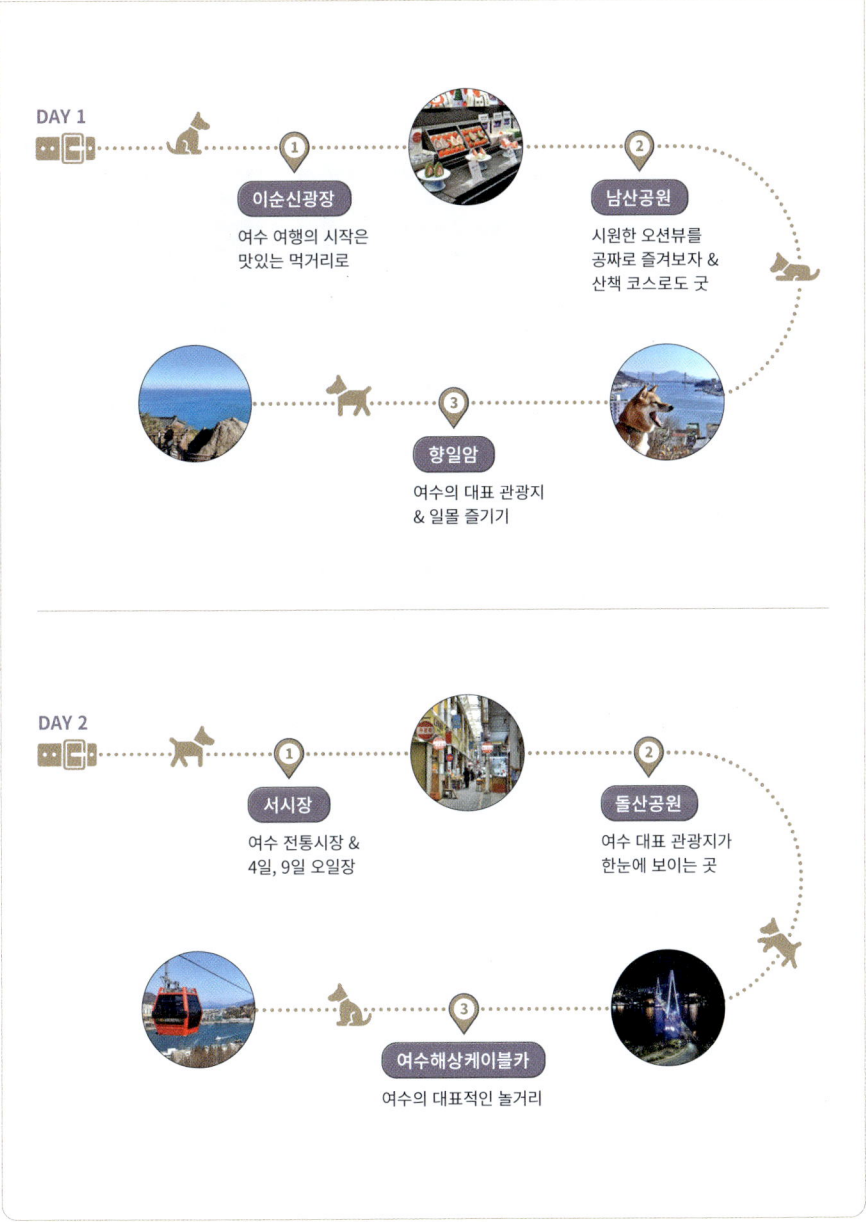

DAY 1

① 이순신광장 — 여수 여행의 시작은 맛있는 먹거리로

② 남산공원 — 시원한 오션뷰를 공짜로 즐겨보자 & 산책 코스로도 굿

③ 향일암 — 여수의 대표 관광지 & 일몰 즐기기

DAY 2

① 서시장 — 여수 전통시장 & 4일, 9일 오일장

② 돌산공원 — 여수 대표 관광지가 한눈에 보이는 곳

③ 여수해상케이블카 — 여수의 대표적인 놀거리

경암동 철길마을

01 전북 군산

1970~80년대 풍경을 그대로 느낄 수 있는 레트로 감성 여행지다. 지금은 열차가 다니지 않지만 곳곳에 오래된 주택, 가게들이 남아 있어 과거로 시간 여행을 온 듯하다. 때문에 경암동 철길마을의 상점들은 추억의 아이템을 파는 곳들이 많다. 교복 대여, 추억의 뽑기와 게임, 달고나 만들기 등 옛 향수를 불러 일으킨다. 철길마을의 끝지점에서는 옛 군산역과 열차 전시 모형을 만날 수 있다.

📍 전북 군산시 경촌4길 14 📞 063-454-3349 🌐 https://www.gunsan.go.kr/tour 🕐 24시간 연중무휴(상점 10:00~17:00, 점포별 상이) 💰 무료 ⏱ 30분 🐕 소형견, 중형견, 대형견 모두 방문 가능. 철길이라 울퉁불퉁하여 개모차 비추.

한 걸음 더 Zoom in

경암동 철길마을 탄생 배경

경암동 철길은 1944년 4월 4일 신문 용지 제조업체인 페이퍼코리아가 원료와 생산물을 실어 나르기 위해 만든 철길이다. 군산역과 공장 사이 약 2.5km 구간을 연결했고, 이 일대를 사람들은 '경암동 철길마을'이라 불렀다. 사람 사는 동네를 지나야 했기에 열차는 시속 10km 남짓의 느린 속도로 달렸으며, 오랜 시간 서민들의 삶 속에 자연스럽게 녹아들었다. 그렇게 약 65년간 쉼 없이 달려온 열차는 마침내 2008년 7월 1일을 끝으로 운행을 멈추게 된다. 비록 열차는 사라졌지만 철길 주변의 빨랫줄, 텃밭 등은 여전히 그 시절의 모습을 간직한 채 남아 있다.

02 신흥동 일본식 가옥
전북 군산

일명 '히로쓰 가옥'이라고도 불리는 이곳은 일제강점기 군산에서 권력과 부를 가졌던 인물 '히로쓰'의 저택이다. 2층짜리 일본 전통 목조 건축 양식을 따라 지었으며 현재까지도 당시의 모습을 잘 보존하고 있다. 내부는 관람이 불가하여 정원과 가옥 산책만 가능하다. 영화 '타짜', '장군의 아들'의 촬영지가 되면서 더욱 알려지게 되었다.

◎ 전북 군산시 구영1길 17 ☎ 063-454-4173 ⊕ https://www.gunsan.go.kr/tour ⏰ 10:00~17:00(매주 월요일 휴무) ₩ 무료 ⏱ 20분 🐕 소형견, 중형견, 대형견 모두 방문 가능.

TIP
- 내부 관람은 군산 국가유산 야행 축제 때 가능하다. 관련 정보는 'https://gsnightculture.com'에서 얻을 수 있다.
- 가옥 뒤쪽은 말랭이마을과 바로 연결되니 여행 동선을 짤 때 같이 묶는 것이 효율적이다.

03 초원사진관
전북 군산

영화 '8월의 크리스마스' 촬영지이다. 영화가 나온 지 30년 가까이 흘렀지만, 여전히 많은 이들이 영화를 추억하며 이곳을 찾는다. 작은 단독주택 형태의 사진관은 영화 세트장으로 지어진 공간으로, 실제 운영하는 사진관은 아니다. 실내에는 영화에서 나왔던 소품과 액자들이 전시되어 있어 여행객에게 당시의 감성과 추억을 전해준다. 초원사진관 앞에는 심은하가 극중 업무용 주차 단속 차량으로 몰고 다녔던 티코와 한석규와 함께 타고 다닌 오토바이가 놓여 있다.

◎ 전북 군산시 구영2길 12-1 ⊕ https://www.gunsan.go.kr/tour ⏰ 09:00~21:30(월요일 ~18:00) ₩ 무료 ⏱ 10분 🐕 내부는 불가하며 바깥은 소형견, 중형견, 대형견 모두 방문 가능.

근처 애견 동반 맛집·카페

카페, 초아

이성당 베이커리 맞은편에 있는 카페로 이성당 빵을 매장 안에서 즐길 수 있도록 운영하는 곳이다. 아기자기한 소품들이 가득하며 편안한 분위기 속에서 휴식을 취할 수 있다.

◎ 전북 군산시 구영7길 101, 1층 ☎ 0507-1397-1581 🐕 소형견, 중형견 동반 가능. 실내 O. 목줄, 가방 또는 캐리어 지참 필수.

말랭이마을

04 전북 군산

6·25전쟁 당시 피란민들이 판잣집을 짓고 살면서 형성된 마을이다. '말랭이'란 '산비탈'의 전라도 방언인데 이름에서 알 수 있듯이 산비탈에 구불구불 집들이 들어서 있다. 마을 맨 위쪽으로 올라가면 옛 말랭이마을의 모습을 재현한 벽화가 파노라마처럼 그려져 있으며 추억 전시관, 양조장 등 볼거리가 많다. 또한 김수미 생가도 볼 수 있는데, 실제로 살았던 집은 철거되었고 현재는 배우를 추억하기 위해 만든 공간이다. 요즘 보기 드문 정겨운 풍경을 느낄 수 있는 곳으로 신흥동 일본인 가옥거리와 가까워 함께 둘러보기에 좋다.

📍 전북 군산시 신흥동 34-5 📞 063-454-5813 🌐 https://blog.naver.com/mallaengyi-village 🕐 24시간 연중무휴 ⏱ 1시간 내외 🐾 소형견, 중형견, 대형견 모두 방문 가능.

➕ 여기도 Check!

신흥 양조장(말랭이마을 양조장)

막걸리 빚기 체험을 할 수 있는 양조장으로 말랭이마을 초입에 위치하고 있다. 체험 비용은 15,000원이며 막걸리를 직접 만들어 가져갈 수 있어 이용자들의 만족도가 높다. 또한 파전을 주문하면 막걸리 1병이 서비스로 제공되며 가격은 역시 15,000원이다. 체험 가능 요일 및 시간은 금~일요일 10:00~17:00로, 주말에 방문한다면 이용해보자.

📍 전북 군산시 절골2길 16 📞 010-8802-2110 🐾 소형견, 중형견 가능. 안고 있거나 가방 지참하기.

동국사
05 전북 군산

1909년 일본인 승려 우치다 스님이 창건하여 일제강점기 동안 일본인 승려들이 운영한 사찰로 가슴 아픈 역사를 지닌 곳이다. 화려한 단청이 아닌 아무런 장식이 없는 처마, 대웅전 외벽 등에서 일본식 사찰 특유의 분위기가 물씬 난다. 원래 이름은 '금강선사'였으나 1945년 8월 15일 해방 후에 우리나라 조계종 사찰 '동국사'로 개명하였다. 절 한쪽에 세워진 평화의 소녀상이 피해자들의 아픔을 위로하며 많은 생각을 하게 만든다.

📍 전북 군산시 동국사길 16 📞 063-462-5366 🌐 https://tour.gunsan.go.kr/tour 🕐 08:00~19:00(동절기 ~18:00) 💰 무료 ⏱ 30분 🐕 소형견, 중형견, 대형견 모두 방문 가능. 목줄 짧게, 배변 처리 필수.

근처 애견 동반 맛집·카페

달고나아이스크림
군산의 고추짜장 맛집 '지린성' 바로 옆에 있는 아이스크림 가게이다. 이곳에서 웨이팅 없이 지린성 음식들을 주문할 수 있다. 식후 아이스크림 주문은 필수.

📍 전북 군산시 미원로 89-1 📞 063-445-2796 🐕 소형견, 중형견, 대형견 모두 가능. 실내 O. 가방 또는 캐리어 지참 필수.

카페신민회
애국심이 차오르게 만드는 인테리어가 인상적이다. 대표 음료로 말차라테와 바닐라라테가 있다.

📍 전북 군산시 구영7길 55 📞 0507-1410-8203 🐕 소형견, 중형견 동반 가능. 실내 O, 야외 테라스 O. 가방 또는 캐리어 지참 필수. 카페 내 고양이 있음.

대장봉 전망대
06 전북 군산

군산 대장도에 위치한 해발 142m의 바위산 대장봉에는 고군산군도의 절경을 한눈에 담을 수 있는 전망대가 있는데, 오직 이것을 보기 위해 찾는 이들이 있을 만큼 전망이 압도적이다. 특히 장자도에서 선유도 해수욕장까지 이어지는 파노라마는 잊지 못할 감동을 준다. 등산 트레킹 코스이므로 물과 간식을 준비하는 것이 좋으며 편한 신발은 필수이다.

TIP
- 섬 입구에서 우측으로 가면 '계단 코스', 좌측으로 가면 '등산로 코스'이다. 계단 코스는 꽤 가팔라서 저질 체력이거나 등산을 좋아하지 않는 사람이라면 추천하지 않는다. 이럴 땐 계단이 별로 없는 등산로 코스가 좋다.
- 대장봉은 장자도 바로 옆에 위치해 함께 구경하기에 좋다.

📍 전북 군산시 옥도면 대장도리 산1 📞 063-465-5186 🌐 https://www.gunsan.go.kr/tour 🕐 24시간 연중무휴 💰 무료 ⏱ 1시간 내외 🐕 소형견, 중형견, 대형견 모두 방문 가능. 반려견 물과 간식 필수.

장자도 호떡마을

07 전북 군산

고군산군도 섬 중 하나인 장자도에는 여러 호떡 가게가 모여 있는 호떡마을이 있다. 2018년 지역경제 활성화를 위해 다양한 간식거리를 판매하게 되었는데 이 중 호떡이 크게 히트를 치며 많은 가게들이 들어서게 되었다. 참고로 장자도 호떡마을은 마을의 이름이자 상호명이다. 장자도 구경 전후로 들르기 좋으며 많은 호떡 가게 중 어디를 가야 할지 고민된다면 상호명이 '장자도 호떡마을'인 곳을 가보자. 이곳이 원조이다.

📍 전북 군산시 옥도면 장자도1길 75-1　📞 0507-1335-3627　🐕 소형견, 중형견, 대형견 모두 방문 가능. 대형견은 야외에서 가능. 실내 O(2층), 야외 O. 실내 동반 시 가방 지참 권장.

근처 애견 동반 맛집·카페

카페 더 뷰

탁 트인 오션뷰를 볼 수 있는 장자도에 위치한 카페이다. 대장봉 전망대로 가기 전후에 들르기 좋다.

📍 전북 군산시 옥도면 장자도1길 46, 3층　📞 010-3653-9056　🐕 소형견, 중형견, 대형견 모두 동반 가능. 실내 O, 야외 루프톱 O. 가방 또는 캐리어 지참 권장.

여기도 Check!

장자교 스카이워크

선유도와 장자도를 잇는 다리로 공중 위를 걷는 느낌을 받는다. 다양한 포토존과 함께 고군산군도의 풍경과 어우러진 투명한 바다를 만끽해보자.

📍 전북 군산시 옥도면 장자도리　🕐 24시간(기상 악화 시 통제)　💰 무료　🐕 소형견, 중형견, 대형견 모두 방문 가능.

군산에 왔으면 **짜장면** or **짬뽕**

군산은 짜장면과 짬뽕으로 유명한 도시다. 일제강점기에 군산항이 개항하면서 많은 중국 화교들이 유입되었고, 이들이 중국 음식점을 차리며 짜장면과 짬뽕 문화가 자리 잡게 되었다. 군산의 신선한 해산물이 더해지면서 이들 요리는 더욱 인기를 끌었고, 지금도 군산을 찾는 많은 관광객이 짜장면이나 짬뽕을 먹고 간다. 이 중 '군산 3대 짬뽕' 맛집으로 알려진 곳이 바로 복성루, 빈해원, 지린성이며 모두 웨이팅이 있고 반려견 동반은 되지 않는다. 이 중 '지린성' 메뉴를 웨이팅 없이 애견 동반으로 먹는 방법을 소개한다(지린성은 고추짜장과 고추짬뽕으로 유명하니 맵찔이들은 주의!).

1 – 지린성 옆 '달고나아이스크림 가게' 또는 '와니디저트카페'에 간다.
2 – 사장님께 지린성 메뉴 중 먹고 싶은 것을 말한다.
3 – 결제 후 사장님이 음식을 가져오면 시식한다.
4 – 식사 후 가게의 아이스크림을 사 먹는다(필수).

참고로 달고나아이스크림 가게가 지린성에서 조금 더 위치가 가깝다. 두 곳의 아이스크림을 비교하자면 달고나아이스크림 가게는 젤라토처럼 쫀득하고, 와니디저트카페는 철판 아이스크림 스타일이다. 둘 다 소형견, 중형견, 대형견 모두 방문 가능하며 반드시 가방이나 캐리어를 지참해야 한다.

전주한옥마을

08 전북 전주

전주를 대표하는 관광지로 국내 최대 규모의 한옥촌이다. 700여 채의 한옥이 모여 있으며 전동성당, 오목대, 경기전, 전주난장 등 여러 문화재와 볼거리가 있어 많은 여행객들의 사랑을 받는다. 낮은 담벼락을 따라 늘어선 한옥들은 고즈넉한 분위기를 자아내며 중간중간 자리한 정자에서는 잠시 쉬어 갈 수 있다. 마을 전체가 평지로 이루어져 있어 산책하기에 부담이 없다는 것도 장점이다. 먹거리도 즐비하니 다양한 요깃거리를 즐기도록 하자.

📍 전북 전주시 완산구 기린대로 99 📞 063-282-1330 🌐 https://hanok.jeonju.go.kr/ 🕐 24시간 연중무휴 💰 무료 ⏱ 1~2시간 🐕 소형견, 중형견, 대형견 모두 방문 가능.

TIP

- 한복을 대여하여 돌아다닐 수 있다. 종일 대여 기준 보통 20,000원에 가격이 형성되어 있다.
- 간식 먹거리를 판매하는 곳이 많다. 반려견이 떨어진 음식을 먹지 않도록 신경 쓰자.

➕ 여기도 Check!

무국 무국적식당

세계 각국의 요리를 맛볼 수 있는 맛집으로 이색적인 퓨전 음식을 판매한다. 메뉴 모두 실패가 없을 정도로 평이 좋다.

📍 전북 전주시 완산구 전주객사3길 32-4 📞 0507-1434-1154 🐕 소형견, 중형견 가능. 실내 O. 가방 또는 캐리어 지참.

카페1938맨션

한옥마을에 위치한 카페로 음료 가격대는 좀 나가지만 고풍스러운 분위기와 인테리어가 인상적이다.

📍 전북 전주시 완산구 어진길 78 📞 0507-1425-3124 🐕 소형견, 중형견, 대형견 모두 동반 가능. 실내 X, 야외 테라스 O.

전주한옥마을 한 바퀴 이렇게!

전주한옥마을을 둘러보는 데 딱히 출발점이 정해져 있는 것은 아니지만, 오목대(전주종합관광안내소) 앞에서 시작하는 동선을 추천한다. 다양한 볼거리와 먹거리, 체험 공간이 밀집해 있어 몇 가지만 즐겨도 시간이 금방 지나간다. 보다 알차고 효율적으로 한옥마을을 둘러보고 싶은 사람들을 위한 동선을 소개한다.

전동성당

전주한옥마을 남서쪽에 위치한 성당으로 100년이 훨씬 넘는 역사를 자랑한다. 호남지역에 최초로 지어진 로마네스크 양식 건물로 서울의 명동성당과 닮아 있다. 성당이다 보니 반려견 출입은 불가하다.

📍 전북 전주시 완산구 태조로 51 ➡ 내부 출입 불가.

풍남문

옛 전주읍성의 남쪽 문으로 임진왜란 때 파괴되었으나 여러 차례 보수를 거쳤다. 현재의 모습은 1768년에 재건된 것이다. 전동성당과 가까이 있으니 함께 둘러보도록 하자.

📍 전북 전주시 완산구 풍남문3길 1 ➡ 소형견, 중형견, 대형견 모두 방문 가능.

전주경기전

조선을 건국한 태조의 어진을 모신 곳으로 1410년에 지어진 건물이다. 내부의 어진박물관에는 세종, 영조, 정조, 철종, 고종, 순종의 초상화도 같이 전시되어 있다. 아쉽지만 반려견 동반은 불가이다.

📍 전북 전주시 완산구 태조로 44 ➡ 내부 출입 불가.

전주난장

25년간 자료를 수집하여 만든 공간으로 레트로 감성을 느낄 수 있는 근대사 박물관이다. 추억 여행하는 기분을 느끼고 싶으면 방문해보자.

📍 전북 전주시 완산구 동문길 33-20 ➡ 무게 제한은 없으나 가방에 넣고 안고 다녀야 함.

오목대
09 전북 전주

태조 이성계가 왜구를 토벌한 뒤 돌아가는 길에 승전 기념 잔치를 열었던 곳이다. 이때가 고려시대였는데 당시 이성계가 나라를 세우겠다는 야심을 내비쳤다고 전해진다. 한옥마을이 북적한 반면 오목대는 비교적 한적하여 휴식을 취하기에 안성맞춤이다. 누각에서 쉬었다 갈 수 있고 한옥마을이 내려다보여 뷰도 즐길 수 있다. 봄철에는 벚꽃 명소로도 유명하다.

📍 전북 전주시 완산구 기린대로 55 📞 063-281-2114 🌐 http://tour.jeonju.go.kr ⏰ 24시간 연중무휴 💰 무료 ⏱ 20분 🐕 소형견, 중형견, 대형견 모두 방문 가능.

전주향교
10 전북 전주

전주향교는 우리나라에서 가장 유명한 향교로 고려 공민왕 때 건립한 것으로 추정된다. 향교와 이를 둘러싼 돌담에서 특유의 아름다움을 엿볼 수 있으며 번잡하지 않아 고즈넉한 분위기를 즐기기에 좋다. 드라마 '구르미 그린 달빛', '성균관 스캔들'의 촬영지로도 알려져 있다.

* 향교란 지금의 중·고등학교에 해당하는 고려, 조선시대 교육기관으로 유학자의 위패를 모시고 제사를 지내는 기능도 함께 했던 곳이다.

📍 전북 전주시 완산구 향교길 139 📞 063-288-4548 🌐 www.jjhyanggyo.or.kr ⏰ 09:00~18:00(동절기 10:00~17:00), 매주 월요일 휴무 💰 무료 ⏱ 30분 내외 🐕 소형견, 중형견, 대형견 모두 방문 가능.

> **TIP**
> • 대성전 앞뜰의 400년 넘은 은행나무가 유명해 가을철에 방문하는 것이 가장 아름답다.
> • 주말에는 웨딩 장소로도 쓰이니 참고하자.

자만벽화마을

11 전북 전주

6·25전쟁 때 피란민들이 하나둘 정착하면서 형성된 마을로 나지막한 산자락에 자리한다. 과거 '달동네'로 불렸던 이곳에 활기를 불어넣기 위해 벽화를 그리기 시작했으며, 그 결과 전주의 새로운 관광지로 거듭나게 됐다. 구불구불 가파른 산책길을 따라 걸으면 전주한옥마을, 오목대, 전주향교 등도 내려다보이며 동화, 애니메이션 캐릭터 등이 그려진 벽화를 구경하는 재미도 쏠쏠하다.

📍 전북 전주시 완산구 교동 📞 063-282-1330 🌐 http://www.jeonjuhanoktown.com/tour05/ ⏰ 24시간 연중무휴 💰 무료 ⏱ 30분~1시간 🐕 소형견, 중형견, 대형견 모두 방문 가능.

근처 애견 동반 맛집·카페

꼬지따뽕

자만벽화마을에 위치한 반려견 동반 가능 카페로 자만마을과 전주향교가 내려다보인다. 인테리어 및 색감은 벽화마을과 일체화된 듯 통일감을 이루며, 야외 테라스가 있어 날씨 좋은 날에는 바깥에서 휴식을 즐길 수 있다. 여행 중 잠시 들러 커피 한 잔 마시며 재충전하기에 안성맞춤이다. 외국인들도 많이 찾는 인기 명소다.

📍 전북 전주시 완산구 자만동1길 1-8 📞 010-5667-2831 🐕 소형견, 중형견, 대형견 모두 방문 가능. 실내 X, 야외 테라스 O.

청연루 ⑫ 전북 전주

전주의 새로운 랜드마크로 입소문을 타고 있는 누각이다. 남천교 위에 지어진 8작지붕의 자태가 기품 있고 멋스러우며 위용이 넘친다. 신발을 벗고 청연루에 올라서면 전주천과 전주한옥마을이 한눈에 들어온다. 여름엔 시원한 바람이 불어와 좋은 쉼터가 되어 주며, 야경이 아름다워 야간에도 많은 사람들이 방문한다.

📍 전북 전주시 완산구 천경로 40 📞 063-281-5361 🌐 http://tour.jeonju.go.kr
🕐 24시간 연중무휴 ₩ 무료 주변 산책 포함 20~30분 🐾 소형견, 중형견, 대형견 모두 방문 가능.

TIP 청연루 마루에 반려견 출입금지 표시는 따로 없으나 신발을 벗고 올라가야 하는 장소이니 반려견은 안고 있도록 하자.

오수휴게소 ⑬ 전북 임실

전국 최초로 휴게소에 펫 테마파크를 조성한 곳으로 반려견 놀이터, 펫팸레스토랑(반려동물 동반 식사 공간) 등의 시설을 갖추고 있다. 놀이터 규모는 크지 않으나 간단한 어질리티부터 세족대, 음용수대 등 필요한 시설은 모두 마련되어 있다. 특히 펫팸레스토랑 공간은 냉난방기가 설치되어 여름, 겨울에도 이용 가능하며 깨끗하게 관리되고 있다. 참고로 전주 방향(상행)에만 있고 광양 방향(하행)에는 없으니 방문 전 유의하자.

📍 전북 임실군 오수면 순천완주고속도로 74 (전주 방향) 📞 063-644-5115 🌐 https://www.instagram.com/osu_5115 🕐 07:00~21:00(편의점은 24시간 운영) 🐾 소형견, 중형견, 대형견 모두 방문 가능.

한 걸음 더 Zoom in

오수의 개

주인이 잠든 풀밭에 불이 나자 충직한 개가 자기 몸에 물을 적셔 껐다는 '오수의 개' 이야기는 유명하다. 결국 개는 목숨을 잃었지만 주인이 잠든 자리만 타지 않아 주인은 살게 된다. 개 덕분에 목숨을 건지게 된 주인이 그 사실을 알고 개를 양지 바른 곳에 묻어준다. 그리고 그곳에 지팡이를 꽂아두었는데 세월이 흘러 지팡이가 뿌리를 내린 뒤 나무로 자라게 된다. 사람들은 그 나무를 '개 나무'라 불렀고 마을의 이름을 개 오, 나무 수를 따서 오수라 불렀다. 그 마을이 바로 전북 임실군 오수면이다.

청보리밭

14 전북 고창

해마다 4월부터 5월 사이 고창에서는 청보리밭 축제가 열린다. 77만㎡ 규모의 넓은 초원에 물든 시원한 초록빛 물결은 장관이 따로 없다. 딱히 전망대에 오르지 않아도 카메라를 어디로 들이대나 모두 포토존이다. 또한 노란 유채꽃도 함께 즐길 수 있어 1석 2조다. 드라마 '폭싹 속았수다', '도깨비', '연인' 촬영지로도 알려져 많은 드라마팬들의 마음을 설레게 한다.

📍 전북 고창군 공음면 학원농장길 158-6 학원관광농원 📞 063-564-9887 🌐 https://borinara.co.kr/ ⏰ 24시간 연중무휴 💰 무료 ⏱ 1~2시간 🐕 소형견, 중형견, 대형견 모두 방문 가능. 경사가 있어 개모차 비추.

TIP
- 보리의 생육 기간 중 가장 모습이 아름다울 때는 '청보리' 기간이라 알려져 있다.
- 그늘이 없으므로 양산이나 모자, 선글라스는 필수로 챙기자.
- 여름에는 해바라기, 가을에는 메밀꽃, 황화코스모스, 백일홍 등을 감상할 수 있다.

구시포해수욕장

15 전북 고창

넓은 백사장과 아름다운 주변 경관을 자랑한다. 백사장의 모래가 단단해 발이 푹푹 빠지지 않아 걷기에 편하다. 노을이 아름답기로 유명해 낙조를 즐기기에 최적의 장소이기도 하다. 반려견 동반으로 조개잡이 및 해루질이 가능하여 물때가 많이 빠진 날 방문하면 관련 체험도 즐길 수 있다. 갯벌에서 뒹굴어도 걱정 No! 씻는 공간이 있어 괜찮다. 다만 비반려인과 함께 사용하므로 더러워진 부분만 닦아내고 목욕을 시키는 등의 행동은 삼가도록 하자.

📍 전북 고창군 상하면 자룡리 📞 063-560-2645 🌐 http://www.gochang.go.kr/culture ⏰ 24시간 연중무휴 ⓦ 무료 ⏱ 30분 🐕 소형견, 중형견, 대형견 모두 방문 가능.

TIP
- 물때를 확인하려면 바다타임에서 '구시포항'을 검색하자. 간조 시각 기준으로 2시간 이전부터 해루질이 가능하다.
- 갯벌과 바닷물 염분 때문에 리드줄이 더러워지니 여분의 리드줄을 더 챙겨오거나 집에 있는 끈을 엮어 가는 것을 추천한다.

근처 애견 동반 맛집·카페

장어장터

구시포해수욕장에서 반려견과 함께 갈 수 있는 장어 맛집으로, 탱글한 육질을 자랑하는 장어구이를 맛볼 수 있다. 얼큰한 장어탕과 고창 복분자주까지 곁들이면 최고! 또한 칼국수도 깔끔한 맛을 자랑한다.

* 고창 풍천장어는 전국에서 찾아올 정도로 유명하다.

📍 전북 고창군 상하면 구시포해변길 12-1 📞 0507-1320-8218 🐕 소형견, 중형견, 대형견 모두 가능. 실내 O, 야외 O. 대형견은 야외만 가능. 가방 지참 권장.

구시포 노을 캠핑장

16 전북 고창

규모가 상당히 큰 캠핑장으로 멋진 노을뷰와 넓은 사이트 간격이 특징이다. 원하는 사이트를 선착순으로 고르는 방식이며 특히 바다가 보이는 자리는 경쟁이 치열하니 오션뷰 사이트를 원하면 일찍 도착하자. 전반적으로 조용한 분위기에다 매너타임도 잘 지켜져서 만족스러운 캠핑을 할 수 있다. 소나무 숲이 우거진 곳이라 송화가루 날리는 시즌에는 주의가 필요하다.

📍 전북 고창군 상하면 구시포안길 38 📞 010-3680-2626 🌐 https://cafe.naver.com/campnoeul 🕐 체크인 13:00, 체크아웃 11:00 💰 1박 50,000원 🐕 소형견, 중형견, 대형견 모두 방문 가능. 목줄 필수. 펫티켓을 준수할 수 있는 사람만 예약 가능.

캠핑장 상주 고양이들

광양매화마을

17 전북 광양

섬진강 하류에 위치한 마을로 해마다 3월 초중순이면 약 6만 평 규모의 면적이 매화꽃으로 화려하게 물든다. 이 시기에 맞춰 광양매화축제가 열리는데 매년 100만 명이 넘는 관광객이 방문할 정도로 핫하다. 축제 기간 중 마을 중앙에서는 국수, 파전, 매실막걸리 등을 판매하며 특히 새콤달콤 매실아이스크림은 남녀노소 모두에게 인기다. 산자락에 피어 있는 매화꽃들을 배경으로 멋진 '견생샷'을 남겨보자.

📍 전남 광양시 다압면 섬진강매화로 1563-1 📞 061-797-3333 🌐 https://gwangyang.go.kr/tour 🕐 24시간 연중무휴 💰 무료 ⏱ 2시간 🐕 소형견, 중형견, 대형견 모두 방문 가능.

TIP

- 축제 기간에는 셔틀버스를 운영하며 소형견, 중형견은 탑승이 가능하나 대형견은 제지할 수 있다. 주차장에서 마을까지 도보 25분이 소요되니 쉬엄쉬엄 걷는 것도 하나의 방법이다.
- 축제 기간 중 공식 홈페이지(https://gwangyang.go.kr/tour)에서 광양매화마을의 매화 개화율을 확인할 수 있다.
- 광양매화마을은 행정구역상 전남이지만 경남 하동과 매우 가깝다. 하동 화개장터, 송림공원 등과 묶어 구경하는 것을 추천한다.

낙안읍성
18 전남 순천

조선시대 대표적인 계획도시로 현존하는 조선 읍성들 가운데 가장 잘 보존된 곳이다. 성 안에는 약 100여 채의 민가들이 있는데 실제 주민들이 거주하고 있고, 민박에서 숙박도 가능하다. 전반적으로 길이 잘 닦여 있어 반려견과 산책하며 사진 찍기에 만족스럽다. 성곽 둘레길에서 바라보는 마을의 모습은 마치 드라마 세트장을 연상시키며 특히 빈길등에서 낙안읍성이 한눈에 내려다보이기 때문에 꼭 방문해보자.

📍 전남 순천시 낙안면 충민길 30 📞 061-749-8831~3 🌐 http://www.suncheon.go.kr/nagan/ 🕘 09:00~18:00(계절별 상이) 💰 성인 4,000원 ⏱ 1시간 30분 🐾 소형견, 중형견, 대형견 모두 방문 가능.

TIP
- 낙안읍성 애견 동반 가능한 민박으로 '별감집민박', '시골집', '잔디민박'이 있다.
- 주말에는 민요, 악기 연주, 한국무용 등 공연을 관람할 수 있다. 여러 전통 체험도 진행한다.

한 걸음 더 Zoom in

순천 여행 가성비 있게 즐기기

'관광지 통합입장권'을 구매하면 저렴하게 둘러볼 수 있다. 1박 2일에 성인 12,000원, 어린이 5,500원이며 순천만국가정원, 순천만습지, 낙안읍성, 자연휴양림, 뿌리깊은나무박물관, 드라마촬영장 등 6곳에서 사용 가능하다. 이 중 반려견 동반 가능한 곳은 낙안읍성, 자연휴양림, 드라마촬영장 3곳이다. 순천만습지와 국가정원을 이용할 계획이면 통합권을 구매하는 것이 훨씬 경제적이다. 통합입장권 구매는 6개 관광지 매표소에서 가능하다.

통합입장권 (1박 2일 사용)

구분	성인 (20세 이상)	청소년·군인 (중·고등학생/13세~19세)	어린이 (초등학생/7~13세)
일반	12,000	8,500	5,500
단체	9,000	7,000	4,000

순천만국가정원 / 순천만습지 / 낙안읍성
드라마촬영장 / 자연휴양림 / 뿌리깊은나무박물관
(6개소 사용)

드라마 촬영장

19 전남 순천

'폭싹 속았수다', '제빵왕 김탁구', '에덴의 동쪽', '말모이' 등 국내 여러 드라마, 영화 약 80여 편이 촬영된 장소이다. 1만 2,000여 평 규모의 부지에 1960년대부터 1980년대까지의 동네 모습이 재현되어 있으며, 드라마나 영화에서 본 장면들을 떠올리게 한다. 중장년층은 향수를 느끼고 아이들은 옛 달동네를 간접 체험할 수 있는 등 전 세대가 만족할 만한 명소다.

📍 전남 순천시 비례골길 24 📞 061-749-4540 🌐 http://main.suncheon.go.kr/tour ⏰ 09:00~18:00 💰 성인 3,000원 ⏱ 1시간 🐕 소형견, 중형견, 대형견 모두 방문 가능. 입장 시 매너벨트 착용(입구에서 나눠줌). 일부 실내 구역 입장 제한.

TIP
교복, 교련복도 대여하고 있다. 착용 후 둘러보면 시간 여행하는 기분을 느낄 수 있다. 1시간 8,000원.

근처 애견 동반 맛집·카페

더필드가든
캠핑, 글램핑 분위기의 바비큐 식당으로 반려견을 넓은 마당에 오프리시로 풀어둘 수 있다.

📍 전남 순천시 해룡면 남가1길 90-39 📞 0507-1468-9207 🐕 소형견, 중형견, 대형견 모두 동반 가능.

암파스타레
파스타, 스테이크 맛집으로 반려견 동반 시 즉석사진 서비스를 제공한다.

📍 전남 순천시 해룡면 매안로 133, 5층 📞 0507-1332-5837 🐕 소형견, 중형견, 대형견 모두 동반 가능. 실내 O. 가방 지참 권장.

목포해상케이블카

20 전남 목포

목포의 도심부터 북항, 유달산, 고하도까지 이르는 국내 최장 거리인 3.23km 케이블카로, 아름다운 다도해 풍경을 담을 수 있다. 총 세 곳의 승강장(북항, 유달산, 고하도)이 있는데, 고하도승강장에서 하차하여 전망대까지 걸어가 볼 것을 추천한다. 이 구간은 목포해상케이블카의 하이라이트라 해도 과언이 아닐 정도로 전망이 압도적이다. 고하도는 이순신 장군이 명량대첩 승리 후 잠시 전열을 가다듬었던 장소로, 전망대에서 바라보는 풍경이 감탄을 자아내게 한다.

📍 전남 목포시 해양대학로 240 📞 061-244-2600 🌐 http://www.mmcablecar.com/ ⏰ 일~목요일 09:00~20:00(금~토요일·공휴일 ~21:00, 계절별 상이) 💰 성인 일반 왕복 24,000원, 크리스털 왕복 29,000원 🐶 케이블카 왕복 40분 🐕 소형견, 중형견 가능. 가방이나 캐리어 지참. 머리 나오지 않도록 하기.

TIP
- 네이버 예매 시 할인이 가능하다.
- 고하도 전망대까지 다녀오는 데 케이블카 이용 시간 포함 3시간가량 소요된다.

고하도전망대

퍼플섬

21 전남 신안

온통 보라색으로 물든 섬으로 원래 이름은 '박지도'이다. 보라색으로 꾸며진 풍경은 마치 동화 속 마을에 들어온 듯한 신비로운 느낌을 자아내며 강렬한 인상을 남긴다. 퍼플교를 건너 퍼플섬 안으로 들어가면 둘레길을 따라 섬을 한 바퀴 걸을 수 있으며 카트나 전동차를 타고 둘러볼 수도 있다. 색다른 풍경 속에서 특별한 추억을 만들고 싶다면 이 이색적인 섬을 꼭 한 번 방문해보자.

📍 전남 신안군 안좌면 소곡두리길 257-35 📞 061-271-7575 🌐 https://tour.shinan.go.kr/ ⏰ 24시간 연중무휴 💰 성인 5,000원, 보라색 옷이나 소품(가방, 우산, 스카프 등)을 착용하면 무료 🐶 1시간 30분 🐕 소형견, 중형견, 대형견 모두 방문 가능.

TIP
그늘이 많지 않아 여름철 방문 시 양산 또는 모자, 선글라스 등이 필수다. 반려견도 더위 먹지 않도록 신경 쓸 것.

돌산공원

22 전남 여수

여수 야경 명소 중 단연 원톱이라 불리는 곳으로, 돌산대교와 여수 밤바다를 한눈에 내려다볼 수 있다. 일몰 이후 돌산대교와 그 옆 장군도에 조명이 켜지면 소박하면서도 화려한 풍경이 펼쳐진다. 이곳에서는 하멜등대, 낭만포차거리, 이순신광장 등 여수의 주요 관광지를 조망할 수 있다. 여수에서 로맨틱한 야경을 즐기고 싶다면 돌산공원으로 가자.

📍 전남 여수시 돌산읍 우두리 산355-1 📞 061-659-4628
🌐 https://www.yeosu.go.kr/tour ⏰ 24시간 연중무휴 💰 무료 ⏱ 30분 🐕 소형견, 중형견, 대형견 모두 방문 가능.

― 근처 애견 동반 맛집·카페 ―

여수 시오트 카페
커피가 비교적 저렴하고 '펫푸치노'를 판매하는 오션뷰 카페로 펫존을 따로 구비하고 있어 편안히 머무를 수 있다.

📍 전남 여수시 돌산읍 강남해안로 60 📞 0507-1443-8355 🐕 소형견, 중형견, 대형견 모두 동반 가능. 실내 O, 야외 테라스 O.

⊕ 여기도 Check!

여수해상케이블카
돌산공원과 오동도를 연결하는 케이블카로 공중에서 아름다운 바다 풍경을 감상할 수 있다. 케이블카 안에서 노을을 즐기는 여행객들도 많아 해질 무렵 방문하면 붉게 물드는 바다를 볼 수 있다. 야경 역시 굿이다. 네이버 예약 시 1,000원 할인되니 참고하자.

📍 전남 여수시 돌산읍 돌산로 3600-1 📞 061-664-7301
💰 성인 일반 왕복 17,000원, 크리스털 왕복 24,000원 🐕 원직적으로 동반은 불가하나 사방이 막힌 가방 또는 케이블 지참할 경우 가능. 케이블카 내부에서 반려동물 꺼내지 않기.

미남크루즈
돌산대교에서 출발하여 장군도, 낭만포차거리, 오동도를 지나 다시 돌아오는 코스로 여수 바다의 낭만을 즐길 수 있는 유람선이다. 특히 노을 질 때 탑승하여 야경까지 감상하는 투어가 가장 인기가 좋다. 금~일요일에는 선상 불꽃쇼도 함께하니 요일이 맞다면 놓치지 말자. 네이버 알림받기를 하면 3,000원 할인 쿠폰을 제공한다.

📍 전남 여수시 돌산읍 돌산로 3617-22 📞 1533-6256
🐕 10kg까지 가능. 개모차나 가방 필수 지참.

향일암

23 전남 여수

신라 원효대사가 창건한 사찰로 '해를 향한 암자'라는 뜻을 지녔다. 아름다운 바다와 남해에서 보기 드문 수평선이 끝없이 펼쳐져 있어 멋진 전망을 선사한다. 바닷가 절벽에 세워진 암자이기에 가파른 계단을 올라야 하지만 10여 분 정도의 짧은 거리이니 큰 부담 없이 오를 수 있다. 일출과 일몰 명소로도 유명해서 매년 12월 31일과 1월 1일에는 관광객으로 북적인다. 방탄소년단 RM이 다녀간 이후 외국인 관광객도 많이 찾는 K 사찰로 떠오르고 있다.

📍 전남 여수시 돌산읍 향일암로 60 📞 061-644-4742 🌐 http://www.hyangiram.or.kr/ ⏰ 04:00~20:00(입장 마감 18:00) 💰 무료 ⏱ 1시간 🐕 견종 제한은 없으나 가방이나 케이지에 넣은 경우 입장 가능(사진은 리드줄만 하고 반려견 동반이 되던 시절 다녀온 것으로 현재는 규정이 바뀌어 케이지 필요).

> **TIP**
> 좁은 바위틈 사이로 지나는 '해탈문'은 성인 한 명이 겨우 지나갈 정도로 폭이 좁다. 향일암의 유명한 포토존이니 사진 잊지 말 것.

이순신광장

24 전남 여수

여수 시내에 위치한 광장으로 이순신 장군의 활약상 및 호국 정신을 기리기 위해 조성하였다. 한쪽에는 임진왜란과 관련된 역사 자료들이 전시되어 있고, 원형에 가깝게 만든 거북선은 내부를 관람할 수 있도록 만들어놓았다. 이곳은 늘 사람들로 북적거리는데 바로 근처에 여수 먹거리를 파는 가게들이 모여 있기 때문이다. 삼삼오오 간식을 먹으며 광장의 벤치에 앉아 이야기꽃을 피우는 사람들을 많이 볼 수 있다. 여행의 달콤함을 채워줄 간식을 들고 이순신광장으로 가보자. 푸른 바다 경치는 덤!

📍 전남 여수시 선어시장길 6 📞 061-661-1746 🌐 www.yeosu.go.kr/tour ⏰ 24시간 연중무휴 💰 무료 ⏱ 20분 🐕 소형견, 중형견, 대형견 모두 방문 가능. 거북선 내부는 동반 불가.

SPECIAL PAGE

이순신광장 먹거리

여수의 대표적인 먹거리로는 갓김치와 게장이 손꼽히지만,
여행 기념품으로 인기 있는 먹거리는 따로 있다.
모두 이순신광장 주변에 밀집해 있어 도보 5분 이내로 둘러볼 수 있다.

여수딸기모찌

여수 여행 기념품의 1등 먹거리는 단연 '여수딸기모찌'이다. 여행을 마치고 올라가는 열차 안에서 딸기모찌 가방을 손에 들지 않은 사람을 찾아보기 어려울 정도. 딸기 과육이 신선하며 떡피가 얇아서 입에서 살살 녹기 때문에 '있었는데요, 없었습니다'를 경험할 수 있다.

📍 전남 여수시 중앙로 73-1, 1층　📞 0507-1345-3178

여수당 쑥아이스크림

여수딸기모찌 건너편에 위치해 있는 여수당은 쑥아이스크림으로 유명하다. 해풍을 맞은 쑥을 넣어 진한 쑥향과 맛이 느껴진다. 할매 입맛을 가졌다면 극호! 또한 바게트버거, 쑥초코파이도 잘 팔린다.

📍 전남 여수시 중앙로 72　📞 0507-1356-0222

꼬북샌드

제주 마음샌드가 인기를 끌면서 전국적으로 XX샌드가 우후죽순으로 생겨났다. 꼬북샌드도 XX샌드 시리즈로 생겨났으나 개인적으로 마음샌드보다 훨씬 맛있게 느껴졌다. 커피류도 저렴한데 맛있어서 추천. 실내 애견 동반은 불가하니 테이크아웃해서 나오자.

📍 전남 여수시 통제영4길 5, 1층　📞 0507-1359-8117

이순신 수제버거

여수딸기모찌, 여수당과 마찬가지로 오랫동안 같은 곳에 자리를 잡고 장사를 하는 곳이다. 이순신버거가 대표이며 해장버거도 꽤 인기가 많다. 포장만 가능하니 참고하자.

📍 전남 여수시 중앙로 73, 1층　📞 0507-1315-3243

하멜등대

25 전남 여수

〈하멜표류기〉의 주인공 '헨드릭 하멜'이 여수에 머물렀던 것을 기념하여 세운 빨간 등대이다. 네덜란드인 하멜은 1643년 제주도 부근에서 태풍을 만나 난파된 뒤 13년간 조선에 억류되었는데 그중 마지막 3년 반을 여수에서 보냈다. 하멜전시관 앞에 세워진 하멜 동상은 네덜란드에서 친교의 의미로 여수시에 선물한 것으로 알려져 있다. 하멜 등대 자체도 예쁘지만 이곳이 유명한 이유는 아름다운 여수 밤바다를 구경할 수 있기 때문이다. 또한 바로 옆에 낭만포차거리가 있어서 저녁 식사를 하거나 가볍게 한잔하기에도 좋다.

◎ 전남 여수시 하멜로 96 ☎ 061-659-5706 ⊕ https://www.yeosu.go.kr/tour/ ⊙ 24시간 연중무휴 ₩ 무료 ⏱ 20분 ✓ 소형견, 중형견, 대형견 모두 방문 가능. 하멜전시관 내부는 불가.

근처 애견 동반 맛집·카페

와이드커피스탠드

여수 앞바다가 내려다보이는 카페로 뷰가 인상적이다.

◎ 전남 여수시 고소3길 64 ☎ 0507-1324-8935 ✓ 소형견, 중형견 가능. 실내 O, 야외 테라스 O. 실내 동반 시 가방 또는 캐리어 지참 필수.

여수 낭만포차거리

해물삼합을 파는 포장마차가 몰려 있는 거리로 대부분 포차에 애견 동반이 가능하다. 메뉴도, 맛도 대부분 비슷하니 마음에 드는 곳으로 가면 된다. 매일 18:00~01:00 영업한다.

◎ 전남 여수시 하멜로 102 거북선대교 아래 ✓ 소형견, 중형견, 대형견 모두 가능. 가방 지참 권장.

무슬목해변

26 전남 여수

이순신 장군이 명량해전에서 왜군을 물리쳤던 곳으로 여수 사람들은 '무슬목'이라고도 부른다. 당시 승전보를 올린 해가 무술년이기 때문이다. 여수 시민들은 여름철 이곳에서 해수욕을 즐기며 나머지 계절엔 해변 산책을 위해 찾는다. 몽돌해수욕장이라 파도가 밀려오고 빠질 때 마치 몽돌이 굴러가는 듯 독특한 소리가 난다. 해변가 소나무 숲 아래에서 돗자리나 원터치 텐트를 펴고 간단히 피크닉도 할 수 있다.

📍 전남 여수시 돌산읍 돌산로 2876 📞 061-659-7362 🌐 https://www.yeosu.go.kr/tour/ 🕐 24시간 연중무휴 💰 무료 ⏱ 30분 🐕 소형견, 중형견, 대형견 모두 방문 가능.

TIP
향일암과 함께 일출 명소로 유명하여 매년 해돋이 때 많은 사람들이 방문한다.

근처 애견 동반 맛집·카페

피윰카페

정원이 예쁜 카페로 펫존이 따로 분리되어 있어 반려견과 방문하기에 좋다.

📍 전남 여수시 돌산읍 돌산로 3292-6 📞 061-643-3292 🐕 소형견, 중형견, 대형견 모두 방문 가능. 실내 O, 야외 오프리시즌 O. 실내 동반 시 가방이나 캐리어 지참.

예술의 섬 장도

27 전남 여수

2019년에 개장한 곳으로 GS칼텍스 재단에서 만든 복합문화예술공원이다. 섬 곳곳에 포토존이 있어 사진 찍기에 좋고 산책로가 잘 조성되어 반려견과 다니기에 좋다. 전시관에서는 전시 및 공연 관람이 가능하며 산책로에는 예술 작품이 곳곳에 놓여 있다. 단순 공원이 아닌 예술과 접목하였기에 타이틀에 '예술의 섬'이 붙게 되었다. 섬을 한 바퀴 돌아보며 수려한 남해의 전경을 눈에 담아보자.

📍 전남 여수시 예울마루로 83-67 📞 061-692-0503 🌐 https://www.yeulmaru.org/ 🕐 하절기 06:00~22:00, 동절기 07:00~22:00 (입도 가능 시간에만 출입) 💰 무료 ⏱ 1시간 🐕 소형견, 중형견, 대형견 모두 방문 가능.

TIP
장도로 들어가려면 진섬다리를 건너야 하는데 바다가 잠길 때는 들어갈 수 없다. 입도 가능 시간은 홈페이지에서 확인할 수 있으며 현장에서도 안내하고 있다.

서시장

28 전남 여수

여수에서 가장 규모가 큰 재래시장으로 130년이 넘는 전통을 가진 곳이다. 농수산물, 식품류, 의류 등 다양한 품목을 판매하는 상설시장인데 4일, 9일에는 오일장이 열려 평소보다 더 북적거린다. '전현무계획'에서 다녀간 뒤로 MZ 사이에서 핫해졌으며 여수의 대표 관광지들과 가까운 곳에 위치해 접근성이 좋다. 인심 좋은 서시장에서 구경도 하고 맛있는 먹거리도 쇼핑해보자.

📍 전남 여수시 좌수영로 16-6 📞 061-642-6720 🌐 https://www.yeosu.go.kr/tour/ 🕐 06:00~20:00(점포별 상이) 🐕 소형견, 중형견, 대형견 모두 방문 가능. 시장 바닥에 음식이 떨어져 있을 수 있으니 주의.

서시장 먹거리 리스트

주부떡집

'전현무계획'에 나오기 전부터 유명한 떡집이다. 대표 떡은 호박시루떡이며 많이 달지 않고 호박맛도 은은하게 나는 편이라 호불호가 없다. 호박시루 외에도 바람떡, 약과, 무지개떡 등 다양한 떡을 판매한다. 가격도 저렴한 편.

족발

시장 먹거리의 소울푸드라 볼 수 있는 족발은 갓돈스트릿에 모여 있다. 대표 맛집으로는 동춘족발, 돌산족발, 명성족발이 있다. 포장해서 숙소에서 즐기기에 좋으며 현지인들도 많이 포장해 간다.

죽

서시장 먹거리 중 빠질 수 없는 것이 바로 죽이다. 팥죽 파는 곳은 많지만 콩죽 파는 곳은 흔치 않은데 이곳에서는 부드럽고 고소한 콩죽을 맛볼 수 있다. 또한 전라도 음식인 팥칼국수도 마찬가지.

분식집

옛날 김밥, 어묵, 떡볶이, 국수 등 시장에서 맛볼 수 있는 시장표 분식이다. 역시 전라도라서 분식조차 감칠맛이 돈다. 대표적인 분식집으로 서정스넥, 친구네분식, 서정김밥 등이 있다. 저렴한 가격에 푸짐한 한 끼를 챙겨보자.

남산공원

29 전남 여수

2024년에 완공한 따끈따끈한 공원이다. 여수 바다가 훤히 내려다보이는 오션뷰 맛집으로 공원이 조성된 직후 급부상한 여행지다. 돌산대교와 거북선대교가 한눈에 들어오며 여수 구도심이 내려다보인다. 바다를 바라보며 산책할 수 있는 둘레길도 조성되어 반려견과 산책하기에 좋다. 미로공원, 조각상 등 볼거리도 잘 꾸며 놓았으며 새로운 야경 명소로 입소문을 타고 있다.

📍 전남 여수시 남산동 166-1 🕐 24시간 연중무휴 💰 무료 ⏱ 30분 🐕 소형견, 중형견, 대형견 모두 방문 가능.

근처 애견 동반 맛집·카페

명동게장

풍자 '또간집'에 나온 여수 간장게장 맛집. 갈치조림으로도 유명하다. 돌게장은 세 번까지 리필이 가능해 푸짐한 식사를 즐길 수 있다.

📍 전남 여수시 봉산남4길 23-26 📞 0507-1353-0593
🐕 소형견 동반 가능. 실내 O. 가방이나 캐리어 지참.

바다밥상

여수 간장게장, 양념게장 맛집 다크호스로 떠오른 곳으로, 짜지 않고 비리지 않은 게장 맛이 일품이다.

📍 전남 여수시 남산로 60-31, 2층 6호~11호 📞 0507-1491-0751 🐕 소형견, 중형견 동반 가능. 실내 O. 가방이나 캐리어 지참.

큰끝등대

30 전남 여수

여수의 숨은 명소로 현지인들만 알음알음 찾아가던 곳이 이제는 제법 알려져 해마다 방문하는 사람들이 늘고 있다. 원시림을 연상케 하는 작은 숲을 지나쳐 약 8분가량 내려오면 하얀 등대가 우뚝 서 있는 모습을 볼 수 있다. 주변에는 해안 절벽과 갯바위, 그리고 드넓은 바다가 펼쳐져 있어 시원한 청량감을 선사한다. 등대 주위에 펜스나 안전 장치가 없기에 유의해야 한다.

◉ 전남 여수시 돌산읍 평사리 산 1-1　☎ 061-659-3996　⏰ 24시간 연중무휴　₩ 무료　⏱ 30분　🐕 소형견, 중형견, 대형견 모두 방문 가능.

> **TIP**
> 바다 건너편으로 경남 남해군이 보이며 날씨 좋은 날에는 통영의 욕지도까지 보인다.

근처 애견 동반 맛집·카페

비스토니커피

잔잔한 바다를 감상할 수 있는 카페로 아늑하고 따뜻한 분위기가 매력적인 곳이다.

◉ 전남 여수시 돌산읍 돌산로 1411　☎ 0507-1459-1411　🐕 소형견, 중형견, 대형견 모두 동반 가능. 실내 O, 야외 테라스 O. 실내 동반 시 가방 또는 캐리어 지참.

가사리 갈대밭

31 전남 여수

41만 ㎡ 규모의 습지로 순천만 갈대밭보다 규모는 작지만 그에 못지않은 뷰를 자랑하는 곳이다. 여수 사람들도 아는 사람이 드물 정도로 숨은 명소이며 드라이브 및 산책 코스로 좋다. 한적한 어촌 마을에서 반려견과 갈대밭 사이를 걷는 시간은 그 자체로 힐링이다. 서쪽을 바라보고 있어 일몰 시간에 맞춰 방문하면 멋진 낙조를 감상할 수 있다. 갈대에 황금색이 입혀지는 가을철에 방문하는 것을 추천한다.

📍 전남 여수시 소라면 관기길 327 📞 061-664-8978 🌐 https://www.yeosu.go.kr/tour/ 🕐 24시간 연중무휴 💰 무료 ⏱ 30분 🐕 소형견, 중형견, 대형견 모두 방문 가능.

TIP
- 근처 여자만 갯벌, 순천 와온해변도 탁 트여 있어 일몰 감상하기 좋다.
- 여수 중심지보다 순천이 훨씬 가까운 곳이다.

유탑마리나 호텔

32 전남 여수

오동도 입구에 위치해 있는 오션뷰 숙소로 4성급 호텔이다. 반려견 동반 요트 투어를 할 수 있어 색다른 멍캉스를 즐길 수 있다. 한 층 전체가 펫 객실로만 이루어져 있으며, 조식 뷔페에도 반려견을 동반할 수 있는 등 장점이 많다. 특히 애견 동반 객실 특유의 꿉꿉한 냄새가 나질 않아 후각에 예민한 사람들에게 추천하고 싶다.

📍 전남 여수시 오동도로 61-15 📞 061-690-8000 🌐 http://www.utopmarina.com/ 🕐 체크인 15:00, 체크아웃 11:00 ⚖ 10kg 이하 가능. 펫 어메니티(식기, 계단, 반려견 소파, 배변판, 배변패드, 탈취제, 수건, 돌돌이) O. 호텔 내 개모차 또는 가방 지참하여 이동.

TIP
- 유탑마리나 공식 홈페이지 패키지가 가격 비교 사이트보다 더 저렴할 때도 많으니 확인해보자.
- 매월 10일은 객실, 부대시설 요금을 할인해 주는 UDAY 스페셜 할인 데이다.

유탑마리나에서 멍캉스 즐기기

요트투어

호텔에서부터 오동도까지 한 바퀴 도는 코스로 약 30분이 소요된다. 주간뿐 아니라 야경 투어도 있으며, 요트투어가 포함된 패키지를 구입하거나 로비에서 현장 예약을 할 수도 있다. 반려견 동반 시 가방이나 케이지를 필수로 지참해야 한다.

₩ 1인 25,000원

반려견 동반 조식 뷔페

뷔페 한쪽에 '유토펫'이라 하여 반려견 동반 식사 공간을 따로 마련해놓았다. 비반려인과 분리되어 편하게 식사할 수 있으며 음식 맛과 퀄리티도 꽤 훌륭하다.

개모차 무료 대여

프런트에서 개모차를 무료로 빌릴 수 있다. 개모차를 가져오기 어려운 상황이라면 이용해보자.

경상도

경상도는 신라 천년의 역사와 천혜의 자연, 그리고 개성이 뚜렷한 대도시와 소도시가 조화를 이루는 매력적인 여행지다. 동해안과 남해안을 모두 품고 있어 해안 절경이 아름답고, 어느 계절에 찾아가도 깊은 감동을 준다. 다채로운 풍경과 매력을 지닌 만큼 여행 루트도 다양하게 구성할 수 있다. 반려견과 함께 떠나는 여행의 로드맵을 차근차근 그려보자.

일정별 추천 코스 ▶ ## 하루면 충분하개! 당일치기

볼거리, 놀거리, 먹거리 모두 충족, 대구

동촌유원지 → 근대골목 → 서문야시장

1. 동촌유원지
다양한 볼거리와 놀거리가 있는 곳 & 카페에서 휴식

2. 근대골목
청라언덕, 3·1운동길, 계산성당 등을 산책하며 근대 역사 느껴보기

3. 서문야시장
먹거리가 넘치는 대구의 대표 야시장

부산의 숨은 매력을 담은 여행지

영도해녀촌 → 흰여울문화마을 → 장림포구

1. 영도해녀촌
바다를 바라보며 해녀들이 잡은 싱싱한 해산물 맛보기

2. 흰여울문화마을
인스타 핫플에서 '갬성' 사진 남기기

3. 장림포구
이탈리아에 베네치아가 있다면 한국엔 부네치아가 있다!

부산 핫플, 해운대에서 하루 꽉 채우기

해운대 → 해운대 블루라인파크 → 동백섬

① 해운대
단순한 해수욕장이 아니다!
볼거리가 넘치는 곳 &
해운대 시장 탐방

② 해운대 블루라인파크
반려견과 해변열차,
스카이캡슐 타고
해안 절경 감상

③ 동백섬
광안리, 해운대, 달맞이고개를
한눈에 담을 수 있는
산책 코스 & 야경 추천

고즈넉한 매력 한가득, 청송

청송 얼음골 → 달기약수터 → 카페 백일홍 → 양수발전소

① 청송 얼음골
겨울엔 웅장한 빙벽,
여름엔 시원한 폭포 감상

② 달기약수터
달기약수를 뜨러 전국에서
모이는 곳 & 달기백숙은 필수

③ 카페 백일홍
송소고택 주변
카페에서 휴식

④ 양수발전소
청송의 숨은
드라이브 코스

일정별 추천 코스 ▶ **주말을 이용하개! 1박 2일**

대구

DAY 1 ▶ 동촌유원지 ── 인스퍼레이션디 ── 서문야시장
DAY 2 ▶ 근대골목 ── 수성못 ── 생각을 담는 정원

DAY 1

① 동촌유원지
금호강변 산책 &
가벼운 피크닉

② 인스퍼레이션디
동촌유원지 애견 동반 카페

③ 서문야시장
대구의 밤은
서문야시장에서!

DAY 2

① 근대골목
근대 역사의 발자취를 따라서
& 골목 여기저기 멋스러운 곳

② 수성못
사계절 내내 대구 시민의
사랑을 받는 휴식처

③ 생각을 담는 정원
무료 식물원 &
반려견 놀이터까지

청송&의성

DAY 1 ▶ 청송 얼음골 ◀▶ 청송 달기약수터 ◀▶ 청송 창실고택
DAY 2 ▶ 청송 양수발전소 ◀▶ 의성 펫월드 ◀▶ 의성 오늘손만두

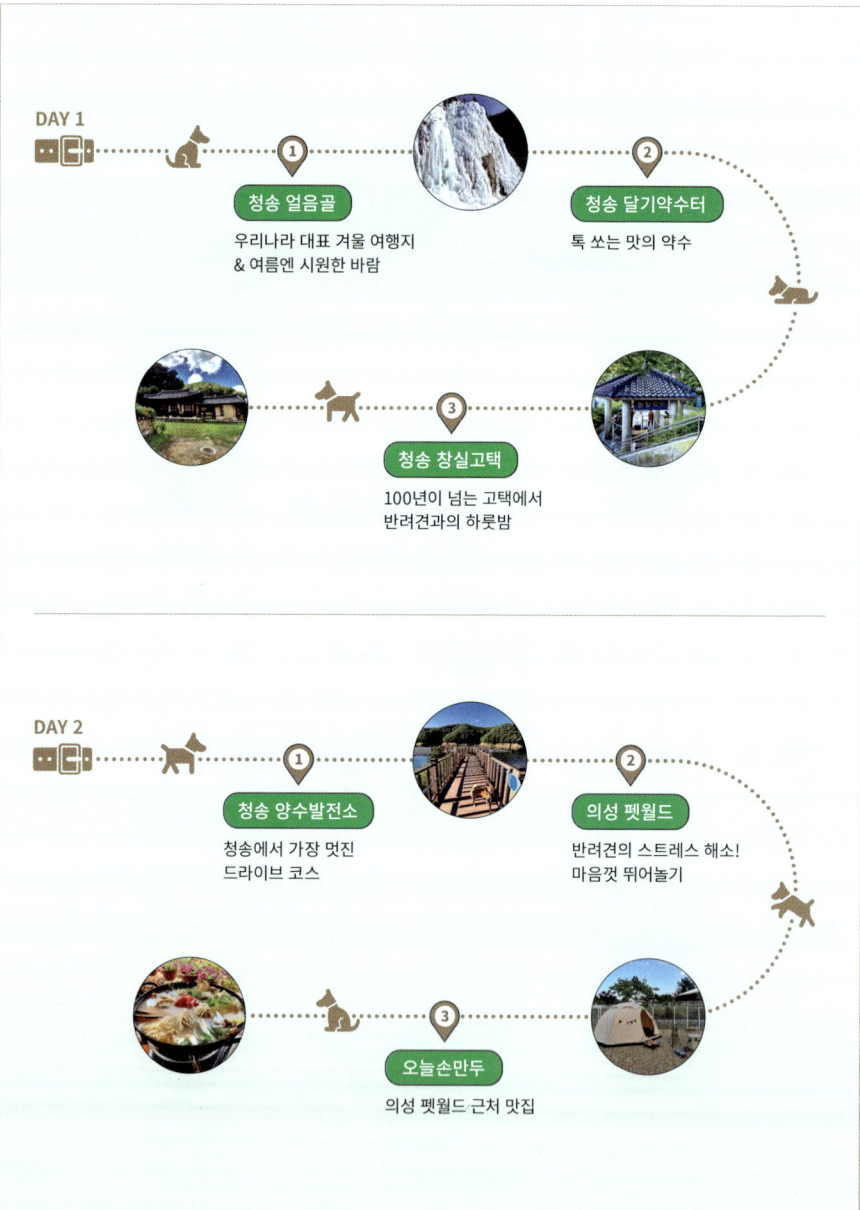

DAY 1

① 청송 얼음골
우리나라 대표 겨울 여행지
& 여름엔 시원한 바람

② 청송 달기약수터
톡 쏘는 맛의 약수

③ 청송 창실고택
100년이 넘는 고택에서
반려견과의 하룻밤

DAY 2

① 청송 양수발전소
청송에서 가장 멋진
드라이브 코스

② 의성 펫월드
반려견의 스트레스 해소!
마음껏 뛰어놀기

③ 오늘손만두
의성 펫월드 근처 맛집

경주

DAY 1 ▶ 보문정 ● 첨성대 ● 교촌마을 ● 월정교
DAY 2 ▶ 바람의 언덕 ● 문무대왕릉 ● 양남 주상절리

DAY 1

1. 보문정
CNN에서 선정한 '한국에서 꼭 가봐야 할 아름다운 50대 명소' 중 하나

2. 첨성대
경주 여행의 독보적 랜드마크

3. 교촌마을
한옥마을 갬성 느끼며 산책

4. 월정교
낮에는 웅장함, 밤에는 화려함을 내뿜는 다리

DAY 2

1. 바람의 언덕
토함산을 배경으로 펼쳐지는 이국적인 풍경

2. 문무대왕릉
문무왕의 수중릉을 두 눈으로 확인

3. 양남 주상절리
파도 소리와 함께하는 주상절리의 향연

포항

DAY 1 ▶ 이가리닻 전망대 ━━ 곤륜산 활공장 ━━ 영일대
DAY 2 ▶ 호미곶 ━━ 구룡포 일본인 가옥거리 ━━ 구룡포 시장

DAY 1

① 이가리닻 전망대
바다 위 동화 같은 전망대

② 곤륜산 활공장
하늘에 닿을 듯한 곳에서 포항 바다 내려다보기

③ 영일대
동해안에서 가장 큰 규모의 해수욕장에서 산책

DAY 2

① 호미곶
우리나라 대표 해돋이 명소

② 구룡포 일본인 가옥거리
아픈 역사를 기억하고자 만든 근대문화역사거리

③ 구룡포 시장
과메기 하면 역시 구룡포 과메기!

통영&거제

DAY 1 ▶ 통영 동피랑 ⟷ 통영 서피랑 ⟷ 통영 케이블카
DAY 2 ▶ 거제 매미성 ⟷ 거제도외포멸치 ⟷ 거제 근포땅굴

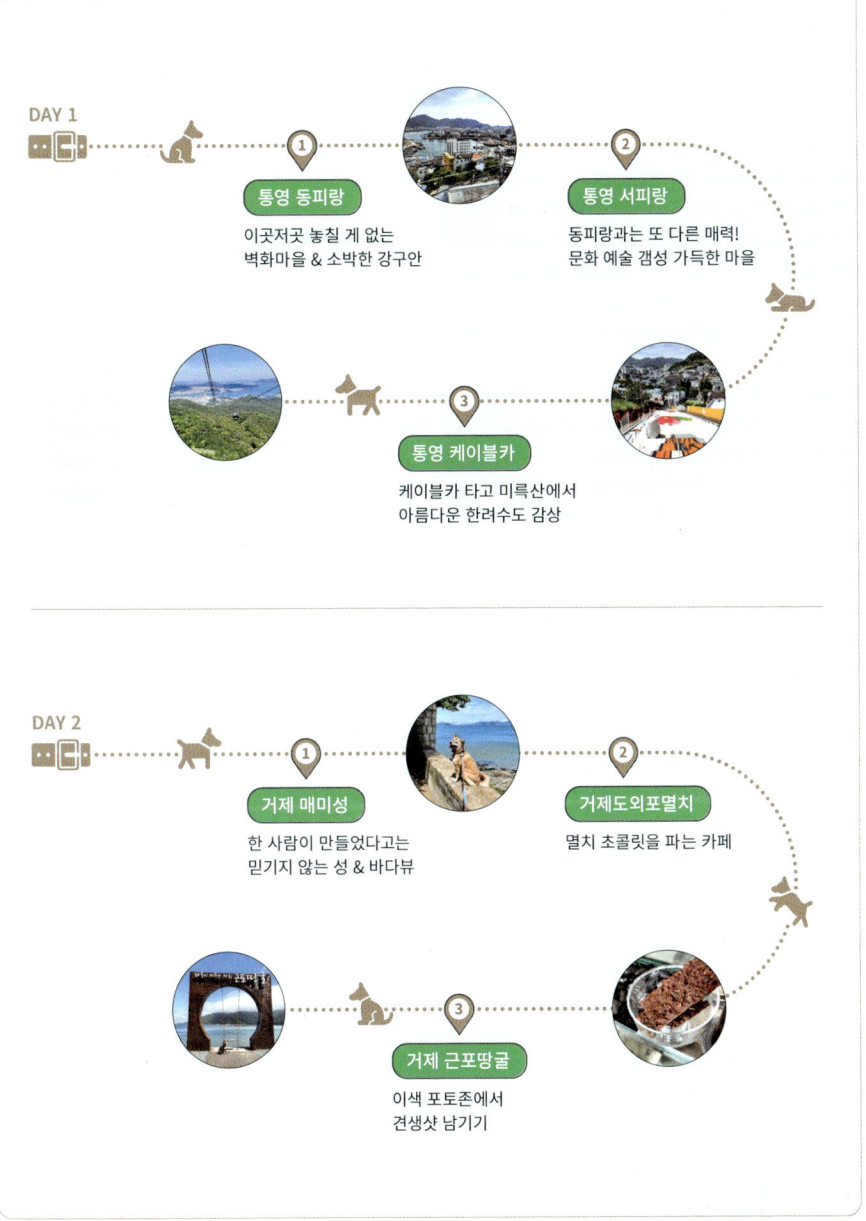

DAY 1

① 통영 동피랑
이곳저곳 놓칠 게 없는 벽화마을 & 소박한 강구안

② 통영 서피랑
동피랑과는 또 다른 매력! 문화 예술 갬성 가득한 마을

③ 통영 케이블카
케이블카 타고 미륵산에서 아름다운 한려수도 감상

DAY 2

① 거제 매미성
한 사람이 만들었다고는 믿기지 않는 성 & 바다뷰

② 거제도외포멸치
멸치 초콜릿을 파는 카페

③ 거제 근포땅굴
이색 포토존에서 견생샷 남기기

동촌유원지

01 대구

대구 시민들의 대표 나들이 명소이자 산책, 드라이브를 즐기기 좋은 곳이다. 금호강을 끼고 있어 '물멍'하며 힐링할 수 있을 뿐 아니라 봄에는 벚꽃 개나리 명소, 여름엔 수영과 보트놀이, 가을에는 밤 줍기 등 다양한 즐길 거리가 있다. 또한 롤러스케이트장, 자전거, 작은 놀이공원 등도 있어 반나절 시간을 보내기에 좋다. 반려견과의 산책 코스로 훌륭하며 도시락 싸서 피크닉 가는 것도 추천한다.

📍 대구광역시 동구 효목동 1314 📞 053-662-2867 🌐 https://tour.daegu.go.kr
🕐 24시간 연중무휴 💰 무료 ⏱ 1시간 30분 🐕 소형견, 중형견, 대형견 모두 방문 가능.

근처 애견 동반 맛집·카페

인스퍼레이션디

동촌유원지에 있는 반려견 동반 카페로 이 일대에서 가장 인기 많은 카페다. 커피가 맛있고 뷰도 좋아 주말과 공휴일에는 사람이 많은 편.

📍 대구광역시 동구 효동로6길 57 📞 0507-1369-7711
🐕 소형견, 중형견, 대형견 모두 동반 가능. 실내 O, 야외 테라스 O. 실내 동반 시 가방 지참 권장.

서문시장 야시장

02 대구

대구 여행에서 빠질 수 없는 코스로 볼거리와 맛있는 음식이 가득한 곳이다. 낮에는 재래시장이지만 밤에는 야시장으로 변신한다. 350m 길이에 먹거리 매대 및 푸드트럭이 80여 개 정도 들어서는데 그날그날 상황에 따라 변동이 있는 편이다. 다른 야시장들이 먹거리만 즐비하다면 이곳은 버스킹, 댄스 등 공연도 함께할 수 있어 입과 귀를 모두 즐겁게 해준다. 대구에서의 밤마실은 서문시장 야시장으로 가보자.

📍 대구광역시 중구 달성로 50 📞 053-710-6353 🌐 https://www.nightseomun.com 🕐 겨울 제외 매주 금~일요일 19:00~23:30(일요일 ~22:30) ⏱ 1시간 30분 🐕 소형견, 중형견, 대형견 모두 방문 가능.

TIP

- 야시장은 매년 푸드트럭 셀러를 모집하기 때문에 핫한 먹거리 또한 매년 달라진다.
- 주류는 야시장 쪽 편의점에서 구매할 수 있다.

근대골목 **03** 대구

19세기 후반부터 20세기 초반까지의 대구 모습을 접할 수 있는 곳으로 5가지 테마 골목길이 있다. 일명 '근대路의 여행'이라 하여 스탬프 투어, 골목투어 등을 할 수 있다. 5가지 코스 중 제2코스인 '근대문화골목'에는 청라언덕, 3·1만세 운동길, 계산성당, 이상화·서상돈 고택 등이 있어 인기가 많다. 가볍게 오르락내리락할 수 있는 언덕이 있어 반려견과 산책 및 운동하기에도 좋고, 역사적으로 의미 있는 곳들이 많아 대구 여행지 중 추천하는 곳이다.

📍 대구광역시 중구 국채보상로102길 66 📞 053-421-3399 🌐 https://www.jung.daegu.kr 🕐 24시간 연중무휴 💰 무료 ⏱ 1~2시간 🐕 소형견, 중형견, 대형견 모두 방문 가능.

청라언덕의 선교사 집

3·1만세운동길

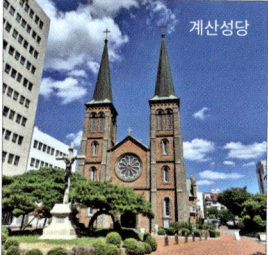
계산성당

이상화 고택

TIP
- 골목길 코스이기에 성당 및 일부 건물 내부에는 반려견 동반이 불가하다. 야외 산책은 얼마든지 가능.
- 대구 중심지 동성로와 가까워 묶어 구경할 수 있다.

한 걸음 더 Zoom in

근대골목투어는 대구의 근대 문화, 역사 발자취를 직접 확인할 수 있는 테마길이다. 제1코스 경상감영달성길, 제2코스 근대문화골목, 제3코스 패션한방길, 제4코스 삼덕봉산문화길, 제5코스 남산100년향수길로 구성되어 있다. 각 코스마다 해설사와 함께 투어를 다닐 수 있는 '골목투어'가 있으며 중구 문화 관광 홈페이지에서 직접 신청할 수 있다. 참가비는 무료이고, 투어 참가자들의 반응이 아주 좋다. 물론 해설사 없이 셀프로 자유롭게 다닐 수도 있다.

수성못 04 대구

대구 시민들의 휴식처가 되어주는 곳으로 호숫가 산책, 오리배, 영상 음악분수, 수성랜드 등 다양한 놀거리와 즐길 거리가 있다. 벚꽃과 개나리가 심어져 있어 봄에 꽃구경하기 좋고, 야간에는 조명이 잘 되어 있어 밤 산책 하기에도 만족스럽다. 또한 주변에 맛집과 카페가 많아 나들이 장소로도 추천한다.

📍 대구광역시 수성구 두산동 512 📞 053-761-0645 🌐 https://www.suseong.kr/tour/ 🕐 24시간 연중무휴 💰 무료 ⏱ 1시간 🐕 소형견, 중형견, 대형견 모두 방문 가능.

> **TIP**
> 매년 가을에는 수성못 페스티벌, 겨울에는 수성빛예술제가 열린다. 방문 전 일정을 참고하면 더욱 풍성한 여행이 될 것이다.

근처 애견 동반 맛집·카페

브라더 막창

들안길에 위치한 막창 맛집 중 하나로 반려견과 동반이 가능하다. 1차 초벌이 되어 나와 빠르게 구워 먹을 수 있고, 날씨 좋은 날에는 야장 갬성 폴폴 나는 야외 테이블에서도 즐길 수 있다.

📍 대구광역시 수성구 동대구로 29길 40 📞 053-762-1995 🐕 소형견, 중형견 가능. 실내 O, 야외 O. 실내는 가방 지참.

체크인치즈

수성못에 위치한 브런치 카페로, 피자와 파스타 등을 즐길 수 있는 애견 동반 식당이다. 특히 수제 부라타치즈는 매일 8시간 동안 정성껏 만들어져, 다른 곳보다 한층 신선한 맛을 느낄 수 있다.

📍 대구광역시 수성구 수성못2길 55-2, 1층 별관 📞 0507-1308-6608 🐕 소형견, 중형견, 대형견 모두 가능. 실내 O, 야외 테라스 O. 실내 동반 시 가방 또는 캐리어 지참 필수. 대형견은 야외에서만 가능.

생각을 담는 정원

 05 대구

대구 시지에 위치한 식물원으로 야자수, 파파야 등 다양한 열대 식물과 희귀 식물을 만날 수 있다. 온실과 야외 정원을 잘 가꾸어놓아 볼거리가 가득하며 중소형견존, 대형견존으로 나뉜 전용 놀이터도 갖추고 있어 반려견과 다녀가기에 좋다. 온실 내부가 따뜻해 한겨울에도 쾌적하게 관람할 수 있는 점도 굿. 대구 수성구에서 관리하며 무료라는 것이 믿기지 않을 만큼 퀄리티가 꽤 좋다. 도심 속에서 초록빛으로 안구를 정화하며 힐링하고 싶을 때 방문해 보자.

📍 대구광역시 수성구 매호동 264-9 ☎ 053-666-2252 🕙 10:00~18:00(매주 월요일 휴관) 💰 무료 ⏱ 30분 🐕 소형견, 중형견, 대형견 모두 방문 가능. 안거나 가방 지참 필수 또는 반려동물 대기소(반려견 놀이터) 이용.

반려견 놀이터

근처 애견 동반 맛집·카페

캐빈커피 사월

커피와 파이가 맛있는 대형 카페다. 바로 앞에 산과 논이 보이는 뻥뷰라서 답답하지 않다. 테이블 간격 또한 굉장히 넓어서 프라이빗하게 머물다 갈 수 있다.

📍 대구광역시 수성구 성동로15길 52, 3층 ☎ 0507-1396-7860 🐕 소형견, 중형견, 대형견 모두 방문 가능. 실내 O. 가방 지참 권장.

팔공산 동산계곡

06 대구

대구뿐 아니라 경북 지역 사람들도 많이 찾는 팔공산 동산계곡은 물놀이를 좋아하는 반려견이라면 추천하고 싶은 곳이다. 애견 동반 가능한 계곡이라 관리인 포함, 어느 하나 눈치 주는 사람이 없다. 화장실도 가까이 있으며 얕은 수심에서 깊은 곳까지 다양해 제대로 물놀이를 즐길 수 있다. 국립공원에는 반려 동반 금지이지만 동산계곡은 행정구역상 팔공산 경계 바깥에 위치해 있어 반려견 출입에 문제가 없다.

📍 대구광역시 군위군 부계면 동산리 산 76-1 📞 054-380-6915 🌐 https://www.gunwi.go.kr 🕐 24시간 연중무휴 💰 무료 🐕 소형견, 중형견, 대형견 모두 방문 가능.

TIP
- 내비에 '동산계곡'을 검색하면 나오는 곳에서 5분 정도 더 올라가야 한다. 꼭 '군위군 부계면 동산리 산 76-1'로 검색하자.
- 이곳은 평상을 대여할 필요가 없고 노지 캠핑, 취사도 무료로 가능하다.

근처 애견 동반 맛집·카페

로베에플로레스
팔공산에 위치한 브런치 카페로 음식 비주얼과 맛 모두 예술인 곳이다. 카페에서 보는 경치가 멋있어 데이트 장소로도 각광받는 곳. 김숙 유튜브에 나와 더 주목을 받았다.

📍 대구광역시 북구 이곡길 35-10 📞 053-942-8737 🐕 소형견, 중형견 가능. 실내 O, 야외 테라스 O. 실내 이용 시 캐리어나 가방 지참.

해운대

07 부산

여름철 우리나라 대표 해수욕장으로 핫하지만 사실 해운대는 여름 외에도 방문하기 좋은 부산의 원톱 여행지다. 과거 달맞이공원과 동백섬이 해운대의 트레이드마크였다면 이제는 해운대 블루라인파크, 해월전망대, 더베이101 등이 그 명성을 잇고 있다. 또한 해운대 해수욕장에서는 다양한 볼거리가 있으며 모래사장 옆 데크길도 잘 닦여 있어 반려견과 산책하기에 아주 좋다. 시간 여유가 있다면 도로 안쪽에 있는 해운대 시장에도 들러서 전통시장을 구경해 보자.

📍 부산광역시 해운대구 우동 📞 051-749-5700 🌐 https://www.haeundae.go.kr/tour/ 🕐 24시간 연중무휴 💰 무료 ⏱ 1~2시간 🐕 소형견, 중형견, 대형견 모두 방문 가능. 일부 시설 불가.

여기도 Check!

해운대 블루라인파크

해운대 해안 절경을 따라 미포~청사포~송정에 이르는 4.8km 구간을 달리는 체험 시설로 해변열차, 스카이캡슐과 같이 두 가지 타입으로 즐길 수 있다. 인기가 많으니 사전 예약을 권장하며 온라인 매진 시 당일 현장 티켓도 소량 판매한다.

📍 부산광역시 해운대구 청사포로 116 📞 051-701-5548 💰 해변열차 1회 탑승권 8,000원, 모든 역 탑승권 16,000원, 스카이캡슐 2인승 40,000원, 4인승 50,000원 🐕 소형견, 중형견, 대형견 가능. 타인에게 방해가 되지 않아야 함. 가방, 켄넬 지참. 개모차 불가.

해운대 시장

1910년부터 운영한 100년이 넘는 전통시장으로 언제나 활기가 가득한 곳이다. 생활용품, 수산물뿐 아니라 떡볶이, 튀김, 칼국수, 돼지국밥 등 다양한 먹거리가 있다. 특히 곰장어 골목이 유명한데, 여기저기서 반려견 동반이 가능하다는 상인들의 소리가 들리니 걱정 말고 방문하도록 하자.

📍 부산광역시 해운대구 중동1로 42-16 🐕 소형견, 중형견, 대형견 모두 방문 가능. 사람이 많으니 가방을 지참하여 반려견을 동반하거나 목줄을 짧게 잡도록 하자.

근처 애견 동반 맛집·카페

솥솥 해운대 해리단길점

솥밥 프랜차이즈 중 하나로 깔끔하고 배부르게 먹을 수 있는 식당이다.

📍 부산광역시 해운대구 우동1로20번길 27-40 📞 051-747-6209 🐕 소형견, 중형견 가능. 실내 O. 가방 또는 캐리어 지참 필수.

08 부산 동백섬

부산 해운대 끝자락에 위치한 동백섬은 바다와 숲, 도시의 풍경이 어우러진 도심 속 힐링 명소다. 섬이라고는 하지만 육지와 연결된 작은 반도로 누구나 가볍게 산책하며 아름다운 풍경을 즐길 수 있다. 광안대교, 해운대, 달맞이 고개, 누리마루 APEC 하우스 등 부산의 랜드마크들을 한눈에 감상할 수 있는 야경 명소이기도 하다. 예로부터 동백꽃이 많이 피어 '동백섬'이라는 이름이 붙었으며 지금도 겨울과 봄에 동백꽃을 만날 수 있다. 반려견과 함께 산책하기 좋은 코스이니 꼭 들러 보자.

📍 부산광역시 해운대구 동백로 57 📞 051-749-7621 🌐 https://www.haeundae.go.kr/tour/ 🕐 24시간 연중무휴 ₩ 무료 ⏱ 1시간 🐕 소형견, 중형견, 대형견 모두 방문 가능.

TIP
- 밤에도 운동하는 사람, 반려견과 산책 나오는 사람이 많아 안전하다.
- 순환산책로라서 다시 원점으로 돌아오니 길 잃을 염려가 없다.

---

09 부산 영도해녀촌

부산에는 기장 해녀촌, 태종대 해녀촌 등 여러 해녀촌이 있는데, 그중 가장 추천하고 싶은 곳은 바로 영도해녀촌이다. 푸른 바다와 예술 작품처럼 놓여 있는 갯바위의 조화가 아름다워 그야말로 뷰맛집이 따로 없다. 해녀들이 직접 잡은 멍게, 소라, 성게알, 개불 등 신선한 해산물을 맛볼 수 있으며 해물라면과 성게김밥 또한 인기다. 반려견과 편안하게 머무를 수 있으니 경치도 감상하며 맛있는 먹거리를 즐겨보자.

📍 부산광역시 영도구 중리남로 2-35 영도해녀문화전시관 1층 📞 051-419-4505 🌐 https://www.yeongdo.go.kr/ 🕐 매일 09:00~19:30(밖에서는 24시간 먹을 수 있음) ₩ 무료 ⏱ 1시간 🐕 소형견, 중형견, 대형견 모두 방문 가능.

TIP
- 영도해녀촌 입구에 빨간 등대(중리항 방파제 등대)가 있다. 간단히 반려견 산책하기에 좋으며 노을 명소로도 알려져있다.
- 태종대 해녀촌도 뷰가 아름다운데 가격대가 좀 있는 편. 참고로 해녀촌 중 가장 가성비가 좋은 곳은 기장 해녀촌이다.

흰여울문화마을

10 부산

6·25전쟁 피란민들이 모여 터를 이룬 곳으로 부산 바다가 내려다보이는 해안 절벽에 자리 잡아 경치가 아름답다. 계단과 골목길 사이마다 서려 있던 애환들이 이제는 여행객들의 발길로 녹아내린 듯 따스하고 정감 있는 분위기로 바뀌었다. 해안산책로 끝에 닿아 있는 흰여울 해안터널은 반드시 들러야 할 코스이며, 특히 노을 명소로 유명해 해 질 무렵이면 환상적인 사진을 남길 수 있다. 잘 정비된 산책길을 따라 멋진 바다를 바라보며 반려견과 함께 걸으면 잊지 못할 추억이 될 것이다.

📍 부산광역시 영도구 영선동4가 605-3 📞 051-419-4067
🌐 http://www.ydculture.com/huinnyeoulculturetown/ 🕐 24시간 연중무휴 💰 무료 ⏱ 1~2시간 🐕 소형견, 중형견, 대형견 모두 방문 가능.

근처 애견 동반 맛집·카페

리스보아
흰여울문화마을에 있는 오션뷰 카페로 낮뿐만 아니라 노을과 야경도 멋진 곳이다.

📍 부산광역시 영도구 절영로 198 📞 0507-1457-1980 🐕 소형견, 중형견 동반 가능. 실내 O, 야외 테라스 O. 실내 동반 시 가방 또는 캐리어 지참. 야외에서는 리드줄과 매너벨트 착용.

여기도 Check!

➕ **감천문화마을**
피란민들이 정착한 또 다른 마을로 흰여울문화마을과 더불어 핫하다. 둘 다 전망이 좋고 경사진 골목길이라는 점에서 비슷하지만 느낌은 꽤 다르다. 감천마을이 훨씬 규모가 크고 조금 더 화려하며 관광지화된 느낌이라면 흰여울은 소박하며 아기자기한 느낌이다. 각자 매력이 있어 둘 다 둘러보는 것이 좋지만, 한 군데만 방문해야 한다면 취향에 따라 선택해 보자.

📍 부산광역시 사하구 감내2로 203 🐕 소형견, 중형견, 대형견 모두 방문 가능. 골목길이 좁으니 사람과 마주칠 때 목줄 짧게.

TIP
- 영화 '변호인', '범죄와의 전쟁', '첫사랑 사수 궐기 대회' 등의 촬영지이다.
- 실제 주민들이 거주하는 마을이므로 큰소리로 떠드는 행동은 삼갈 것.

다대포해수욕장

부산 11

여행객들은 해운대와 광안리 해수욕장을 주로 찾지만 부산 현지인들은 다대포해수욕장을 많이 찾는다. 낙동강 하구와 바다가 만나는 곳에 위치하며, 다른 곳에 비해 사람이 적어 북적북적한 관광지를 떠나 여유를 즐기고 싶다면 추천한다. 바닷가 주변으로 해솔길, 고우니생태길 등 산책로가 다양해 반려견과 걷는 재미가 있고, 특히 해안누리길 데크 위에서 바라보는 경치는 예술이다. 일출, 일몰 맛집이므로 시간에 맞춰 방문해 보길 추천한다.

📍 부산광역시 사하구 몰운대1길 14 📞 051-220-4911 🌐 https://www.visitbusan.net/ 🕐 24시간 연중무휴 ⓦ 무료 ⏱ 1시간 30분 🐕 소형견, 중형견, 대형견 모두 방문 가능.

장림포구

12 부산

이탈리아에 베네치아가 있다면 부산에는 장림포구, 일명 '부네치아'라 불리는 곳이 있다. 부산 사하구의 자그만 항구 마을인 이곳은 형형색색 파스텔톤으로 채워져 있어 눈길을 끈다. 마치 베네치아 부라노섬, 무라노섬을 떠올리게 한다. 마을 한 바퀴를 둘러보며 한적하게 거닐기에 좋고 곳곳이 포토존이라 사진도 무척 잘 나온다. 특산물이나 핸드메이드 제품을 파는 점포들이 있어 구경의 재미를 더해주며 오션뷰의 진수를 보여주는 선셋 전망대에 오르는 것 또한 잊지 말자.

📍 부산광역시 사하구 장림로93번길 72 📞 051-220-4502 🌐 https://www.visitbusan.net// 🕐 24시간 연중무휴 💰 무료 ⏱ 30분 🐕 소형견, 중형견, 대형견 모두 방문 가능.

의성 펫월드

13 경북 의성

전국 최대 규모의 반려동물 테마파크로 반려견 운동장, 수영장, 카페, 산책로, 캠핑장 등 다양한 시설을 갖추고 있다. 워낙 시설이 좋기로 소문이 나 있어 전국에서 방문하는 곳이다. 전문 훈련사들이 상주하여 궁금증이나 행동교정 상담도 해주며 주말에는 어질리티, 프리스비 체험 등 프로그램도 진행한다. 특히 넓은 사이트와 개별 울타리가 있는 오토캠핑장은 인기가 많아 주말에는 예약이 치열하다.

📍 경북 의성군 단북면 안계길 255-13 📞 054-861-1414 🌐 https://www.usc.go.kr/petworld/ 🕙 10:00~18:00(매주 월요일 휴무), 오토캠핑 입실 14:00, 퇴실 11:00 💰 성인 5,000원, 중소형견 3,000원, 대형견 5,000원, 캠핑 1박 45,000원
🐾 소형견, 중형견, 대형견 모두 방문 가능.

TIP
- 중소형견 데이와 대형견 데이가 나뉘어 있어 이용 전 반드시 확인해야 한다. 대형견은 셋째 주 주중, 주말에만 이용 가능하며 중소형견은 셋째 주를 제외한 주중, 주말에 이용 가능하다. 캠핑 역시 마찬가지.
- 바비큐를 즐길 수 있는 쉼터도 운영한다. 크기에 따라 가격이 다른데 대형 쉼터는 50,000원, 중소형 쉼터는 30,000원이며 10:00부터 17:00까지 이용 가능하다. 홈페이지에서 예약 후 방문하자.

근처 애견 동반 맛집·카페

오늘손만두
의성 펫월드 근처에 있는 맛집으로 반려견을 환영해 주는 애견 동반 식당이다. 사전에 연락하면 룸으로 안내해 주며, 버섯만두전골, 냉채수육, 튀김만두 등을 저렴한 가격에 즐길 수 있다. 사장님도 친절하고 음식도 건강한 맛이라 한 번 가면 또 찾게 되는 곳.

📍 경북 의성군 안계면 용기9길 11 📞 0507-1442-0701 🐾 소형견, 중형견, 대형견 모두 방문 가능. 소형견은 룸 이용 가능, 대형견은 테라스 이용 가능. 실내 이용 시 가방 지참.

청송 얼음골

14 경북 청송

우리나라 대표 겨울 여행지로 높이 62m의 거대한 빙벽을 구경할 수 있다. 공기가 절벽 바위틈을 따라 내려오면서 따뜻하고 건조한 공기를 만나 거대한 얼음골을 만드는데 여름에도 얼음이 어는 특이한 현상이 나타난다. 겨울엔 바람이 춥지 않아도 얼음골 가까이 다가갈수록 온도가 급강하하는 것을 느낄 수 있다. 바로 옆에는 얼음골 약수터가 있으며 겨울에도 얼지 않는 약수터로 알려져 많은 사람들이 약수를 받아 간다. 카페, 무료 얼음썰매장도 있으니 같이 즐겨보자. **청송 산불 이후 복구 및 현재 상황은 방문 전 꼭 확인하기 바란다.**

📍 경북 청송군 주왕산면 팔각산로 228　📞 054-870-6111　🌐 http://csgeop.cs.go.kr/　⏰ 24시간 연중무휴　💰 무료　⏱ 20분　🐕 소형견, 중형견, 대형견 모두 방문 가능.

TIP
겨울철 방문 시 춥고 바람이 많이 부니 반려견 보온에 각별히 신경 쓰자.

양수발전소

15 경북 청송

청송의 숨은 여행지로 풍경이 예뻐 드라이브 겸 들르기 좋은 곳이다. 양수발전소는 상부댐과 하부댐으로 나뉘어 있으며 각각 경치가 달라 둘 다 둘러볼 것을 추천한다. 특히 청송호에 물안개가 피어오를 때의 모습은 장관이다. 원래는 사람이 사는 마을이었으나 댐 건설을 위해 수몰되었고, 하부댐 전망대에는 고향을 떠난 수몰민과 수몰지를 기억하고자 망향의 동산을 세웠다. 깨끗하고 맑은 청송호와 주변 산세를 즐겨보자.

📍 경북 청송군 파천면 양수상부길 186　📞 070-4817-2113　⏰ 24시간 연중무휴　💰 무료　⏱ 30분　🐕 소형견, 중형견, 대형견 모두 방문 가능.

TIP
- 상부댐 진입 전 발전소 직원이 무슨 일로 왔는지 물어본다. 편하게 상부댐을 구경하러 왔다고 하면 된다.
- 봄철 양수발전소 오가는 길에 벚꽃이 쭉 늘어서 있어 벚꽃 드라이브가 가능하다. 산속이라 다른 곳보다 늦게 개화하니 방문 전 참고할 것.

달기약수터

16 경북 청송

청송읍 부곡리의 골짜기를 따라 10곳 내외로 형성된 약수터를 일컫는다. 달기약수탕이라고도 불리며 청송 여행 시 빠지지 않고 들러야 할 코스다. 원탕(하탕), 중탕, 상탕 등 약수터마다 각기 이름이 있고, 물맛이 조금씩 다르다. 톡 쏘는 탄산과 비릿한 철맛이 느껴져 호불호가 갈리지만, 빈혈, 위장병, 관절염, 신경질환, 부인병, 심장병 등에 효과가 있는 K 만능 약수다. 가뭄이 있어도 물의 양에 변함이 없고, 추운 겨울철에도 얼지 않는 특징을 갖고 있다. 달기약수를 제대로 즐기려면 엿과 함께 먹으라는 말이 있어 주변에 엿을 파는 곳을 볼 수 있다.

* 달기약수터는 2025년 3월 산불로 피해를 직격탄으로 맞았다. 주변 식당들도 고스란히 피해를 입어 생업을 잃은 사람들도 많다. 맑은 광천수가 다시 나오고 있으므로 많이 찾아가길 바란다.

📍 경북 청송군 청송읍 약수길 16 📞 054-873-2387 🌐 http://cs.go.kr/tour.web ⏰ 24시간 연중무휴 💰 무료 ⏱ 1시간 🐕 소형견, 중형견, 대형견 모두 방문 가능. 사람이 떠가는 물이니 반려견이 약수터에 입을 대지 않도록 케어하기.

TIP
- 방문 시 빈 통을 미리 챙겨 가자. 만약 깜박하고 안 가져 왔다면 중탕, 신탕 주변에 빈 통을 파는 곳이 있다.
- 가장 인기 있는 곳은 원탕 약수터이다.
- 달기약수터에 가면 빼놓지 말고 맛봐야 할 것이 바로 달기약수 백숙이다.

근처 애견 동반 맛집·카페

서울여관식당

달기약수터 원탕 근처에 위치한 애견 동반 맛집으로 '수요미식회'에도 나온 식당이다. 달기약수로 만든 백숙은 국물맛이 깊고 육질도 더 쫄깃해 일반 백숙과 다르다. 추천 메뉴는 떡닭갈비, 염통꼬치, 다릿살백숙으로 구성된 '토종불백' 세트 메뉴다. 반려견 동반 시 일반 손님과 분리된 룸에서 식사를 할 수 있다. 애석하게도 이곳 역시 2025년 3월 청송 산불로 피해를 입은 곳이라 방문 전 꼭 미리 전화를 해보기 바란다.

📍 경북 청송군 청송읍 약수길 18-1 📞 0507-1349-2177 🐕 소형견, 중형견 가능. 대형견은 따로 문의할 것. 실내 O, 야외 O. 실내 동반 시 가방 지참.

SPECIAL PAGE

달기약수터 대표 약수탕 6곳

달기약수터 골짜기를 따라 올라가다 보면 원탕부터 신탕, 중탕, 천탕, 상탕을 차례대로 만날 수 있다. 시간이 넉넉하다면 모두 하나씩 들러 맛을 음미해 보자. 같은 약수지만 모두 다른 맛을 내는 점이 신기하다.

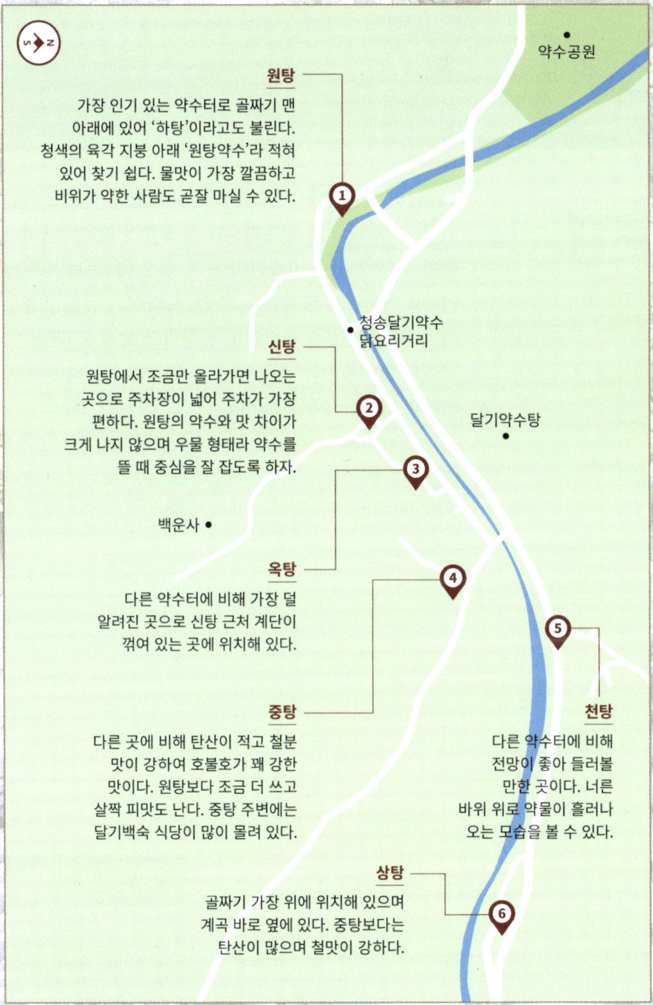

원탕
가장 인기 있는 약수터로 골짜기 맨 아래에 있어 '하탕'이라고도 불린다. 청색의 육각 지붕 아래 '원탕약수'라 적혀 있어 찾기 쉽다. 물맛이 가장 깔끔하고 비위가 약한 사람도 곧잘 마실 수 있다.

● 약수공원
● 청송달기약수 닭요리거리
● 달기약수탕

신탕
원탕에서 조금만 올라가면 나오는 곳으로 주차장이 넓어 주차가 가장 편하다. 원탕의 약수와 맛 차이가 크게 나지 않으며 우물 형태라 약수를 뜰 때 중심을 잘 잡도록 하자.

● 백운사

옥탕
다른 약수터에 비해 가장 덜 알려진 곳으로 신탕 근처 계단이 꺾여 있는 곳에 위치해 있다.

중탕
다른 곳에 비해 탄산이 적고 철분 맛이 강하여 호불호가 꽤 강한 맛이다. 원탕보다 조금 더 쓰고 살짝 피맛도 난다. 중탕 주변에는 달기백숙 식당이 많이 몰려 있다.

천탕
다른 약수터에 비해 전망이 좋아 들러볼 만한 곳이다. 너른 바위 위로 약물이 흘러나오는 모습을 볼 수 있다.

상탕
골짜기 가장 위에 위치해 있으며 계곡 바로 옆에 있다. 중탕보다는 탄산이 많으며 철맛이 강하다.

창실고택

17 경북 청송

100년이 넘은 한옥 고택으로 가성비 있는 한옥 스테이를 경험할 수 있다. 고택 특유의 멋스러움과 단아함이 매력적이며 조선시대 양반들이 살던 가옥을 고스란히 느낄 수 있다. 한옥이라 방은 크지 않지만 미니 냉장고, 전기포트, 수건, 드라이기 등을 갖추고 있어 지내기에 부족함이 없다. 사장님이 친절하고 요청 시 애견 동반 여행 추천 코스도 알려주신다. 특히 숙소가 위치한 덕천마을의 풍경이 예뻐 산책하며 힐링하기에 최적이다.

＊ 창실고택도 산불 피해를 입은 곳이니 예약 전 전화로 문의하도록 하자.

📍 경북 청송군 파천면 송소고택길 39　📞 010-4938-3764　🌐 https://www.instagram.com/changshil_oldhouse　⏰ 체크인 15:00, 체크아웃 11:00　🐾 7kg 미만 소형견 가능(반려견 무게가 살짝 오버되면 사전 문의해 보자). 펫 어메니티 X.

TIP
- 한옥 특성상 방음이 안 되므로 예민한 사람은 숙고할 필요가 있다.
- 커다란 솥뚜껑에 굽는 삼겹살을 맛볼 수 있다(사전 예약 필수).
- 청송에서 가장 유명한 고택은 '송소고택'이나 이곳은 애견 동반으로 묵을 수 없다.

근처 애견 동반 맛집·카페

카페 백일홍

덕천마을 송소고택 옆에 위치한 카페로 여름에 방문하면 아름다운 백일홍을 볼 수 있다. 커피도 맛있지만 특히 사과치즈샌드위치가 예술이다.

📍 경북 청송군 파천면 송소고택길 21　📞 010-3676-1977　🐾 소형견, 중형견, 대형견 모두 방문 가능. 실내 O, 야외 O. 실내 가방 지참 권장. 대형견은 야외, 데크 이용.

선바위 (18 경북 영양)

영양의 대표 관광지로 바위를 깎아 세운 듯한 모습이 인상적이다. 각도에 따라 거대한 촛대를 세워 놓은 것처럼 보이기도 한다. 절벽을 가운데 두고 두 물줄기가 합류하여 남이포라는 큰 강을 이루는데 이 풍경이 감탄을 자아낸다. 선바위 주변으로 인공폭포, 트릭아트존, 전시관 등을 마련해놓아 볼거리가 많다.

📍 경북 영양군 입암면 영양로 883-5 📞 054-680-5376 🌐 http://www.yyg.go.kr/sunbawi 🕐 24시간 연중무휴 💰 무료 ⏱ 30분 🐕 소형견, 중형견, 대형견 모두 방문 가능.

연당림 (19 경북 영양)

햇볕이 마당 전체를 따스하게 비추는 조용한 한옥 카페다. 오래된 고택을 개조해 만들었으며, 특유의 편안함과 고즈넉함이 도시에서 지친 마음을 달래준다. 영양 특산물인 사과로 만든 에이드, 라테, 스콘 등 특색 있는 메뉴들이 있고, 착한송이버섯, 연잎을 활용한 메뉴도 있다. 마당뿐 아니라 한옥 실내도 잘 꾸며 놓았는데 실내 반려견 동반 시 반드시 매너벨트나 배변패드가 있어야 하니 미리 지참하도록 하자. 야외에서는 리드줄만 하고 있어도 괜찮다.

📍 경북 영양군 입암면 서석지2길 4 📞 010-7934-0758 🌐 https://www.instagram.com/yeondanglim_replace 🕐 10:00~20:00(매주 월요일 휴무) 🐕 소형견, 중형견, 대형견 모두 방문 가능. 실내 O, 야외 O. 실내 동반 시 반드시 매너벨트 또는 배변패드 이용.

TIP 카페가 자리한 연당마을은 반려견과 가볍게 산책하기에 좋다. 특히 마을 내 서석지(연못과 정자)는 빼놓지 말 것.

등기산 등대공원

경북 울진

울진 후포항이 내려다보이는 곳으로 이국적인 포토존을 여럿 만날 수 있다. 높이 약 54m의 등기산은 비교적 낮아 누구나 쉽게 오를 수 있고, 스카이워크와 출렁다리를 지나 등대공원에 오르면 울진 바다가 한눈에 펼쳐진다. 등대공원에서는 세계 각국의 등대 조형물을 만날 수 있으며, 공원 한쪽에 자리한 팔각정에서 바라보는 풍경도 아름답다. 이곳의 하이라이트는 등기산 스카이워크지만 아쉽게도 반려견 동반이 불가하므로 일행이 있다면 잠시 번갈아 맡도록 하자.

📍 경북 울진군 등기산길 40 📞 054-787-5862 🌐 http://www.uljin.go.kr/tour/index.uljin 🕐 24시간 연중무휴, 스카이워크 09:00~17:30(계절에 따라 시간 변동 있음) 💰 무료 ⏱ 30분 🐕 소형견, 중형견, 대형견 모두 방문 가능, 스카이워크 불가.

여기도 Check!

왕피천 케이블카

울진 왕피천공원과 망양정을 잇는 애견 동반 가능 케이블카로 총 길이 715m, 편도 약 10분이 소요된다. 왕피천 생태지역 및 동해의 푸른 바다를 감상할 수 있다.

📍 경북 울진군 근남면 왕피천공원길 1 💰 일반 성인 왕복 10,000원, 크리스털 성인 왕복 12,000원 🐕 소형견, 중형견 가능. 가방 또는 케이지 반드시 지참. 케이지 대여 가능.

은어다리

21 경북 울진

울진 남대천 하구는 우리나라 최대의 은어 서식지이다. 특히 산란철에 바다에서 강으로 회귀하는 은어 떼를 볼 수 있어 이색적인 명소로 알려져 있다. 낮에는 은빛 다리지만 밤이 되면 조명이 계속 바뀌어 화려하다. 때문에 울진의 야경 명소로 손꼽힌다. 또한 은어다리를 건널 때면 물고기 뼈와 배 속을 관통하는 느낌이라 기분이 묘하다. 반려견과 가벼운 야간 산책을 하고 싶다면 추천한다.

📍 경북 울진군 근남면 수산리 178-2 📞 054-789-6903 🌐 http://www.uljin.go.kr/tour 🕐 24시간 연중무휴 💰 무료 ⏱ 20분 🐕 소형견, 중형견, 대형견 모두 방문 가능.

불영사

22 경북 울진

신라 의상 대사가 세운 천년 고찰로 울진에서 가장 유서 깊은 사찰이다. 절까지 오가는 길의 계곡과 산 풍경이 아름다워 힐링하는 기분이 들며 반려견 동반이 가능한 사찰이라 마음 편히 둘러볼 수 있다. 절에는 연못이 하나 있는데 '부처 바위의 그림자가 연못에 비친다' 하여 불영사라 이름 붙였다. 또한 멋들어진 자태를 뽐내는 금강송이 이곳 불영사 쪽에 많이 자생하고 있어 그 자체로도 볼거리가 있는 곳이다. 반려견과 산책하며 솔향기를 듬뿍 들이켜보자.

📍 경북 울진군 금강송면 불영사길 48 📞 054-783-5004 🌐 http://bulyoungsa.kr 🕐 08:00~17:00 💰 무료 ⏱ 1시간 🐕 소형견, 중형견, 대형견 모두 방문 가능.

월송정

23 경북 울진

푸른 바다와 소나무 숲이 근사한 울진의 명소이다. 신라의 네 화랑이 이곳 소나무 숲에서 달을 즐겼다 하여 월송정이라는 이름이 붙었다. 정자 위에 오르면 동해 바다와 모래사장이 동시에 눈에 들어와 운치를 즐길 수 있다. 해돋이 명소로도 알려져 여행객뿐 아니라 사진작가들도 찾는다. 월송정 나눔길에서 반려견과의 산책은 필수이며 바다와 연결되어 있으니 같이 들르도록 하자.

- 경북 울진군 평해읍 월송정로 517 054-782-1501
- http://www.uljin.go.kr/tour 24시간 연중무휴 무료
- 30분 소형견, 중형견, 대형견 모두 방문 가능.

황리단길

24 경북 경주

경주의 핫플 오브 더 핫플로 먹거리, 카페, 소품숍 등이 즐비한 거리다. 경주 황남동과 이태원 경리단길의 이름을 따서 '황리단길'이라 불리며, 1960~70년대의 낡은 건물 및 낮은 담장의 한옥들을 구경할 수 있다. 처음에는 전주 한옥마을과 비슷한 느낌을 받을 수 있지만 경주만의 색깔이 확실히 있다. 맛집과 카페도 다양해서 선택의 폭이 넓고, 근처에 대릉원과 첨성대가 있어 같이 둘러보기에 좋다.

- 경북 경주시 포석로 1080 054-772-9289 https://황리단길.kr/
- 24시간 연중무휴(점포별로 상이) 소형견, 중형견, 대형견 모두 방문 가능.

근처 애견 동반 맛집·카페

황남두꺼비

황리단길에 위치한 맛집으로, 등갈비찜과 육회, 떡갈비, 꼬막 등이 나오는 첨성대 7종 세트가 핫하다.

- 경북 경주시 포석로1050번길 16 두꺼비식당 0507-1375-8026 소형견, 중형견, 대형견 모두 동반 가능. 실내 O, 야외석 O. 실내 동반 시 가방 지참 권장.

TIP 주말이나 공휴일엔 사람들로 북적여 혼잡하지만 돌담길 쪽은 그나마 여유로워 반려견과 다니기에 괜찮다.

SPECIAL PAGE

황리단길 대표 먹거리 BEST 5

경주의 전통 먹거리는 황남빵과 찰보리빵이다. 하지만 황리단길에서는 이야기가 다르다.
발걸음을 하나씩 옮길 때마다 맛있는 냄새들이 자꾸 멈추게 만든다.
게다가 저마다 손에 뭔가 하나씩 들고 가기에 궁금함이 더해진다.
황리단길의 핫한 먹거리 몇 가지를 소개하니 여행 중 꼭 맛보도록 하자.

황남 쫀드기
쫀드기를 튀긴 다음 시즈닝을 듬뿍 뿌렸다. 느끼하지 않고 쫀득쫀득하며 감칠맛이 나는 먹거리로 인기가 많다.

경주 십원빵
황리단길의 대표 먹거리로 10원 모양의 동그란 빵이다. 쭉 늘어나는 치즈가 들어있어 고소하고 담백 짭짤하다.

한우 컵물회
회가 아닌 육회가 들어 있는 색다른 컵물회다. 간편하게 손에 들고 다니며 새콤달콤 시원하게 즐길 수 있다.

카이막 소프트 아이스크림
평소 카이막을 좋아하는 사람이라면 꼭 먹어보아야 할 간식. 담백한 카이막 아이스크림에 꿀을 뿌려서 달콤하다.

황남 옥수수
단짠단짠 간식으로 옥수수튀김에 치즈, 마요네즈 등을 뿌려 먹는다. 가볍게 즐기기 좋으며 역시 다른 간식들 못지않게 인기가 많다.

첨성대

25 경북 경주

경주 여행을 대표하는 랜드마크. 신라 선덕여왕 때 만들어진 것으로 추정된다. 세계에서 가장 오래된 천문대로 알려져 있고 복원이나 재건 없이 처음 모습 그대로 보존하고 있다. 낮이든 밤이든 시간에 관계없이 언제든 방문할 수 있으며 야경 명소로도 손꼽히는 곳이다. 반려견 동반 시 울타리 내부로는 들어가지 못하지만 외부에서도 충분히 구경할 수 있어 실망하지 않아도 된다.

📍 경북 경주시 첨성로 140-25 📞 054-772-3843 🌐 http://www.gyeongju.go.kr/tour 🕐 24시간 연중무휴 💰 무료 ⏱ 15분 🐕 소형견, 중형견, 대형견 모두 방문 가능.

한 걸음 더 Zoom in

첨성대는 별을 관측하는 천문대라고 알려져 있지만, 역사학자들 사이에서는 선덕여왕을 상징하는 구조물 또는 제사를 지내던 제단 등으로 의견이 갈린다. 첨성대의 돌은 모두 365개인데 이는 1년의 날수를 상징하며 27단의 돌단은 27대 선덕여왕을, 꼭대기까지 합한 30단은 음력 한 달의 수를 상징한다. 가운데 있는 창문은 관측자가 드나들던 출입구로 추정된다.

여기도 Check!

핑크뮬리 군락지

첨성대 동쪽에 위치한 곳으로 가을에 경주를 방문한다면 필수로 들러야 하는 곳이다. 핑크빛의 아련한 느낌이 물씬 나는 곳에서 인생샷, 견생샷을 찍어보자. 방문 추천 시기는 9월에서 11월 사이다.

📍 경북 경주시 인왕동 824-4 🐕 소형견, 중형견, 대형견 모두 방문 가능.

보문정

26 경북 경주

CNN에서 선정한 '한국에서 꼭 가봐야 할 아름다운 50대 명소' 중 하나다. 정자와 2개의 연못이 조화로우며 주변 나무들의 어울림이 운치 있어 많은 사진작가들이 찾는 곳이다. 봄에는 벚꽃, 여름에는 연꽃, 가을에는 단풍, 겨울에는 설경이 아름다워 사계절 어느 때나 방문하기에 좋다. 연못 주변 산책로는 한 바퀴 길이가 약 300m로 조성되어 있어 반려견과 가볍게 산책하기에 알맞다.

📍 경북 경주시 신평동 150-1 📞 054-745-7601 🌐 http://www.gyeongju.go.kr/tour
🕐 24시간 연중무휴 W 무료 ⏱ 30분 🐕 소형견, 중형견, 대형견 모두 방문 가능.

근처 애견 동반 맛집·카페

효은옥 경주분점
시그니처 메뉴는 '뼈베레스트'로, 산더미처럼 쌓인 소갈비를 맛볼 수 있는 소뼈 전골요리다. 야들야들한 고기와 진한 육수의 조화가 굿.

📍 경북 경주시 북군3길 12-6 📞 0507-1427-0425 🐕 소형견, 중형견 가능. 실내 O. 가방 또는 캐리어 지참.

여기도 Check!

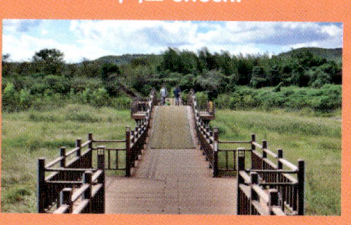

보문호
보문관광단지에 있는 커다란 호수로 반려견과 산책할 곳을 찾고 있다면 추천하고 싶은 곳이다. 카페, 음식점 등이 몰려 있으며 벤치에 앉아 휴식하기에도 좋다. 경주 벚꽃 명소 중 하나이므로 봄에 방문한다면 꼭 들러보자.

📍 경북 경주시 보문로 424-33 🐕 소형견, 중형견, 대형견 모두 방문 가능.

월정교  27 경북 경주

통일신라시대에 만들어진 다리로 조선시대 유실되어 사라졌다가 2018년에 복원됐다. 길이 66.15m, 폭 13m이며 멀리서도 눈에 띄어 존재감이 상당하다. 월정교 아래를 흐르는 문천에는 징검다리가 놓여 있는데 이곳을 건너며 바라보는 월정교의 모습은 더욱 생생하게 다가온다. 반려견은 월정교 다리 위 직접 보행은 불가하나 주변 산책은 가능하다. 특히 낮보다 밤이 아름답기로 유명하기 때문에 멋진 야경을 담아보자.

📍 경북 경주시 천원2길 11 📞 054-772-9289 🌐 http://www.gyeongju.go.kr/tour ⏰ 24시간 연중무휴 (다리 보행 09:00~22:00) 💰 무료 🐕 소형견, 중형견, 대형견 모두 방문 가능.

교촌마을

28 경북 경주

교촌마을은 '향교가 있는 마을'이란 뜻으로 경주 외에도 많은 곳에서 볼 수 있는 이름이다. 이곳 역시 향교가 있어 생겨난 마을 이름이며 마을 전체가 한옥으로 이루어져 고즈넉한 분위기를 풍긴다. 또한 골목이 넓고 평지라서 반려견과 산책하기에도 좋다. 특히 이곳에서 꼭 들러야 할 곳이 바로 '최부자댁'인데 노블레스 오블리주를 실천한 부호이다. 아쉽게도 내부는 반려견 동반이 불가하므로 일행이 있다면 번갈아 맡으며 다녀오도록 하자.

📍 경북 경주시 교촌길 39-2 ☎ 054-779-6834 🌐 https://www.gyeongju.go.kr/gyochon ⏰ 24시간 연중무휴 💰 무료 ⏱ 30분 🐾 소형견, 중형견, 대형견 모두 방문 가능.

TIP
월정교와 교촌마을은 바로 옆에 붙어 있으니 묶어 구경하자.

한 걸음 더 Zoom in

경주 최부자댁

'최부자댁'은 약 400년간 부호를 유지한 가문으로 제1대 정무공 최진립 장군(최치원 17대손)부터 마지막 12대인 독립운동가 최준까지 이어진다. 자신들만 배불리 하지 않고 어려운 이웃들이 굶어죽지 않도록 나누었기에 지금까지도 많은 사람들의 귀감이 되고 있다. 12대 최준은 독립운동을 도우며 광복 직후 전 재산을 바쳐 대구대학(영남대학교 전신)을 설립하기도 했다.

바람의 언덕

29 경북 경주

토함산을 바라보며 7개의 풍력발전기가 돌아가는 발전소가 있는 곳으로 일명 '경주 바람의 언덕'이라 불린다. 능선과 어우러지는 풍경이 이국적이어서 차박, 차크닉을 하러 오는 사람들이 많고 드라이브 코스로도 꽤 훌륭하다. 바로 앞에는 토함산 수목경관숲이 있어 반려견과 산책하기에도 좋다. 주차장 우측에 자리한 경풍루에 올라가면 뷰가 더 잘 들어온다. 경주 도심에서 멀지 않으며 감포에 들를 예정이라면 중간에 들렀다 가는 것을 추천한다.

📍 경북 경주시 문무대왕면 불국로 1056-185 📞 054-777-6652 🌐 https://www.gyeongju.go.kr/tour 🕐 24시간 연중무휴 💰 무료 ⏱ 30분 🐕 소형견, 중형견, 대형견 모두 방문 가능.

> **TIP**
> 네이버 지도에 '경주 풍력발전소'나 '경주 바람의 언덕'을 검색하면 엉뚱한 곳이 나온다. '경주 풍력발전'이라 검색해야 하며 참고로 '주소'를 검색하는 것이 정확하다.

양남 주상절리

30 경북 경주

경주 읍천항에서 하서항까지 이어지는 길이 1.7km의 파도소리길에는 다양한 주상절리가 분포한다. 일반적인 수직 육각기둥이 아닌 주름치마, 부채꼴, 꽃봉오리 등 다양하고 신기한 모양들을 감상할 수 있다. 2012년 천연기념물로 지정되면서 이 일대가 국가지질공원이 되었다. 시원하게 부서지는 파도소리를 들으며 걷는 데크길이 아주 근사하다. 하트해변, 전망대, 짧은 출렁다리도 있으니 다양하게 즐겨 보자.

📍 경북 경주시 양남면 읍천리 405-3 📞 053-950-7996 🌐 https://geotourism.or.kr/ 🕐 24시간 연중무휴, 전망대 화~일요일 09:00~18:00 💰 무료 ⏱ 1시간 🐶 소형견, 중형견, 대형견 모두 방문 가능. 전망대 내부는 불가.

여기도 Check!

읍천항

양남 주상절리의 시작점이며 감성돔, 돌돔, 벵에돔을 잡을 수 있어 많은 낚시꾼들이 몰린다. 읍천항에는 포토존 또한 다양하여 추억 사진 남기기에도 좋다. 주상절리길 탐방 전후로 들러 휴식을 취해보자.

📍 경북 경주시 양남면 양남항구길 46 🐶 소형견, 중형견, 대형견 모두 방문 가능.

문무대왕릉

31 경북 경주

경주 봉길대왕암해변(봉길해수욕장)에 가면 바다 한가운데 작은 바위섬이 하나 보인다. 바로 신라 문무왕의 무덤이라 알려진 문무대왕릉이다. 해변에서 200m가량 떨어져 있는 수중릉으로 전 세계 단 하나밖에 없는 곳이다. 예로부터 이곳의 기운이 영험하기로 알려져 주변에 굿하는 무당이나 기도방이 많으니 방문 시 참고하자. 해변 모래가 고와 모래놀이를 좋아하는 반려견에게 좋은 여행지다.

📍 경북 경주시 문무대왕면 봉길리 30-1 📞 054-779-8166 🌐 https://www.gyeongju.go.kr/tour/ 🕐 24시간 연중무휴 💰 무료 ⏱ 30분 🐕 소형견, 중형견, 대형견 모두 방문 가능.

근처 애견 동반 맛집·카페

감포횟집

물회와 비빔밥이 맛있는 애견 동반 횟집.

📍 경북 경주시 감포읍 대밑길 12-54 📞 0507-1339-7810 🐕 소형견, 중형견, 대형견 모두 동반 가능. 실내 O. 가방 지참(계단이 있어 캐리어는 비추).

전촌용굴

32 경북 경주

해식 동굴을 배경으로 인생샷을 담을 수 있어 경주 여행의 필수 코스가 된 인스타 핫플. 전촌용굴은 사룡굴과 단용굴을 일컫는데, 최근까지 군사작전지역이어서 일반에 공개되지 않았던 곳이다. 하지만 해파랑길이 조성된 이후에는 누구나 쉽게 접근할 수 있게 되었다. 전체적으로 오르막과 내리막이 반복되니 편한 운동화를 신고 가도록 하자. 살짝 바다가 찰랑거릴 때 사진이 가장 잘 나오므로, 물때를 확인하여 만조와 간조 사이에 방문할 것을 추천한다.

경북 경주시 감포읍 장진길 39 054-771-1336 https://www.gyeongju.go.kr/tour/ 24시간 연중무휴(기상 악화 시 출입 금지) 무료 30분 소형견, 중형견, 대형견 모두 방문 가능. 계단이 있고 해안가 접근 때문에 개모차는 비추.

근처 애견 동반 맛집·카페

히든씨

감포에 위치한 바다가 보이는 오션뷰 카페로 브런치 메뉴를 판매한다.

경북 경주시 감포읍 동해안로 2560 0507-1360-7769 소형견, 중형견, 대형견 모두 동반 가능. 실내 O, 야외 테라스 O. 실내 동반 시 가방 지참 권장.

TIP

- 물때 확인 시 바다타임에서 '감포'를 검색하자.
- 용굴이 있는 바위에 올라가서 사진을 찍고자 한다면 여벌의 바지와 수건을 준비하는 것이 좋다. 많은 사람들이 바지나 운동화가 젖어 고생한다.
- 12~1월 중순에는 동굴 사이로 일출을 볼 수 있다.

빛누리정원

33 경북 경주

경주의 숨은 명소로 야간에 방문하면 2만 6,000송이의 LED 장미와 수국을 만날 수 있다. 국내 최대 규모의 야외 LED 꽃정원이며, 다양한 빛으로 끊임없이 변해 환상적인 분위기를 자아낸다. 산책로를 따라 설치된 스피커에서는 여러 장르의 음악들이 흘러나와 낭만적인 분위기를 연출한다. 야경 명소인 동궁과 월지, 첨성대, 월정교보다 사람이 적어 여유롭게 둘러볼 수 있다(동궁과 월지는 반려견 동반 불가). 무엇보다 반려견 산책 코스로 좋으며 공원 내 배변봉투함도 따로 비치되어 있다.

📍 경북 경주시 용담로 107 📞 054-750-8554 🕐 24시간 연중무휴 💰 무료 ⏱ 30분 🐕 소형견, 중형견, 대형견 모두 방문 가능.

⭐ 더케이호텔 경주

34 경북 경주

반려견과 편하게 멍캉스를 즐길 수 있는 호텔로 넓은 운동장, 카페, 조식 룸서비스 등 다양한 편의 서비스를 제공한다. 리뉴얼을 거친 이후로 깔끔해졌으며 창밖으로 펼쳐진 황룡원(중도타워) 뷰가 인상적이다. 펫 어메니티가 잘 갖춰진 것은 물론 저상 침대를 설치해 반려견이 편히 오르내릴 수 있다. 현관 중문이 있어 안전펜스가 따로 없어도 될 만큼 반려동물 맞춤 시설이 잘 되어 있다.

📍 경북 경주시 엑스포로 45 📞 054-745-8100 🌐 https://www.thek-hotel.co.kr/gjmh/ 🕐 체크인 15:00, 체크아웃 11:00 🐕 15kg 이하 가능. 펫 어메니티(식기, 소파, 하우스, 계단, 배변패드, 배변판, 물티슈, 펫밀크, 돌돌이, 탈취제, 반려견 수건) O.

더케이호텔 경주 즐기기

개모차 무료 대여 서비스
로비에서 선착순으로 대여 가능하다. 별도의 절차는 없으며, 개모차가 비치되어 있다면 자유롭게 이용할 수 있다. 상태도 새것처럼 좋은 편이다.

룸서비스
더케이호텔 경주는 뷔페 및 식음업장에 반려견 출입이 불가하다. 하지만 호텔이다 보니 룸서비스를 이용할 수 있다. 조식 룸서비스로는 한식과 유럽식, 미국식 조찬을 이용할 수 있으며 음식 맛도 수준급이다.

케렌시아 카페
호텔에서 운영하는 카페로, 천연 잔디가 깔린 넓은 반려견 운동장을 갖추고 있다. 반려견 동반이 가능하며, 펫 관련 시설이 잘 갖춰져 있고 각종 이벤트를 자주 진행한다. 또한 전문 훈련사가 상주하며 행동교정 및 어질리티 훈련도 진행한다. 대형견 데이를 따로 운영하여 대형견은 해당 날짜에 방문 가능하다. 관련 정보는 더케이호텔 경주 홈페이지를 참고할 것.

ⓦ 보호자 1인+반려견 1마리 9,000원(호텔 투숙객은 무료)

호미곶

35 경북 포항

호미곶의 호미는 '호랑이 꼬리'라는 뜻으로 포항 여행에서 꼭 가봐야 할 코스다. 특히 바다 위 신비로운 손 모양의 조형물인 '상생의 손'이 인상적인데, 새 천년을 맞아 화합하며 살자는 뜻이 담겨있다. 상생의 손 좌측으로는 일출 전망대가 있으며 한반도에서 해를 가장 빨리 만날 수 있는 곳이어서 해돋이 명소로 유명하다. 봄에는 호미곶 해맞이광장 근처 유채꽃밭이 유명하고, 매년 4월 돌문어 축제가 열린다.

경북 포항시 남구 호미곶면 해맞이로 136 054-270-5855 https://tour.gb.go.kr 24시간 연중무휴 무료 30분 소형견, 중형견, 대형견 모두 방문 가능.

TIP
호미곶에는 그늘이 없어 여름철에는 땡볕이 내리쬔다. 반려견이 더위를 타지 않도록 조심하자.

구룡포 일본인 가옥거리

36 경북 포항

과거 일제강점기 시절 일본인들이 살았던 곳으로 가슴 아픈 역사를 기억하자는 의미에서 조성한 근대문화역사거리다. 드라마 '동백꽃 필 무렵' 촬영지로 알려져 많은 사람들이 찾는 여행지며 마치 일본 소도시로 여행 온 것 같기도 하고, 100여 년 전으로 시간 여행을 하는 것 같기도 하다. 당시 일본식 목조 건물은 현재 카페, 상점, 식당 등으로 다양하게 운영 중이다. 동백이의 가게 까멜리아는 카페로 이용되고 있으며 반려견 동반이 가능하다.

경북 포항시 남구 구룡포읍 호미로 277 054-276-9605 https://www.pohang.go.kr/phtour 24시간 연중무휴, 구룡포 근대역사관 10:00~17:30 무료 30분 소형견, 중형견, 대형견 모두 방문 가능. 곳곳의 길거리와 전봇대에 마킹이나 소변 금지 표시가 있다.

TIP
- 마을 중간쯤에 돌계단이 보이는데 위로 올라와 바라보는 구룡포항의 모습은 매우 인상적이다.
- 일본인 가옥거리 초입에는 당시 일본식 건물과 생활양식을 들여다볼 수 있는 '구룡포 근대역사관'이 있다. 아쉽지만 반려견 동반은 되지 않으니 일행과 번갈아 다녀오도록 하자.

구룡포 시장

37 경북 포항

100년 가까운 역사를 가진 전통시장으로 포항의 특산물인 과메기 특구 지역이다. 구룡포에서 생산되는 과메기는 전국 생산량의 80%를 차지할 정도로 유명해, 이를 구매하려는 사람들의 발길이 끊이지 않는다. 일반 전통시장과 달리 대게, 오징어, 새우, 소라 등 해산물 위주로 특화되어 있다. 겨울철 방문한다면 꼭 한 번 들러보자.

📍 경북 포항시 남구 구룡포읍 호미로 221번길 18 📞 054-284-9140 🌐 https://www.instagram.com/guryongpo_market/ 🕘 08:00~19:00 (점포별 상이) 🐕 소형견, 중형견, 대형견 모두 방문 가능.

TIP
- 과메기 제철은 11월부터 이듬해 2월까지이다.
- 상설시장이자 오일장도 열리는 곳이다. 끝자리 3일, 8일에 장이 선다.

여기도 Check!

죽도시장

동해안에서 가장 큰 규모를 자랑하는 포항의 대표 전통시장이다. 구룡포 시장보다 사람들이 더 북적거리며 수산물, 농수산물, 잡화, 의류 등 다양한 물건을 판매한다. 이곳 역시 과메기를 판매하는 곳이 많으며 볼거리, 먹거리가 구룡포보다 더 풍성한 편이다.

📍 경북 포항시 북구 죽도시장13길 13 🐕 소형견, 중형견, 대형견 모두 동반 가능.

근처 애견 동반 맛집·카페

카페파도

구룡포 옆에 위치한 오션뷰 브런치 카페다. 시원한 바다를 바라보며 커피를 즐기기에 굿.

📍 경북 포항시 남구 구룡포읍 하정로 172번길 2 📞 0507-1334-3118 🐕 소형견, 중형견, 대형견 모두 동반 가능. 실내 X, 야외 테라스 O.

한 걸음 더 Zoom in

포항 과메기

과메기는 꽁치나 청어를 바닷바람에 말려 반건조한 음식이다. 겨울철 동해안에서 꽁치와 청어가 많이 잡혀 이를 보관하기 위해 말려서 먹게 되었고 포항, 영덕 등지에서 향토 음식으로 발전하게 되었다. 구룡포 시장에 가면 꽁치과메기와 청어과메기를 판매하는데 꽁치가 조금 더 담백하고 고소하다면 청어는 감칠맛과 함께 비린내가 더 나는 편이다.

영일대

38 경북 포항

동해안에서 가장 큰 규모의 해수욕장으로 백사장 길이가 약 1.8km에 다다른다. 해수욕장 중앙에는 전망대가 하나 있는데 우리나라 최초의 해상 누각으로 '영일정'이라 불린다. 한국 전통 건축미를 자랑하는 두 층짜리 영일정은, 멀리서 보면 마치 누각이 물 위에 떠 있는 듯한 모습이다. 일출 명소로 알려져 해돋이 구경하기에 좋으며 야간에는 바다 건너 포항제철 모습이 볼 만하다. 해수욕장은 반려견 동반이 가능하지만 영일정 내부에는 동반 불가다.

📍 경북 포항시 북구 해안로 95 📞 054-246-0041 🌐 https://www.pohang.go.kr/phtour/ ⏰ 24시간 연중무휴 💰 무료 ⏱ 30분 🐕 소형견, 중형견, 대형견 모두 방문 가능.

여기도 Check!

환호공원 스페이스워크

포항의 핫플 오브 더 핫플인 스페이스워크는 롤러코스터처럼 생긴 곡선 계단을 따라 걷는 체험형 예술 작품이다. 구불구불한 계단을 걸으며 느낄 수 있는 아찔함과 스릴 때문에 바로 앞에 놓인 포항 바다가 더욱 짜릿하게 다가온다. 안전을 위해 반려견 동반은 불가하나 스페이스워크 입구 주변에는 반려견 산책이 가능하다.

📍 경북 포항시 북구 환호공원길 30 📞 054-270-5176 💰 무료 🚫 불가

근처 애견 동반 맛집·카페

베릴키키

영일대해수욕장에 위치한 브런치 카페로 파스타, 피자 등을 판매한다.

📍 경북 포항시 북구 해안로 133, 2층 📞 0507-1373-0919 🐕 소형견, 중형견, 대형견 모두 동반 가능. 실내 O.

갈릴리대게회식당

죽도시장 내 위치한 대게, 회 맛집으로 메뉴 구성이 알차고 가격이 합리적이다.

📍 경북 포항시 북구 죽도시장길 35 📞 0507-1371-0500 🐕 소형견, 중형견 가능. 실내 O. 가방 지참 필수.

곤륜산 활공장

39 경북 포항

패러글라이딩과 탁 트인 바다 전망을 즐길 수 있는 인스타 핫플 뷰맛집 여행지다. 높이 177m의 낮은 산이지만 경사가 은근 있는 편이라 쉬엄쉬엄 반려견과 산책한다는 생각으로 올라가자. 정상에 도착하면 주변 풍경이 360도 파노라마처럼 펼쳐지며 일출과 일몰 모두 감상 가능하다. 바람이 꽤 불기 때문에 추운 날에는 중무장을 하고 와야 한다. 이곳에서 사람은 인생샷, 반려견은 견생샷을 남겨보자.

📍 경북 포항시 북구 흥해읍 칠포리 산86 📞 054-281-1333 🌐 https://www.pohang.go.kr/phtour ⏰ 24시간 연중무휴 💰 무료 ⏱ 정상까지 20~30분 🐕 소형견, 중형견, 대형견 모두 방문 가능.

TIP
- 가벼운 등산 코스라 운동화 착용이 필수다.
- 정상에는 그늘이 없으므로 한여름에는 양산 및 선글라스, 모자를 준비하자.
- 드라마 '갯마을 차차차' 촬영지이기도 하다.

이가리닻 전망대

40 경북 포항

수평선이 펼쳐진 동해 바다와 시원하게 부서지는 파도 소리를 감상할 수 있는 곳으로 '닻' 모양을 형상화한 전망대다. 이 닻의 끝은 독도를 향하고 있어 국토 수호의 염원을 담고 있다. 빨간 지붕의 등대와 여러 포토존이 있어 사진 남기기에 좋으며 반려견은 전망대 안으로는 동반이 불가하지만 주변 산책은 가능하다. 전망대에만 있지 말고 아래로 내려가서 해변가도 거닐어보자. 해변에서 바라보는 풍경은 색다른 느낌으로 다가온다.

📍 경북 포항시 북구 청하면 이가리 산67-3 📞 054-270-3204 🌐 https://www.pohang.go.kr/phtour ⏰ 09:00~18:00(6~8월 ~20:00), 강풍·풍랑·해일 등 기상특보 발효 시 출입 금지 💰 무료 ⏱ 30분 🐕 전망대 내부는 동반 불가. 주변 산책은 소형견, 중형견, 대형견 모두 가능.

풀빌라 더 하루

41 경북 포항

호미곶면에 위치한 오션뷰 숙소로 통유리창 개방감이 시원시원한 애견 동반 펜션이다. 인테리어가 감각적이고 객실마다 개별 수영장, 개별 바비큐장이 있어 프라이빗하게 즐기기 좋다. 객실에서 편안하게 일출을 바라볼 수 있으며 호미곶 해맞이 광장, 구룡포 시장 및 구룡포 일본인 가옥거리와 접근성이 좋다.

📍 경북 포항시 남구 호미곶면 일출로 530 📞 0507-1387-7095 🌐 http://theharupoolvilla.co.kr 체크인 15:00, 체크아웃 11:00 🐕 10kg 미만 가능. 사전 문의 및 상담 필수. 펫 어메니티(식기, 배변판, 배변패드, 쿠션) O.

화개장터

42 경남 하동

섬진강과 화개천이 만나는 곳에 위치한 재래시장으로 조영남 노래 '화개장터'의 실제 무대다. 재첩, 산나물, 약재 등을 주로 판매하며 호객행위가 별로 없는 편이라 마음 편하게 둘러볼 수 있다. 예전에는 오일장이 크게 섰지만 현재는 상설시장으로 전환하여 365일 찾아갈 수 있는 곳이 되었다. 경남에 위치해 있지만 전남 구례, 광양매화마을과 거리가 가까워, 상인들의 이야기를 가만히 듣고 있으면 경상도와 전라도 말투가 섞여 있어 흥미롭다.

📍 경남 하동군 화개면 쌍계로 15 📞 055-883-5722 🌐 http://blog.naver.com/hwagae2010 🕘 매일 09:00~18:00 ⏱ 30분 🐕 소형견, 중형견, 대형견 모두 방문 가능.

송림공원

43 경남 하동

하동 읍내와 섬진강 사이 빼곡히 들어서 있는 울창한 소나무 숲으로 천연기념물 제445호다. 최소 300년 이상의 노송들로 이뤄진 송림공원은 섬진강에서 날아오는 모래바람을 막고자 조선 영조 때 조성한 인공 숲이다. 공원 옆으로는 드넓은 모래사장이 펼쳐져 있는데 '맨발 걷기' 하는 사람들의 모습을 꽤 볼 수 있다. 맨발로 걷는 촉감이 유난히 좋아 맨발 걷기 성지로도 알려진 이곳에서 반려견과 함께 나란히 걸어보자.

📍 경남 하동군 하동읍 광평리 440-5 📞 055-880-2744 🕐 24시간 연중무휴 💰 무료 ⏱ 30분 🐕 소형견, 중형견, 대형견 모두 방문 가능.

여기도 Check!

하동십리벚꽃길

화개장터와 쌍계사 사이 약 6km의 도로에는 50~70년 된 벚나무가 빽빽이 들어서 있다. 약 1,200여 그루가 기다란 벚꽃터널을 이루어 우리나라 벚꽃 드라이브 명소 중 원톱으로 손꼽힌다. 벚꽃철에는 하동군청 홈페이지에서 개화 상황 실시간 CCTV를 확인할 수 있으니 참고하자.

📍 경남 하동군 화개면 화개로 142 🐕 소형견, 중형견, 대형견 모두 방문 가능.

동피랑

44 경남 통영

통영 여행의 필수 코스로 '동쪽 벼랑'이란 뜻을 가진 알록달록한 벽화마을이다. 통영의 대표적인 달동네였던 동피랑은 사실 2000년대 중반 이후 철거될 예정이었다. 이에 시민단체가 반대하며 특색 있는 관광지로 만들기 위해 벽화 공모전을 냈고, 전국에서 미대생들과 개인들이 찾아와 낡은 담벼락에 벽화를 그리기 시작했다. 지금은 통영을 대표하는 관광지 중 1위에 랭크될 정도로 유명해졌다. 구불구불한 골목길을 따라 오르다 보면 소박한 강구안이 한눈에 들어온다. 골목이 좁기 때문에 사람들과 마주치면 반려견 목줄을 짧게 잡자.

📍 경남 통영시 동피랑1길 6-18 📞 055-650-0580, 2570 🌐 http://www.utour.go.kr/ 🕐 24시간 연중무휴 💰 무료 ⏱ 30분 🐕 소형견, 중형견, 대형견 모두 방문 가능. 경사진 골목길이라 개모차 비추.

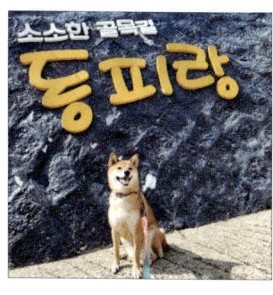 

통영 케이블카

45 경남 통영

통영 미륵산에 설치된 케이블카로 정상에 도착하면 아름다운 한려수도를 파노라마로 감상할 수 있다. 날씨 좋은 날 3층 전망대에선 일본 대마도까지 보인다. 또한 미륵산 정상으로 향하는 계단이 있어 짧은 등산으로 다녀올 수 있다. 우리나라 케이블카 중 최초로 반려동물 탑승을 허용한 곳이며 케이지나 가방을 지참해야 한다.

📍 경남 통영시 발개로 205 📞 1544-3303 🌐 https://cablecar.ttdc.kr/ 🕐 10:00~18:00(계절별 상이) 👤 성인 왕복 17,000원 🚠 케이블카 편도 10분 · 10kg 이하 가능. 케이지나 가방 필수 지참. 리드줄만 하고 탑승 불가.

TIP
- 주변 관광지와 연계하여 요금을 할인해 주는 이벤트를 상시 진행한다(디피랑 영수증 제시 시 50% 할인, 통영어드벤처타워 3,000원 할인 등).
- 방문지가 정해졌다면 통영투어패스를 구매하는 것도 방법이다. 각 입장권 가격을 비교한 후 결정하자(네이버에서 '통영투어패스' 검색).

서피랑 ㊻ 경남 통영

동피랑 건너편 언덕에 위치한 마을로 동피랑 벽화마을과 닮은 듯 또 다른 매력을 지닌 곳이다. 서피랑 마을 역시 벽화가 그려져 있으며, 99계단과 음악 정원, 피아노 계단, 문학동네 등 문화예술 색채가 더욱 뚜렷하다. 주민들이 직접 만든 예술 작품들을 보는 재미도 쏠쏠하여 서피랑만의 독특한 분위기를 더 생생하게 느낄 수 있다. 정상에 있는 서포루에서 잠시 쉬어 가며 아름다운 통영 바다와 시내를 감상해 보자.

📍 경남 통영시 충렬로 22　📞 055-650-0578　🌐 https://www.utour.go.kr　⏰ 24시간 연중무휴　💰 무료　⏱ 30분　🐕 소형견, 중형견, 대형견 모두 방문 가능.

TIP
- 서피랑 마을은 대하소설 〈토지〉를 집필한 박경리의 출생지이자 〈김약국의 딸들〉의 배경지다.
- 피아노 계단은 하나씩 밟을 때마다 음계에 맞는 소리가 나와 간단한 노래를 연주할 수 있다.

이순신공원 ㊼ 경남 통영

임진왜란의 최대 승첩지인 한산대첩을 기리기 위해 조성한 공원으로 한산도 앞바다가 훤히 보인다. 풍경이 아름다워 통영 시민들이 즐겨 찾으며, 이곳에서의 산책은 심신에 큰 위안을 준다. 공원과 연결된 바닷가로 내려가서 휴식을 취할 수도 있고, 너른 잔디밭 위에 돗자리를 펴고 피크닉을 즐길 수도 있다. 공원에는 반려동물 배변봉투함, 소변 전용 공중화장실 등 편의시설이 설치되어 있어, 반려인을 배려한 세심함이 느껴진다.

📍 경남 통영시 정량동 688-1　📞 055-650-1410　🌐 https://www.utour.go.kr　⏰ 24시간 연중무휴　💰 무료　⏱ 1시간　🐕 소형견, 중형견, 대형견 모두 방문 가능.

통영의 식도락

통영의 대표 먹거리 하면 흔히 꿀빵을 떠올리지만 간식 외에도 맛있는 음식이 많다. 바닷가라 해산물을 이용한 요리가 다양해 해산물 러버들에게 최적의 여행지다.

다찌

통영에는 '다찌'라는 술 문화가 있다. 술을 주문하면 해산물 안주가 한 상 가득 나오는 것을 의미하는데 한국식 오마카세라고 불리기도 한다. 다찌는 식당마다 나오는 안주가 각기 달라 인터넷에서 비교 글을 쉽게 찾아볼 수 있으며 보통 1인당 30,000~50,000원 정도로 가격이 형성되어 있다. 통영에서의 저녁 식사는 푸짐한 다찌집에서 해결하는 것이 어떨까?

📍 애견 동반 가능 다찌 맛집: 통나무다찌, 다찌코리아, 강변다찌(사전 문의할 것)

충무김밥

충무김밥의 원조는 통영시(구 충무시)다. 밥만 넣은 꼬마김밥에 오징어무침과 무김치를 함께 얹어 먹는 것으로 뱃사람들이 식사 대용으로 즐겨 먹었다. 강구안에 가면 충무김밥 식당들이 몰려 있어 한 끼 해결하기 좋다. 뚱보할매김밥집, 풍화김밥 등이 유명한데 풍화김밥은 시락국(시래기국)을 함께 줘서 목 막힘 없이 먹을 수 있다. 애견 동반은 되지 않으므로 포장해서 먹자.

멸치회무침·멸치쌈밥

통영에는 멸치를 이용한 요리가 많다. 그중에서도 새콤달콤 멸치회무침과 감칠맛 나는 멸치쌈밥은 밥도둑이 따로 없다. 통영에서 한식이 생각난다면 멸치요리하는 곳을 찾아가 보자.

📍 애견 동반 가능 맛집: 충무멸치쌈밥(소형견, 중형견, 대형견 모두 동반 가능. 실내 O, 가방 지참)

매미성

48 경남 거제

2003년 태풍 매미로 무너진 밭을 복구하기 위하여 백순삼 씨가 설계도 없이 혼자 쌓아 올린 곳이다. 처음에는 단순한 제방이었지만 시간이 지나며 성의 모습을 갖추게 되었고, 마치 유럽 중세 시대를 떠올리게 한다. 이국적인 풍경과 푸른 바다, 멀리 보이는 거가대교까지 이 모든 박자가 잘 맞아떨어져 현재는 거제에서 가장 핫한 여행지로 자리 잡았다. 곳곳에 포토존이 있어 사진 남기기 좋고, 저녁에 방문하면 조명이 들어와 멋진 야경을 즐길 수 있다.

📍 경남 거제시 장목면 복항길 29 📞 055-639-4178 🌐 https://tour.geoje.go.kr/ ⏰ 24시간 연중무휴 💰 무료 ⏱ 30분 🐕 소형견, 중형견, 대형견 모두 방문 가능.

TIP
매미성 입구에 간식, 먹거리를 파는 상점들이 줄지어 있다. 미스터옥슈슈, 호떡당, 바람의 핫도그 등이 핫하다.

근처 애견 동반 맛집·카페

서피버거
매미성에서 걸어서 3분 거리에 위치한 수제 버거 맛집이다. 반려견은 외부 테라스에서만 가능하다.

📍 경남 거제시 장목면 옥포대첩로 1288 📞 010-2465-8454 🐕 소형견, 중형견, 대형견 모두 동반 가능. 실내 X, 야외 테라스 O.

우진식당
매미성 앞에 위치한 산더미불고기 맛집으로 반려견 동반이 가능한 펫룸을 따로 마련하고 있다.

📍 경남 거제시 장목면 거제북로 1073 📞 055-636-9994 🐕 소형견, 중형견, 대형견 모두 동반 가능. 실내 O. 가방 지참 권장.

짹짹커피
에스프레소가 맛있는 카페로 레트로한 외관과 감각적인 인테리어가 돋보인다.

📍 경남 거제시 거제중앙로8길 8 📞 0507-1395-0486 🐕 소형견, 중형견, 대형견 모두 동반 가능. 실내 O, 야외 테라스 O. 실내 가방 지참 권장. 대형견은 야외만 가능.

거제도외포멸치
멸치가 들어간 디저트를 맛볼 수 있는 이색 카페. 비린 맛은 전혀 나지 않으니 걱정 No!

📍 경남 거제시 장목면 옥포대첩로 732, 2층 📞 055-635-7058 🐕 소형견, 중형견, 대형견 모두 동반 가능. 실내 O. 가방 지참 권장.

근포 땅굴

49 경남 거제

거제 근포마을은 작고 조용한 어촌으로 한적하고 평화로운 분위기를 느낄 수 있는 곳이다. 이 마을에는 일제강점기 때 파 놓은 다섯 개의 땅굴이 있는데, 길이는 30~50m 정도이며 이 중 일부가 인스타 핫플로 유명하다. 매미성과 더불어 거제 여행의 필수 코스로 꼽히며 노을이 질 무렵 역광으로 찍은 사진이 가장 멋지다고 알려져 있다. 반려견과 함께 인생샷, 견생샷을 남겨보자.

📍 경남 거제시 남부면 저구리 423 📞 055-639-4179 🌐 https://tour.geoje.go.kr/ ⏰ 24시간 연중무휴 💰 무료 ⏱ 30분 🐕 소형견, 중형견, 대형견 모두 방문 가능.

➕ 여기도 Check!

여차-홍포 해안도로

거제 9경 중 하나로 해안 도로를 따라 드라이브하며 병대도 전망대를 들르는 코스다. 에메랄드빛 바다를 볼 수 있고, 전망대에서는 매물도와 소매물도, 병대도 등 여러 섬들을 조망할 수 있다.

📍 경남 거제시 남부면 다포리

TIP

- 땅굴 입구에 안내도와 사진 촬영팁이 있다. 대기하면서 숙지하면 도움이 많이 된다.
- 아침에 방문하면 대기 없이 찍을 수 있다. 노을 질 때는 대기가 있기 때문에 참고하자.

명사해수욕장

50 경남 거제

거제에는 몽돌해수욕장이 많은데 이곳은 고운 모래로 이루어진 해수욕장이다. 잔잔한 파도와 산에 둘러싸인 풍경이 아늑하고, 단단한 모래 덕분에 산책하기도 편하다. 특히 여름철엔 '댕수욕장'을 운영하여 반려견과 함께 물놀이를 즐길 수 있어 핫하다. 한쪽에 놓인 해상 데크를 따라 안으로 들어가면 바다 위를 걷는 듯한 경험을 할 수 있다.

📍 경남 거제시 남부면 명사해수욕장길 📞 055-639-3000 🌐 https://tour.geoje.go.kr/ 🕐 24시간 연중무휴 ₩ 무료 ⏱ 30분 🐕 소형견, 중형견, 대형견 모두 방문 가능.

한 걸음 더 Zoom in

거제 댕수욕장

2023년 반려견 전용 해수욕장인 '댕수욕장'이 명사해수욕장에 처음 문을 열며 반려인들로부터 뜨거운 호응을 얻었다. 이에 힘입어 2024, 2025년에는 운영을 확대해 배설물을 간식으로 교환해 주는 이벤트, 패들보드 체험 등 다양한 프로그램을 선보였다. 모래사장에는 반려견 운동장도 마련되어 마음껏 뛰어놀 수 있다. 댕수욕장의 운영 기간은 일반 해수욕장과 비슷하며 입장료는 따로 없으나 파라솔·텐트 대여, 샤워장 비용은 지불해야 한다.

* 프로그램 내용은 매년 바뀔 수 있으므로 개장 전 확인하자.

🐕 소형견, 중형견, 대형견 모두 방문 가능.

제주도

많은 반려인이 반려견과 함께하는 제주 여행을 꿈꾼다. 비행기나 배를 타고 이동하는 설렘, 이국적인 풍경에 대한 기대감이 맞물려 있다. 육지 여행에 비해 비교적 긴 일정을 소화해야 하는 만큼, 반려견과 함께하는 제주 여행에서는 무엇보다 '여유로움'이 중요하다. 탁 트인 자연을 반려견과 함께 누리며 제주 곳곳에 발자취를 남겨보자.

일정별 추천 코스 ▶ **주말 끼고 알차개! 2박 3일**

서부

DAY 1 ▶ 도두봉 ─ 성이시돌목장 ─ 월령리 선인장군락지
DAY 2 ▶ 송악산둘레길 ─ 오설록티뮤지엄 ─ 군산오름 ─ 올레야시장
DAY 3 ▶ 사계해변

DAY 1

① 도두봉
공항/여객선 터미널에서 빠져나와 도두봉에서 반려견과 가벼운 산책

② 성이시돌목장
제주의 이국적인 풍경 & 테쉬폰에서 스냅샷

③ 월령리 선인장군락지
사막에나 있을 법한 선인장 자생 군락지 & 일몰

DAY 2

① 송악산둘레길
제주 올레길 최고의 비경 & 반려견 산책 코스로 굿

② 오설록티뮤지엄
녹차밭 풍경 & 티 한 잔

③ 군산오름
쉬운 난이도의 오름에서 일몰 즐기기

④ 올레야시장
야시장 하면 먹거리!

DAY 3

① 사계해변
여행 마지막 날은 여유롭게 바다 산책 & 외계 행성에 온 듯한 풍경

남동부

DAY 1 ▶ 섭지코지 ←→ 유채꽃 재배단지
DAY 2 ▶ 지미봉 ←→ 제주민속촌 ←→ 서귀다원
DAY 3 ▶ 남원 큰엉해안경승지

DAY 1

① 섭지코지
푸른 바다와 함께하는
반려견 산책

② 유채꽃 재배단지
성산일출봉 배경으로
노란 '꽃개' 사진 찍기

DAY 2

① 지미봉
우도, 성산일출봉이 한눈에
보이는 환상적인 뷰

② 제주민속촌
제주에서 가장
제주다운 곳

③ 서귀다원
영화 속 한 장면 같은
녹차밭

DAY 3

① 남원 큰엉해안경승지
떠나기 전 여유롭게 아침 산책

일정별 추천 코스 ▶ 서두르지 말고 여유롭개! 4박 5일

제주 해안의 아름다움 만끽하기

DAY 1 ▶ 서우봉둘레길 ━ 월정리해수욕장
DAY 2 ▶ 우도
DAY 3 ▶ 섭지코지 ━ 남원 큰엉해안경승지 ━ 올레야시장
DAY 4 ▶ 송악산둘레길 ━ 사계해변
DAY 5 ▶ 수월봉지질트레일

DAY 1
① 서우봉둘레길 - 그림 속에서 튀어나온 듯한 함덕 해변 눈으로 담기
② 월정리해수욕장 - 제주 동쪽 해변 중 가장 아름다운 곳

DAY 2
① 우도 - 제주에서 가장 특별한 섬, 우도의 매력에 퐁당

DAY 3
① 섭지코지 - 성산일출봉과 제주의 푸른 바다 감상
② 남원 큰엉해안경승지 - 남쪽 바다 배경으로 한반도 포토존 찾아보기
③ 올레야시장 - 맛있는 먹거리가 다 모였다! 야식 들어갈 허기진 배 준비

DAY 4
① 송악산둘레길 - 제주에서 딱 한 군데를 추천해야 한다면 바로 이곳
② 사계해변 - 이국적인 바다 풍경 & 산방산, 한라산이 한눈에

DAY 5
① 수월봉지질트레일 - 이곳까지 접수한다면 아름다운 제주 해안 퍼즐 완성

1일 1오름 여행

DAY 1 ▸ 새별오름 ⟶ 성이시돌목장
DAY 2 ▸ 화순곶자왈 ⟶ 군산오름
DAY 3 ▸ 용눈이오름 ⟶ 스누피가든
DAY 4 ▸ 우도(우도봉 포함)
DAY 5 ▸ 서우봉둘레길 ⟶ 닭머르해안길

DAY 1

① **새별오름**

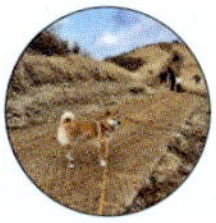

제주 서부 오름을 대표하는 곳 &
일출·일몰 등 언제든 방문해도 굿

② **성이시돌목장**

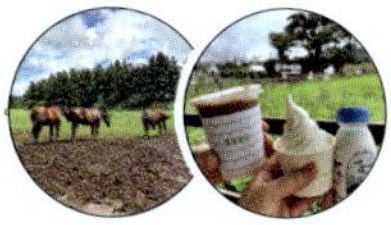

드넓은 초원과 푸르른 목장 &
카페에서 아이스크림 필수

DAY 2

① **화순곶자왈**

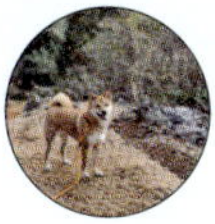

신비로운 숲길에서의 산책

② **군산오름**

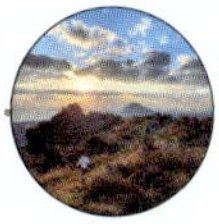

걸어서 5분이면 가능한 오름
(밑에서부터 오르면 30분)

DAY 3

① **용눈이오름**

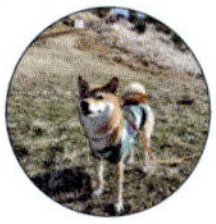

경사가 적당하여 반려견들이
좋아할 산책 코스

② **스누피가든**

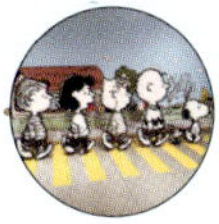

매주 수요일은 반려견 데이!

DAY 4

① **우도(우도봉 포함)**

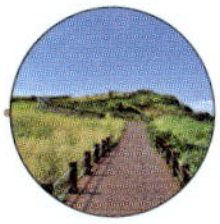

우도에 왔으면 우도에서 가장 높은 우도봉 오르기

DAY 5

① **서우봉둘레길**

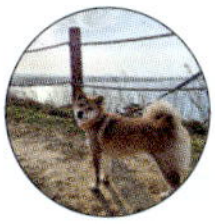

함덕 해변 우측
서우봉은 필수 코스

② **닭머르해안길**

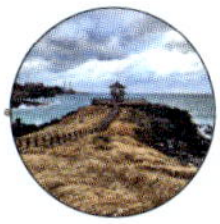

제주 동쪽 바다의 예쁜
풍경 담고 여행 마무리

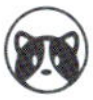

서우봉둘레길 `01 제주`

조천읍 함덕에 위치한 제주 올레길 19코스의 일부로 가볍게 걷기 좋은 산책길이다. 에메랄드빛의 함덕해수욕장과 이국적인 제주의 풍경을 만끽할 수 있어 인기가 많다. 봄에는 노란 유채꽃, 여름엔 해바라기, 가을엔 억새를 구경할 수 있으며 날씨 좋은 날엔 멀리 한라산도 보인다. 초반에 있는 경사만 살짝 오르면 나머지는 평탄해 아이들도 쉽게 잘 오른다. 흙길이라 반려견 산책 코스로 베리 굿.

📍 제주도 제주시 조천읍 함덕리 260-8 📞 064-740-6000 🌐 https://www.visitjeju.net/ 🕐 24시간 연중무휴 ₩ 무료 ⏱ 1시간 🐶 소형견, 중형견, 대형견 모두 방문 가능.

> **TIP**
> - 둘레길 입구에 평지와 오르막길 갈림길이 있다. 여기서 오르막길로 올라와야 아름다운 함덕해수욕장을 내려다볼 수 있다.
> - 서우봉둘레길은 일몰 명소로도 알려져 있다.

월정리해수욕장 `02 제주`

제주 동쪽에 위치한 해수욕장으로 투명한 에메랄드빛 바다가 인상적이다. 아무것도 하지 않고 그저 바다멍을 때리는 것만으로도 여행의 에너지가 충족되는 곳이다. 하얀 모래와 얕은 수심으로 인해 여름에는 해수욕하는 사람들로 북적거리며 나머지 계절엔 특유의 아름다운 해변 풍경을 보기 위해 찾는 사람들이 많다. 또한 '달이 머문다'라는 뜻의 월정리라서 밤에 방문하면 낭만 그 자체다. 해변가에 무심코 툭 놓여 있는 의자에 앉아 반려견과 사진을 남겨보자.

📍 제주도 제주시 구좌읍 해맞이해안로 485 📞 064-783-5798 🌐 https://www.visitjeju.net/ 🕐 24시간 연중무휴(해수욕장 운영 기간엔 10:00~19:00, 해변 산책은 24시간) ₩ 무료 ⏱ 30분 🐶 소형견, 중형견, 대형견 모두 방문 가능.

> **TIP**
> - 월정리 해변가 마을도 아름다워 골목 구경하며 산책하기에 좋다.

동문야시장

03 제주

제주도를 대표하는 야시장으로 맛있는 먹거리, 볼거리가 가득한 곳이다. 제주도 특산품인 흑돼지, 한라봉, 감귤을 활용한 음식은 물론, 딱새우, 광어, 참돔과 같은 신선한 회도 구입할 수 있다. 야시장 가운데 테이블과 의자가 있어 간식을 먹을 수도 있다. 사람이 많을 때는 웨이팅이 있지만 회전율이 빠른 편이라 자리가 금방 난다. 인기 있는 푸드트럭은 조기 품절되니 너무 늦지 않게 방문하도록 하자.

• 대표 먹거리: 랍스터마농구이, 하시마키, 손흥민 만두, 흑돼지 버터구이

 제주도 제주시 관덕로14길 20 동문시장 8번 게이트 ☎ 064-752-3001 🌐 https://www.visitjeju.net/ ⏱ 18:00~24:00(5~10월 19:00~), 연중무휴 Ⓦ 무료 ⏳ 1시간 🐕 소형견, 중형견, 대형견 모두 방문 가능.

TIP
- 제주 대표 재래시장인 동문시장 한쪽에서 운영하는 야시장이다.
- 저녁 식사 후 방문하면 후회할지도 모른다. 간식 먹을 배를 남겨두자.

여기도 Check!

올레야시장

제주시에 동문야시장이 있다면 서귀포시엔 올레야시장이 있다. 서로 반대편에 위치해 있기 때문에 제주공항 오가기 전엔 동문야시장을, 서귀포를 여행할 때는 올레야시장을 이용하면 편리하다. 둘의 분위기는 흡사하지만 동문야시장이 더 활기차고 북적거리며 올레야시장은 전통시장에 가까운 느낌이다. 올레야시장도 반려견 동반이 가능하며 사람들이 많기 때문에 가방을 지참하는 것을 권장한다.

• 대표 먹거리: 오메기떡, 감귤모찌, 전복버터볶음밥, 제성제과 만두빵

📍 제주도 서귀포시 중정로61번길 20 (올레시장 4번 출구 앞) ☎ 0507-1371-7083 ⏱ 16:30~24:00, 연중무휴 🐕 소형견, 중형견, 대형견 모두 방문 가능.

전복버터볶음밥

닭머르해안길

04 제주

여행객들에게 잘 알려지지 않은 제주 북동부의 숨은 명소다. 아름다운 바다 풍경을 볼 수 있어 도민들은 산책을 하러 찾는 곳이기도 하다. '닭머르'라는 이름은 정자 아래의 바위가 마치 닭이 흙을 파헤치고 있는 모습을 닮았다 하여 붙여졌는데 주변 기암괴석들과 어우러지는 풍경이 장관이다. 전망대와 산책로 주변에는 억새가 풍성하여 가을, 겨울철에 방문하면 멋진 사진을 남길 수 있다. 특히 일몰이 아름다우니 해 질 무렵 방문해 보는 것도 좋다.

📍 제주도 제주시 조천읍 신촌북3길 62-1 📞 064-740-6000 🌐 https://www.visitjeju.net/ 🕐 24시간 연중무휴 💰 무료 ⏱ 20분 🐕 소형견, 중형견, 대형견 모두 방문 가능.

스누피가든

05 제주

만화 '피너츠'에 나오는 스누피와 친구들의 이야기를 콘셉트로 만든 테마형 체험 가든이다. 5개의 실내 테마홀, 약 2만 5,000평의 야외 가든으로 구성되어 있으며 아기자기한 볼거리가 가득하다. 또 만화를 그대로 옮겨놓은 포토존이 많아 사진 찍는 재미가 있다. 스누피 만화를 좋아하지 않아도, 잘 몰라도 즐길 수 있는 곳이다. 매주 수요일은 '반려동물 데이'라 반려견 동반으로 방문할 수 있다.

📍 제주도 제주시 구좌읍 금백조로 930 📞 064-805-1118 🌐 https://www.instagram.com/snoopygardenkorea 🕐 09:00~19:00(1시간 전 입장 마감) 💰 성인 19,000원 ⏱ 2~3시간 🐕 소형견, 중형견, 대형견 모두 방문 가능. 실내 동반 시 가방 또는 캐리어 필수. 야외 목줄 필수.

근처 애견 동반 맛집·카페

스누피가든 카페

스누피가든 안에 위치한 브런치 카페. 모든 메뉴가 스누피와 친구들을 테마로 구성되어 있어 보는 재미를 선사한다. 커피와 음식의 퀄리티도 꽤 높은 편이며, 1층 기념품숍 바로 위층인 2층에 위치해 있다.

성이시돌목장 06 제주

제주 중산간에 위치한 목장으로 이국적인 풍경이 사람들의 눈길을 사로잡는다. 1954년 선교사로 온 맥그린치 신부가 척박했던 이 일대를 개간, 경작하여 생겨난 곳으로 신부의 땀과 노력이 담겨 있는 땅이다. 목장에는 '테쉬폰'이라는 독특한 건축물이 눈에 띄는데 이라크 바그다드 근처 테쉬폰 지역의 건축 양식을 적용하여 신부가 세운 것이다. 이색적인 건축물, 목초지의 풍경 등으로 스냅 및 웨딩 촬영을 하러 많은 이들이 방문한다.

📍 제주도 제주시 산록남로 53 📞 064-796-0396 🌐 https://www.visitjeju.net/ 🕐 24시간 연중무휴(카페 우유부단 10:00~18:00) 💰 무료 ⏱ 30분 🐕 소형견, 중형견, 대형견 모두 방문 가능. 카페 내부는 동반 불가.

테쉬폰

TIP
목장 입구에 자리한 카페 우유부단에서는 유기농 우유로 만든 아이스크림을 맛볼 수 있다.

월령리 선인장군락지 07 제주

제주 서쪽에 위치한 조용한 마을로 사막에나 있을 법한 선인장들이 자생하고 있다. 현무암 사이를 비집고 나온 선인장들은 손바닥 모양을 하고 있어 일명 '손바닥 선인장'이라 불린다. 여기서 맺는 열매가 바로 백년초다. 바다 쪽으로 시선을 돌리면 풍력발전기가 돌아가는 모습이 눈에 들어와, 색다른 분위기를 느낄 수 있다. 국내 유일의 선인장 야생 군락지라는 학술적 가치를 지닌 곳이기도 하다.

📍 제주도 제주시 한림읍 월령리 359-3 📞 064-796-2589 🌐 https://www.visitjeju.net/ 🕐 24시간 연중무휴 💰 무료 ⏱ 30분 🐕 소형견, 중형견, 대형견 모두 방문 가능.

TIP
- 월령리 선인장 군락지는 제주의 다른 여행지에 비해 덜 알려져 있어, 한적하게 구경하거나 산책하기에 좋다.
- 선인장 꽃이 개화하는 여름에 방문하기 좋으나 그늘이 없으므로 모자, 선글라스 또는 양산을 준비하자.

주상절리

수월봉 지질트레일
08 제주

제주 서쪽 수월봉 아래 해안 절벽을 따라 지층이 길게 이어진 이곳은 유네스코가 지정한 세계지질공원이다. 퇴적 구조물들이 만들어내는 주상절리와 빼어난 경관은 보는 이들의 감탄을 자아낸다. 또한 해 질 녘 방문하면 차귀도 뒤로 넘어가는 해를 볼 수 있는데 제주에서 가장 아름다운 일몰 명소로 알려져 있다. 바닷가 옆이라 경치를 즐기기에도 좋으니 반려견과 멋진 산책을 해보자.

📍 제주도 제주시 한경면 고산리 3760 📞 064-772-3334 🌐 https://www.visitjeju.net/ ⏰ 24시간 연중무휴 💰 무료 🕐 1시간 🐕 소형견, 중형견, 대형견 모두 방문 가능.

> **TIP**
> - 입구에 위치해 있는 탐방안내소에서 해설을 신청할 수 있다.
> - 군데군데 보이는 동굴은 1940년대 태평양전쟁 당시 일본군들이 만든 갱도진지로 일본군의 자살 특공용 보트와 탄약을 보관했던 장소다.

여기도 Check!

수월봉

해발 77m의 작은 오름으로 제주에서 오르기 쉬운 오름 중 하나다. 지질트레일 입구에서 도보로 10분이 채 걸리지 않아 둘을 묶어서 구경하는 것을 추천한다. 정상에 오르면 엉알 해변과 차귀도가 내려다보이며, 운이 좋으면 돌고래를 만나는 행운도 누릴 수 있다.

📍 제주도 제주시 한경면 고산리 3760 🐕 소형견, 중형견, 대형견 모두 방문 가능.

전망대

섭지코지

09 서귀포

제주 방언으로 '좁은 땅'이라는 뜻의 '섭지'와 '곶'을 뜻하는 '코지'가 합쳐져 붙여진 이름이다. 기암괴석 및 수려한 경관으로 인해 '올인', '여명의 눈동자', '단적비연수' 등 여러 드라마와 영화의 촬영지가 되었던 곳이다. 전반적으로 경사가 완만해 반려견 산책 코스로 제격이며 성산일출봉을 한눈에 담을 수 있다. 시원한 바람과 함께 멋진 해안 절경을 눈에 담고 오자.

📍 제주도 서귀포시 성산읍 섭지코지로 262 📞 064-782-2810 🌐 https://www.visitjeju.net/ ⏰ 24시간 연중무휴 💰 무료 ⏱ 1시간 30분 🐕 소형견, 중형견, 대형견 모두 방문 가능.

TIP
오가는 길에 그늘이 없으므로 한여름에는 대낮을 피하도록 하자.

⊕ 여기도 Check!

성산일출봉 유채꽃 재배단지

유채꽃을 대규모로 재배하는 단지로 겨울부터 초봄 사이 노랗게 물든 광경을 볼 수 있다. 배경이 성산일출봉이라 사진이 더욱 예쁘게 나온다. 섭지코지에 다녀온다면 지나가는 길에 이곳도 한번 들러보자.

• 성산일출봉은 애견 동반 불가다.

📍 제주도 서귀포시 성산읍 고성리 270-1 🐕 소형견, 중형견, 대형견 모두 방문 가능.

화순곶자왈

10 서귀포

'곶자왈'은 제주 방언으로, 암석이 널려 있는 곳에 다양한 나무와 식물, 넝쿨 등이 얽혀 있는 숲을 말한다. 화순 곶자왈은 '아름다운 숲 전국대회'에서 수상한 이력이 있는 곳으로 환상적인 풍경을 자랑한다. 사람의 손길이 닿지 않은 우거진 수풀은 기대 이상의 아름다움을 보여준다. 걷다 보면 노루를 만날 수도 있고, 방목 중인 소떼와 마주칠 수 있는 자연 친화적인 곳이기도 하다. 겨울에도 푸르기 때문에 사계절 아무 때나 방문해도 좋다.

📍 제주도 서귀포시 안덕면 화순서동로 151 📞 064-740-6000 🌐 https://www.visitjeju.net/ ⏰ 24시간 연중무휴 💰 무료 ⏱ 1시간 30분 🐕 소형견, 중형견, 대형견 모두 방문 가능.

TIP
- 전망대에서 한라산과 산방산이 보이며 날씨 좋은 날에는 마라도까지 보인다.
- 여름철에는 진드기를 조심해야 한다. 제주 진드기는 육지보다 더 독하다.

한 걸음 더 Zoom in

제주 4대 곶자왈

곶자왈은 한라산 중산간 지역을 중심으로 해안까지 광범위하게 분포하고 있다. 이 중 보전 상태가 좋은 ①한경-안덕 곶자왈, ②애월 곶자왈, ③조천-함덕 곶자왈, ④구좌-성산 곶자왈 지대를 제주의 4대 곶자왈이라 한다. 곶자왈은 원래 애견 동반 불가였지만 점점 반려견 동반 여행객이 늘어나며 하나둘씩 '가능'으로 바뀌고 있는 추세다. 현재 화순곶자왈, 산양곶자왈(산양큰엉곶), 납읍 금산공원은 반려견과 함께 갈 수 있다.

사계해변

11 서귀포

산방산 근처에 위치한 사계해변은 이국적인 풍경으로 인해 제주 여행의 포토 스폿으로 떠오른 곳이다. 간조 때만 드러나는 독특한 바위층들을 보고 있노라면, 마치 외계 행성에 와 있는 듯한 착각이 든다. 가까이는 산방산부터 멀리는 용머리 해안, 한라산까지 한눈에 보이는 모습들을 담아보자. 또한 해변가에 모래사장이 있으니 반려견과 거닐어 보자.

> **TIP**
> 만조 때 방문하면 사계해변이 주는 매력을 알 수 없다. 미리 물때를 확인하여 간조 때 방문하도록 하자. (바다타임에서 '사계항' 검색)

📍 제주도 서귀포시 안덕면 사계리 2147-35 📞 064-760-4372 🌐 https://www.visitjeju.net ⏰ 24시간 연중무휴 💰 무료 ⏱ 30분 🐕 소형견, 중형견, 대형견 모두 방문 가능.

송악산둘레길

12 서귀포

제주 올레길 10코스 일부 구간으로, 경치가 아름다워 많은 사람들이 입을 모아 칭찬하는 곳이다. 완만한 경사를 따라 1시간 30분 남짓 걷는 코스인데, 한라산과 산방산, 형제섬, 가파도, 마라도까지 볼 수 있는 종합선물세트다. 깎아지른 해안절벽과 숨 막히는 절경은 걷는 내내 도파민을 내뿜게 해준다. 특히 반려견과 함께 산책하기에 더없이 좋은 코스니 서귀포에 방문한다면 꼭 들러보자.

◎ 제주도 서귀포시 대정읍 상모리 245 ☏ 064-740-6000 🌐 https://www.visitjeju.net/ ⏱ 24시간 연중무휴 💰 무료 🐾 1시간 30분 ⓘ 소형견, 중형견, 대형견 모두 방문 가능.

여기도 Check!

산방산 유람선

송악산둘레길의 해안절벽을 더 생생하게 보고 싶다면 '산방산 유람선'을 이용하자. 1시간 코스로 화순항을 출발하여 용머리해안, 형제섬, 산방산 등을 둘러볼 수 있다. 선장님의 설명과 위트 있는 말솜씨가 재미를 더해준다. 반려견은 캐리어나 가방이 있을 시 탑승 가능하다.

◎ 제주도 서귀포시 안덕면 화순해안로106번길 16 💰 성인 19,000원

한 걸음 더 Zoom in

다크투어리즘

일반적인 관광이나 휴양이 아닌 전쟁이나 학살 등 비극적인 사건, 재난 또는 재해 지역 등을 돌아보며 반성과 교훈을 얻는 형태의 여행을 말한다. 송악산은 아름다운 풍경 이면에 가슴 아픈 역사가 서려 있는 제주의 대표적인 다크투어리즘 여행지다. 이곳엔 2차 대전 당시 일본이 만들어놓은 동굴진지 60여 개가 있다. 동굴진지란 일본군의 군사 시설 중 하나로 연합군 함대를 공격하기 위해 자살 폭파용 선박을 숨겨두었던 곳을 말한다. 당시 일본군은 제주도민을 강제 동원하여 땅굴을 파고 진지를 구축하게 하였다. 예전에는 동굴 내부까지 들어가 볼 수 있었으나, 현재는 붕괴 사고와 낙석 등의 위험으로 출입이 금지되어 있다.

서귀다원

13 서귀포

서귀포 산자락에 위치한 자그마한 녹차밭으로 규모는 2만 평밖에 되지 않지만 풍경만큼은 그 어느 곳보다 아름답다. 이곳이 제주임을 말해주는 낮은 돌담과 가지런한 차밭이 마음을 편안하게 해준다. 원래는 감귤밭이었던 자리를 녹차밭으로 바꾸어 실내 다실(차 마시는 공간)과 함께 운영 중이며 즉석에서 우려낸 녹차와 황차를 맛볼 수 있다. 반려견은 다실 내부에 동반 불가이나 녹차밭 산책로는 함께 거닐 수 있다.

📍 제주도 서귀포시 516로 717 📞 064-733-0632 🌐 https://www.visitjeju.net/ 🕐 09:00~17:00 (매주 화요일 휴무) 💰 1인 5,000원(무료 시음 포함) 🐕 소형견, 중형견, 대형견 모두 방문 가능.

TIP
- 매년 5월경 말차 수확을 위해 차광막을 덮어 놓아 휴업을 한다. 방문 전 네이버 플레이스 또는 전화로 확인하도록 하자.
- 비 오는 날에 특히 더 운치 있다.

여기도 Check!

오설록티뮤지엄

오설록은 '제주 녹차' 하면 가장 먼저 떠오르는 국내 대표 녹차 브랜드다. 오설록 차의 생산지는 제주 서광차밭, 돌송이차밭, 한남차밭이며 오설록티뮤지엄은 이 중 서광다원 입구에 위치해 있다. 티뮤지엄은 녹차 관련 박물관과 전망대, 카페 등으로 구성되어 있으며 무료 시음도 가능하다. 내부는 반려견 동반 불가지만 카페 외부 공간과 녹차밭 산책은 함께할 수 있다.

📍 제주도 서귀포시 안덕면 신화역사로 15 🕐 09:00~18:00 (하절기 ~19:00)

남원 큰엉해안경승지

14 서귀포

큰엉은 '큰 언덕'이라는 뜻의 제주 방언이며, 남원 큰엉은 '큰 바위가 바다를 집어삼킬 듯이 입을 크게 벌리고 있는 언덕'이라는 의미에서 이름 붙여졌다. 화산 용암 덩어리와 바다가 어우러져 빚어낸 해안 절경이 장관을 이루며, 완만한 지형 덕분에 걷기에도 좋다. 다른 관광지에 비해 한적한 편이라 반려견과 여유로운 산책을 즐길 수 있다. 특히 한반도 포토존이 유명하니 이곳에서 사진을 남겨보자.

📍 제주도 서귀포시 남원읍 태위로 522-17 📞 064-760-4181 🌐 https://www.visitjeju.net/ 🕐 24시간 연중무휴 💰 무료 ⏱ 1시간 🐕 소형견, 중형견, 대형견 모두 방문 가능.

제주민속촌

15 서귀포

제주에서 가장 제주다운 곳! 19세기 제주의 모습을 그대로 재현해놓은 민속촌이다. 100여 채에 달하는 전통가옥은 실제로 제주 사람들이 거주했던 집으로, 다양한 볼거리와 민속 체험을 제공한다. 육지에 있는 민속촌과는 사뭇 다른 생활양식이 눈에 띄며, 일명 '똥돼지'라 불리는 흑돼지도 볼 수 있어 구경하는 재미가 쏠쏠하다. 드라마 '대장금'과 '추노'의 촬영지이기도 하다.

📍 제주도 서귀포시 표선면 민속해안로 631-34 📞 0507-1457-4502 🌐 https://jejufolk.com/ 🕐 매일 09:30~19:00(18:00 매표 마감) 💰 성인 15,000원 ⏱ 1시간 30분 🐕 소형견, 중형견, 대형견 모두 방문 가능. 대형견은 입마개 필수.

동박낭

16 서귀포

동백꽃 명소로 유명한 카페다. 제주에서 반려견과 동백꽃을 구경할 수 있는 스폿 중 소형견부터 대형견까지 모두 갈 수 있는 곳은 드문데 동박낭은 견종 차별 없이 방문할 수 있다. 입장료가 저렴한 데다 음료가 포함되어 있어 가성비 있게 즐길 수 있다. 규모는 작지만, 포토존이 잘 꾸며져 있어 사진 찍는 재미가 쏠쏠하다. 몽실몽실 예쁜 동백나무 사이에서 견생샷을 남겨보자.

📍 제주도 서귀포시 남원읍 태위로 275-2 🕘 09:00~17:30(유동적) 💰 3,000원(음료 포함) 🐕 소형견, 중형견, 대형견 모두 방문 가능.

⊕ 여기도 Check!

동백포레스트
제주 동백꽃 명소 중 한 곳으로 40년 이상 된 동백나무 군락지다. 돌담과 빽빽한 동백나무 숲이 이국적인 풍경을 자아낸다. 반려견은 15kg 미만까지 입장 가능하다.
📍 제주도 서귀포시 남원읍 생기악로 53-38 ☎ 0507-1331-2102 💰 성인 6,000원(동백꽃 시즌 외엔 무료입장)

카멜리아힐
서귀포 안덕면에 위치한 수목원으로 여름엔 수국, 겨울엔 동백이 유명하다. 반려견은 8kg 미만까지 허용한다.
📍 제주도 서귀포시 안덕면 병악로 166 ☎ 064-759-0088 💰 성인 10,000원(네이버 예약 시 할인)

애견 동반 가능 오름 BEST 7

오름이란 한라산 주변에 봉긋하게 솟아 있는 자그마한 산으로, 기생 화산의 제주 방언이자 순우리말이다. 제주도에는 360여 개의 오름이 있는데 모든 오름에 오를 수 있는 것은 아니다. 한라산 국립공원 안에 있거나 사유지로 지정된 오름, 그리고 휴식년제를 시행하는 오름은 입산이 제한된다. 또한 반려견 동반이 불가한 오름들도 있어 사전에 미리 알아봐야 한다. 애견 동반 가능한 오름 중 작가가 꼽은 BEST 7을 소개한다.

분화구

① 금오름

제주 서부 중산간 지역에 위치한 오름으로 흙이 유난히 검다 하여 '검은오름/금악오름'이라 불리기도 한다. 꼭대기에서는 움푹 파인 분화구의 모습을 감상할 수 있으며, 주변 뷰가 아름다워 오래도록 기억에 남는 곳이다. 이효리의 뮤직비디오 촬영지이자 '효리네 민박'에서 아이유와 이효리가 함께 오른 곳이기도 한다.

📍 제주도 제주시 한림읍 금악리 산 1-1 ☎ 064-740-2501 🌐 https://www.visitjeju.net/ ⏰ 24시간 연중무휴 💰 무료 ⏱ 왕복 1시간 🐕 중하 🐾 소형견, 중형견, 대형견 모두 방문 가능.

② 새별오름

제주 3대 오름 중 하나로 서부 중산간을 대표하는 오름이다. '저녁 하늘에 샛별과 같이 외롭게 서 있다' 하여 붙여진 이름인데, 존재감이 상당하여 근처에 지나갈 때 단번에 알아볼 수 있다. 가을, 겨울철 억새 명소로도 유명하며 일출, 일몰이 아름답다고 알려져 있다.

* 제주 3대 오름에는 다랑쉬오름, 따라비오름, 새별오름이 있다.

📍 제주도 제주시 애월읍 봉성리 산 59-8 ☎ 064-740-2501 🌐 https://www.visitjeju.net/ ⏰ 24시간 연중무휴 💰 무료 ⏱ 왕복 1시간 🐕 중상 🐾 소형견, 중형견, 대형견 모두 방문 가능. 입구가 동쪽과 서쪽 두 곳인데 서쪽의 경사가 더 가파르다. 힘들더라도 빨리 오르고 싶으면 서쪽, 느리더라도 덜 힘들게 오르고 싶으면 동쪽을 추천한다.

③ 군산오름

산방산 뒤쪽으로 저물어 가는 해를 볼 수 있는 서귀포 일몰 명소다. 걸어서 30분 정도 걸리지만, 정상까지 차량으로 갈 수 있어 걷기를 좋아하지 않는 이들에게도 매력적인 곳이다. 정상의 뽈바위에 오르면 한라산, 산방산, 서귀포 시내가 모두 내려다보인다.

📍 제주도 서귀포시 안덕면 창천리 564 ☎ 064-740-2501 🌐 https://www.visitjeju.net/ ⏰ 24시간 연중무휴 💰 무료 ⏱ 왕복 1시간, 자동차 이용 시 5분 🐕 하 🐾 소형견, 중형견, 대형견 모두 방문 가능. 올라가는 길은 차 한 대가 지나갈 수 있을 정도로 좁고 구불구불한 편이다. 갓길도 별로 없어 운전 초보들에게는 비추이지만 초보가 아니라면 충분히 갈 만하다.

④ 도두봉

제주공항 바로 옆에 위치해 있어 비행기가 뜨고 내리는 것을 볼 수 있다. 경사가 완만하여 오르기에 부담 없으며, 규모는 작지만 풍경이 아름답다. 바다가 보이는 쪽으로 '키세스존'이라 불리는 포토존이 유명하다.

📍 제주도 제주시 도두항길 4-31 ☎ 064-740-2501 🌐 https://www.visitjeju.net/ ⏰ 24시간 연중무휴 💰 무료 ⏱ 왕복 20분 🐕 하 🐾 소형견, 중형견, 대형견 모두 방문 가능. 입구에 무지개 해안도로가 있으니 묶어서 들르도록 하자.

우도와 성산일출봉

⑤ 안돌오름

다른 오름들에 비해 방문객이 적어 한적하게 즐길 수 있는 오름이다. 한라산 기준으로 안쪽에 있다 하여 안돌오름이라 이름 붙여졌다. 비밀의 숲 바로 옆에 위치하며 신비로움과 탁 트인 풍경이 매력적이다. 드라마 '폭싹 속았수다'에서 관식과 애순의 가족이 걷던 길이기도 하다.

📍 제주도 제주시 구좌읍 송당리 산 66-2 📞 064-740-6000 🌐 https://www.visitjeju.net/ 🕐 24시간 연중무휴 💰 무료 🚗 왕복 1시간 ⭐ 중·소형견, 중형견, 대형견 모두 방문 가능. 스냅샷 명소로 유명한 비밀의 숲도 애견 동반(소형견~대형견)이 가능하다.

⑥ 용눈이오름

구좌읍에 위치한 오름으로 360여 개의 오름 중 유일하게 분화구가 3개다. 억새 명소로 유명하며 난이도가 쉬워 많은 사람들이 찾는 오름이기도 하다. 정상에 다다르면 성산일출봉과 우도가 한눈에 들어오고, 맑은 날에는 한라산도 볼 수 있다.

📍 제주도 제주시 구좌읍 종달리 산28 📞 064-740-6000 🌐 https://www.visitjeju.net/ 🕐 24시간 연중무휴 💰 무료 🚗 왕복 1시간 ⭐ 소형견, 중형견, 대형견 모두 방문 가능.

⑦ 지미봉

성산일출봉과 우도, 종달리의 아름다운 풍경을 한눈에 내려다볼 수 있다. 15분이면 정상에 닿을 수 있지만 경사가 비교적 있는 편이다. 하지만 멋진 풍경을 마주하면 고생이 눈 녹듯이 사라지는 마법을 경험하게 될 것이다.

📍 제주도 제주시 구좌읍 종달리 산 3-1 📞 064-740-6000 🌐 https://www.visitjeju.net/ 🕐 24시간 연중무휴 💰 무료 🚗 왕복 40분 ⭐ 소형견, 중형견, 대형견 모두 방문 가능.

> **TIP**
> - 제주관광정보센터(064-740-6000)에 문의하면 오름 출입 가능 여부 및 자세한 정보를 알려준다.
> - 봄·여름·가을에는 진드기를 조심해야 한다. 제주의 진드기는 육지의 그것과 차원이 다르다. 오름에 오르기 전 진드기 기피제를 꼭 사용하자.

섬 안의 섬, 우도

제주도에 있는 섬 중에서 가장 큰 섬으로 제주 동쪽에 위치한다. 섬 모양이 마치 소가 누워 있는 모습 같다 하여 '우도'라 이름 붙여졌다. 최소 반나절은 머물러야 하기에 짧은 일정 중 방문하기엔 부담스러우나 일정에 여유가 있다면 들러보자. 제주의 숨은 매력을 발견하게 될 것이다.

① 서빈백사(산호해수욕장)

에메랄드빛 바다색을 띠는 해수욕장으로 우도의 대표 관광지다. 정식 명칭은 산호해수욕장이지만, 흔히 '서빈백사'라고 불린다. 서빈백사는 '우도 서쪽에 있는 하얀 모래 해변'이라는 뜻으로, 산호가 부서져 하얀 모래처럼 보여 붙여진 이름이다. 여름철 물놀이와 스노클링을 즐기러 오는 사람들이 많다.

📍 제주 제주시 우도면 산호해수욕장 📞 064-740-6000 🌐 https://www.visitjeju.net/ ⏰ 24시간 연중무휴 💰 무료 ⏱ 소형견, 중형견, 대형견 모두 방문 가능

② 훈데르트바서파크

'훈데르트바서'라는 오스트리아 화가 겸 건축가의 일생과 작품을 관람할 수 있는 곳이다. 알록달록 컬러풀한 건축물이 스페인 바르셀로나 구엘공원을 떠올리게 한다.

📍 제주 제주시 우도면 우도해안길 32-12 📞 064-766-6077 🌐 http://www.hundertwasserpark.co.kr ⏰ 매일 09:30~18:00(입장 마감 17:00) 💰 성인 9,900원(아메리카노 포함) ⏱ 1시간 🐕 소형견, 중형견, 대형견 모두 방문 가능. 가방 지참하면 실내 동반 가능, 대형견은 실외만 가능.

③ 우도봉

우도의 유일한 오름으로 '소머리오름'이라고도 한다. 높이 133m로 경사가 완만해 걷기에 부담이 없으며, 바다 건너편으로 성산일출봉과 지미봉 등 제주 본섬의 풍경이 한눈에 들어온다. 언덕 위의 하얀색 등대는 '우도 등대'로, 이곳에서 우도 전체를 볼 수 있다.

📍 제주도 제주시 우도면 연평리 산17 📞 064-740-6000 🌐 https://www.visitjeju.net/ ⏰ 24시간 연중무휴 💰 무료 ⏱ 1시간 🐕 소형견, 중형견, 대형견 모두 방문 가능.

④ 검멀레 해변

해안의 모래가 전부 검은색을 띠고 있어 '검멀레 해변'이라 불린다. 기암절벽은 마치 누군가 빚어놓은 듯 예술이다. 해안으로 내려가면 보트 선착장이 있는데 이곳에서 보트를 타고 검멀레 동굴 및 우도의 비경을 감상할 수 있다. 단, 보트는 반려견 동반 불가다.

📍 제주도 제주시 우도면 연평리 검멀레해수욕장 ☎ 064-740-3000 🌐 www.visitjeju.net ⏰ 24시간 연중무휴 Ⓦ 무료 ✅ 소형견, 중형견, 대형견 모두 방문 가능.

⑤ 하고수동해수욕장

우도 서쪽에 서빈백사가 있다면 동쪽에는 하고수동해수욕장이 있다. 수심이 얕으며 에메랄드빛 물감을 풀어놓은 듯 풍경이 무척 아름답다.

📍 제주도 제주시 우도면 연평리 하고수동해수욕장 ☎ 064-740-2000 🌐 https://www.visitjeju.net ⏰ 24시간 연중무휴 Ⓦ 무료 ✅ 소형견, 중형견, 대형견 모두 방문 가능.

⑥ 비양도

우도 안의 작은 섬으로, 평화로운 풍경과 탁 트인 바다가 어우러지는 곳이다. '백패킹 성지'로 불리며, 곳곳에서 백패커들이 텐트를 치고 한적하게 여유를 만끽하는 모습을 볼 수 있다.

📍 제주도 제주시 우도면 연평리 비양도 ☎ 064-740-2000 🌐 https://www.visitjeju.net ⏰ 24시간 연중무휴 Ⓦ 무료 ✅ 소형견, 중형견, 대형견 모두 방문 가능.

⑦ 망루등대

우도 북쪽에 위치한 새하얀 등대다. 푸른 바다와 어우러져 그 자체로 포토존이 된다. 등대 앞 돌탑을 쌓아 올린 망루(봉수대)는 한층 더 이색적인 분위기를 자아낸다. 위에 올라서면 주변 경관을 한눈에 바라볼 수 있다.

📍 제주도 제주시 우도면 연평리 798 ☎ 064-740-2000 🌐 visitjeju.net ⏰ 24시간 연중무휴 Ⓦ 무료 ✅ 소형견, 중형견, 대형견 모두 방문 가능.

⑧ 온오프

줄 서서 먹는 웨이팅 맛집으로, 돈가스가 주력 메뉴다. 성수기에는 오픈런을 하기 위해 우도에 들어오자마자 이곳부터 찾는 여행객들이 꽤 있다. 시그니처 메뉴는 바질페스토가 들어간 치즈돈가스로, 흘러넘치는 치즈와 바질페스토의 풍미를 느낄 수 있다.

📍 제주도 제주시 우도면 우도해안길 876 ☎ 0507-1346-9807 ✅ 소형견, 중형견, 대형견 모두 동반 가능. 실내 O, 야외 테라스 O. 실내 동반 시 가방 지참.

⑨ 호로락

해물라면과 해물짬뽕을 파는 맛집으로, 검멀레 해변 입구에 있다. 해물라면은 칼칼한 맛으로 입맛을 돋우며, 통째로 들어간 게가 시원하고 진한 감칠맛을 더한다.

📍 제주도 제주시 우도면 우도해안길 1132 ☎ 0507-1429-0115 ✅ 소형견, 중형견, 대형견 모두 동반 가능. 실내 O, 야외 테라스 O. 실내 동반 시 가방 지참.

⑩ 우도왕자 이야기

우도의 대표 디저트는 바로 우도 땅콩으로 만든 '우도땅콩아이스크림'이다. 우도에는 많은 땅콩아이스크림 가게를 볼 수 있는데 이곳이 원조다. 매장 내에서도 먹을 수도 있지만 검멀레 해변을 바라보며 가게 앞 벤치에서 먹는 것을 추천한다.

📍 제주도 제주시 우도면 우도해안길 252 ☎ 010-4049-3303 ✅ 소형견, 중형견, 대형견 모두 동반 가능. 실내 1층 동반 가능.

우도 가는 법

성산항 배

우도를 들어가려면 배를 타야 한다.
배는 성산항과 종달항에서 출발하며 여행객들은 보통 성산항을 많이 이용하는 편이다.
각 항구에서 출발하는 배편의 장단점이 있기에 확인 후 선택하도록 하자.

	성산항	종달항
배편	하루 22~24편 30분 간격 출발 (08:00~18:00, 계절별 상이)	하루 4~8편 1시간 간격 출발 (09:00~15:00, 계절별 상이)
요금	왕복 성인 10,500원	왕복 성인 10,000원
소요 시간	약 15분	약 15분
도착항	하우목동항, 천진항	하우목동항
장점	배편 많음, 주차장 넓음	대기 거의 없음, 주차비 무료
단점	성수기엔 대기 있음, 주차비 있음(1일 최대 8,000원)	배편 적음, 주차장 협소

우도 내 교통수단

❶ 도보

우도의 해안도로는 약 17km로, 걸어서 한 바퀴 도는 데 약 4시간이 소요된다. 구석구석 돌아볼 수 있어 걸어서 이동하는 사람들을 심심찮게 볼 수 있다. 하지만 일정이 짧거나 반려견 동반으로 여행한다면 추천할 만한 수단은 아니다.

❷ 자전거 or 스쿠터/전기차

우도에 도착하면 자전거 또는 스쿠터/전기차를 대여해 주는 업체를 많이 볼 수 있다. 일반 자전거는 운전면허증이 없어도 되지만 스쿠터, 전기차는 운전면허증이 필수다. 스쿠터와 전기차 모두 애견 동반이 가능한데 반려견을 태우려면 전기차가 낫다. 참고로 우도는 오르락내리락하는 경우가 많아 일반 자전거는 비추다.

전기차

❸ 버스

크게 순환버스와 마을버스가 있다. 순환버스의 경우 대부분 관광지에 서고, 이용에 크게 불편함이 없어서 운전면허증이 없다면 가장 추천할 만한 옵션이다. 시간 및 승하차 횟수에 제한이 없다는 것도 장점이다. 마을버스는 우도를 한 바퀴 돌아보지 않고 한두 군데 들를 예정이라면 추천할 만하다. 반려견 동반 시 버스 내 이동 가방은 반드시 지참해야 한다.

Ⓦ 순환버스 성인 8,000원

❹ 자차/렌터카

자차로 제주 여행을 한다면 우도에도 자차를 가져가는 것이 편리하다. 우도 배 안에 차량 선적이 가능하며 원하는 곳마다 들를 수 있다는 장점이 있다. 길도 잘 닦여서 운전하기에 편리하다. 만약 렌터카를 대여했다면 우도에 반입할 수 있는 조건이 되는지 확인해야 한다. 보통 우도 내 렌터카 반입을 허용하지 않으며 임산부나 65세 이상 경로자, 7세 미만 영유아, 대중교통 이용 약자 또는 장애인, 업무용 차량, 우도 내 숙박 예약자일 경우 렌터카도 반입이 가능하다.

SPECIAL PAGE

제주 핫플레이스를 티켓 하나로!

제주투어패스

100여 개의 제주 관광지와 액티비티, 체험, 카페 등 다양한 핫플레이스를 합리적인 가격에 즐길 수 있는 티켓이다. 제주 여행을 보다 편리하고 쉽게 계획할 수 있어 여행자들의 호응을 많이 얻고 있으며, 잘 이용한다면 만족도가 꽤 높은 상품이다. 네이버에서 '제주투어패스' 검색 후 여러 판매처에서 구입할 수 있다.

출처: 엘에스컴퍼니

종류 및 가격

24시간권(17,000원), 48시간권(22,900원), 72시간권(35,900원), 120시간권(54,900원)으로 나뉜다. 첫 입장 체크인 시각 기준으로 해당 시간 내 이용이 가능하다. 종종 할인 행사를 하므로 이때 이용하면 더 저렴하게 구입할 수 있다.

장소

매달 조금씩 바뀌지만 대체로 100여 개의 관광지, 액티비티, 카페 등이 포함되며, 지도와 리스트를 제공한다. 특히 여행 계획을 세우기 귀찮거나 대문자 P 같은 경우는 제주투어패스에서 소개하는 여행지를 고르기만 하면 돼서 간편하고, 파워 J에게는 미리 동선을 효율적으로 계획할 수 있어 도움이 된다.

주의사항

- 제주투어패스로 갈 수 있는 여행지와 혜택은 매달 약간씩 바뀌니 구매 전 리스트를 잘 확인하자. 최신 지도는 구매 시 발송되는 모바일 티켓에서 확인 가능하다.
- 간혹 사전 예약이 필요하거나 추가금을 내야 하는 경우가 있다. 이 경우 역시 현장가 대비 최대 할인된 금액으로 이용 가능하다.
- 시설을 이용한 후 1시간이 지나야 다음 시설을 이용할 수 있다. 만약 시간 간격 없이 이용하고 싶다면 '제주투어패스 타임제로'를 구매하자. 가격은 기본 제주투어패스에서 각 5,000원씩 더하면 된다.

댕댕투어패스

반려견 동반 여행객을 위한 티켓으로 기본 사용법 및 주의사항은 제주투어패스와 같다. 24시간권(11,900원), 48시간권(16,900원)이 있으며, 여행 일정에 맞춰 활용하면 더욱 알뜰하게 이용할 수 있다. 네이버에서 '댕댕투어패스' 검색 후 판매처에서 구입할 수 있다.

출처: 엘에스컴퍼니

제주도 여행 준비

이동 수단

육지에서 제주로 가는 방법에는 항공편과 배편이 있다. 반려견과 함께 가기 위해서는 몇 가지 고려할 사항이 있으니, 각각을 비교해 보고 자신에게 맞는 방법을 선택하자.

 항공편

비행기는 비용이 저렴하고 빠른 시간 내 이동이 가능해 많은 사람들이 선호하는 이동 수단이다. 하지만 반려견 동반 여행 시 고려해야 할 점이 있다. 바로 반려견의 무게에 따라 기내 탑승 여부가 갈린다는 것이다. 항공사에서 정한 무게 기준을 충족하면 기내 탑승이 가능하지만, 초과할 경우 수하물칸에 실어야 하므로 예약 전에 꼼꼼히 확인해야 한다.

	대한항공	아시아나	진에어	에어부산	에어서울	이스타	티웨이
기내 반입 (반려동물+운송용기 포함)	~7kg				~9kg		
위탁 운송 (반려동물+운송용기 포함)	~45kg			~32kg	X		
마리 수 (1인당)	기내 1마리 위탁 2마리			기내 1마리 위탁 1마리	1마리		

* 규정은 변경될 수 있으니 예약 전 항공사에서 다시 한번 확인하자.   (2025년 9월 기준)

참고사항

❶ 반드시 항공사에 반려동물 운송 예약을 해야 한다. 국내선의 경우 출발 기준 24시간 이전까지 예약 필수다.

❷ 반려동물 운송 서약서 작성 역시 필수다. 항공사 홈페이지에서 다운받거나 현장에서 작성할 수 있다.

❸ 이동장의 규격도 항공사마다 다르니 확인하자.

❹ 반려견 추가요금이 있다. 보통 20,000원에서 60,000원 사이다.

 **배편**

퀸제누비아호

야외운동장

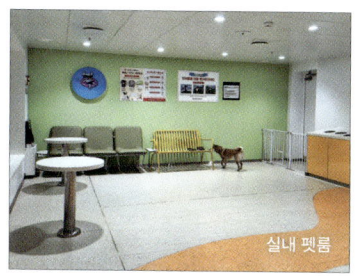
실내 펫룸

펫스위트룸

육지에서 제주로 가는 배는 목포, 완도, 삼천포, 진도 등에 있으며 이 중 목포와 완도에서 출발하는 배편이 가장 활성화되어 있다. 둘 다 대형 크루즈 선박이고, 느리긴 하지만 시설이 좋은 편이라 편안하게 갈 수 있다. 본인의 출발지를 고려하여 선택하도록 하자. 참고로 쾌속선 중에서 진도에서 출발하는 배편도 있다.

	목포 - 제주		완도 - 제주		진도 - 제주
선박회사	씨월드고속훼리		한일고속페리		씨월드고속훼리
선박명	퀸제누비아	퀸제누비아2	골드스텔라	실버클라우드	산타모니카(쾌속선)
승선 인원	1,284명	1,010명	948명	1,180명	606명
출발 시각	01:00	08:30	09:20	02:30, 15:00	08:00, 13:30
소요 시간	4시간 30분		2시간 40분		1시간 30분
차량 선적	가능		가능		가능
펫존	실내, 야외		실내, 야외		X
펫룸	펫스탠더드룸 (다인실 침대) 펫스위트룸 (2~4인실 침대)		펫룸 (다인실 마루) 스페셜 펫룸 (4인, 5인, 6인)		X (좌석 옆에 둘 수 있음)

* 규정은 변경될 수 있으니 예약 전 선박사에 다시 한번 더 확인하자. (2025년 9월 기준)

참고사항

❶ 소형견, 중형견은 전용 케이지(소프트, 하드)를 지참해야 하며 대형견은 목줄과 입마개를 필수 착용해야 한다.

❷ 정해진 공간만 이용 가능하고 식당 등 공용 공간은 반려견을 동반하지 못한다.

❸ 개모차를 선내 가져가는 것은 오히려 짐만 된다. 탑승 시 계단으로 올라가야 하는데 상당히 번거롭기 때문이다. 중형견, 대형견처럼 안고 가기에 부담스러우면 직원에게 미리 말하자. 대부분 리드줄을 짧게 하여 가거나 마지막에 탈 수 있도록 배려해 준다.

❹ 모든 선박에 공통으로 반려견 추가 요금은 없다.

작가 코멘트

실제 퀸제누비아호, 퀸메리2호(현재 운항 X), 산타모니카를 이용해 보았는데 모두 만족스러웠다. 장점은 반려견과 이동 내내 같이 있을 수 있다는 점, 펫 편의시설(운동장, 펫룸)이 있다는 점, 자동차에 짐을 많이 실을 수 있다는 점, 반려견 추가요금이 없다는 점이었다. 산타모니카는 90분 만에 도착하는 것은 좋았으나 뱃멀미하는 사람들이 있었고, 기상 상황이 좋지 않아 육지로 돌아올 때 결항된 적이 있었다.

> **TIP**
> 씨월드와 한일 모두 펫여권을 만들어주는 이벤트를 상시 진행한다. 당연히 여권으로서 실질적 효력은 없으며 반려견과의 제주도 여행 기념품으로 간직할 수 있다. 단, 당일 신청은 불가하니 티켓을 발권했다면 미리 신청 고고!

항공편 vs 배편 장단점 정리

	항공편	배편
장점	이동 시간이 짧음 소형견에게 좋은 옵션	반려견 무게 제한이 없음 펫룸에서 쉴 수 있음 자차 선적 가능(짐 보관 굿)
단점	중대형견은 수하물 위탁	이동 시간이 긺

현지 교통

현지에서 이용할 수 있는 교통수단은 크게 **버스와 택시, 렌터카, 자차**로 나눌 수 있다.

버스/택시(뚜벅이 여행자)

반려견과 함께 뚜벅이 제주 여행이 어려울 것이란 생각이 들 수 있지만, 생각보다 많은 사람들이 실제로 하고 있다. 뚜벅이 여행자들을 위한 꿀팁들을 소개하니 걱정 말고 여행 짐을 싸도록 하자.

❶ 공항이나 여객선 터미널에 도착했을 때는 '짐옮김이 서비스'를 이용하는 것을 추천한다. 공항에서 숙소까지 캐리어를 옮겨주는 서비스로, 여러 업체에서 운영하고 있다. 캐리어 22~24인치 기준 16,000원에 제주 전 지역으로 당일 배송해 준다. 무거운 짐은

모두 캐리어에 넣고 두 손 가볍게 여행을 시작하자(여행 마무리할 때도 마찬가지!).

❷ 시내버스 이동 시 사방이 막힌 케이지를 준비하자. 또는 일반 택시보다는 가격이 좀 나가지만 펫 택시를 이용할 수도 있다. 카카오T 펫의 경우 40kg 미만의 대형견까지 이용 가능하다.

❸ 웬만하면 숙소는 한 군데에서만! 제주를 장기 여행할 것이 아니라면 최대한 짐 옮기는 데 시간과 체력을 낭비하지 말자.

❹ 일정 욕심은 자제하자. 무리한 일정은 여행이 아니라 고행이다.

렌터카

제주 렌터카 업체 중 애견 동반을 허용하는 곳들이 점점 늘고 있다. 업체를 찾는 것은 어렵지 않지만, 문제는 반납 시 얼굴을 붉히는 상황이 종종 발생한다는 점이다. 과도한 오염 비용 청구나 말도 안 되는 꼬투리 잡기 등이 대표적인 사례로, 특히 저렴한 비용을 내세우는 업체에서 자주 발생한다. 이러한 상황을 맞닥뜨리지 않으려면 아래처럼 해보자.

❶ 웬만하면 대기업 렌터카(롯데, SK)를 이용하자. 전 차종 애견 동반이 가능할뿐더러 마지막 반납 시에도 사설 업체처럼 까다롭지 않다. 물론 배변 등 심한 오염이 있을 시 청소 비용이 청구되니 유의하자. 참고로 롯데에서는 개모차도 대여할 수 있다.

❷ 가방이나 케이지를 반드시 준비하고, 마킹하거나 배변하는 강아지는 매너벨트나 기저귀를 착용하도록 하자.

자차

장기 여행을 하거나 짐이 많은 사람에게 특히 유용하며, 자신의 차를 그대로 가져갈 수 있어 가장 편리하다. 개모차나 캐리어 등 큰 짐을 실어 옮길 수 있고, 렌터카에 비해 이것저것 신경 쓸 일이 없는 것도 장점이다. 게다가 성수기라면 렌터카보다 자차가 경제적으로 이득일 수 있다. 자차 이용은 아래와 같이 두 가지 방법으로 가능하니 비교해 보고 선택하자.

❶ 배로 가는 경우: 배 티켓을 예매할 때 차량 티켓도 같이 끊을 수 있다. 예매 화면에서 차량 선적을 하는지 묻기 때문에 별도의 절차가 필요하지 않다.

❷ 비행기로 가는 경우: 몸은 비행기를 타고 차량만 탁송할 수도 있다. 배로 이동하는 시간이 길기 때문에 미리 차량을 탁송하고, 비행기 도착 시간을 맞추는 것이 좋다. '제주도 차량 탁송'으로 검색하면 많은 업체가 나오니 비교해 보자.

반려견 동반 식당

(2025년 9월 기준)

제주도에는 애견 동반 식당이 많아 여행 중 큰 불편을 느낄 일은 거의 없다. 제주시와 서귀포시 등 지역 곳곳에 골고루 분포되어 있어 선택의 폭도 넓다. 애견 동반이 불가한 식당이라도 전화로 부탁하면 허락해 주는 경우도 종종 있다. 다만, 제주도 식당들은 영업시간이 네이버 등 포털에 기재된 정보와 다른 경우가 많고, 휴무일도 예고 없이 갑자기 생기는 일이 흔하다. 따라서 **방문 전 반드시 전화로 영업시간과 휴무일을 확인하고, 애견 동반 가능 여부도 다시 한번 체크하는 것이 좋다.**

심바카레 돈카츠카레, 계란카레, 돈카츠카레우동 등

동진식당 공항점 고사리육개장, 돔베고기 등

문쏘 제주협재점 황게카레, 돈가스, 에그인헬 등

잇칸시타 텐동정식, 지라시스시정식, 규동정식 등

배롱정원 흑돼지 에그인헬, 크림리소토, 감바스 등

오데뜨 전복리소토, 크림우동, 흑돼지안심덮밥 등

이큐테이블 한림협재금능해수욕장점 캠핑콘셉트 바비큐

퐁당라면 해물라면, 흑돼지라면, 새우파전 등

금능제면소 금능한상, 보말칼국수, 한치회덮밥 등

안뜨레제주집 서귀포신시가지점 가마솥흑돼지 등

화순한가네식당 튀김돔베정식, 흑돼지두루치기 등

불턱버거 2021 수제 버거, 버섯튀김 등

새물국수 고기국수, 돼지국밥 등

색달그때그집 워터에이징 흑돼지, 김치찌개 등

사계꽃담집 소불고기한상, 떡갈비한상, 제육한상 등

오랑우탄면사무소 탄탄면

꽁떼네도르 고사리파스타, 훈제고등어 오일파스타 등

모슬포수산 대방어, 참돔 등 활어회

순천미향 제주산방산본점 제주삼합, 은갈치조림 등

커뮤티테이블 시즌2 달코롬정식, 매코롬정식 등 한식

반려견 동반 카페

(2025년 9월 기준)

제주도에는 애견 동반 카페가 식당만큼이나 많아, 어느 지역을 여행하더라도 쉽게 찾아볼 수 있다. 다만, 애견 전용이 아닌 '동반 가능' 카페이므로 비반려인도 함께 머문다는 점을 염두에 두고, 반드시 목줄 착용 등 펫티켓을 지켜야 한다. 또한 영업시간은 수시로 변경될 수 있으니 방문 전 확인이 필요하며, 애견 동반 규정도 미리 문의해 두는 것이 좋다.

카페 브리피 — 브런치 카페(파스타, 샐러드, 샌드위치 등)
라녹 — 커피, 만다리넨케이크, 달마시안케이크 등
깅코 — 커피, 딸기라테, 떡볶이 등
오름마르 — 커피, 요거트, 소금크루아상 등
애월다방망설임바 — 실타래 빙수 등
열두달 — 초당옥수수빙수, 베이글 등
벨진밧 — 커피, 주스, 요거트, 아이스크림 등
터틀락 — 아포가토, 라테, 스무디 등
골든아워제주카페 — 커피, 라테, 스무디 등
인스밀 — 커피, 보리미숫가루, 보리과즐 등
엘파소 — 커피, 티, 에이드 등
코우코알라 — 드립커피, 티라미수, 치즈케이크 등
사일리커피 — 커피, 티, 스무디, 티라미수 등
휴일로 — 커피, 티, 스무디 등
니나수 족욕카페 — 음료+족욕제+디저트, 전신 스파 등

반려견 동반 숙소 | 운동장

(2025년 9월 기준)

제주도에는 반려견 동반 여행객이 많아 숙소도 많은 편이다. 호텔부터 리조트, 펜션, 에어비앤비 등 다양한 타입의 숙소들이 있어 선택지도 넓다. 단, 무게에 따라 제한을 두는 업체가 많아 중형견, 대형견은 손품을 더 팔아야 한다. 간혹 털 빠짐(시바견, 웰시코기 등) 때문에 거부 당하는 경우도 있으니 예약 전 업체와 연락 후 확답을 받아놓도록 하자. 강아지가 마음껏 뛰어놀 수 있는 반려견 운동장도 함께 살펴보자.

- **뜨레비호텔** - 10kg 미만 소형견, 가성비 호텔
- **메종 글래드 제주** - 10kg 이하, 5성급 호텔
- **투개더** - 소·중·대형견, 독채 펜션
- **외도339** - 입장료 X, 중소형견·대형견 분리
- **더 포레스트 유수암** - 15kg 미만·초과 시 문의, 독채 펜션
- **카페에벤에셀** - 입장료 X, 12kg 미만 중소형견 전용
- **피피애견운동장** - 입장료 3,000원, 15kg 이하 중소형견 전용
- **귀덕귀덕펜션** - 소·중·대형견, 독채 펜션
- **더바움** - 10kg 이하, 독채 펜션
- **애월오제** - 15kg 미만, 독채 펜션
- **더포레스트하소로** - 15kg 이하·초과 시 문의, 독채 펜션
- **블리스풀** - 입장료 5,000원, 소형견·중대형견 분리
- **제주댕댕이파크 리조트** - 15kg 미만, 개별 운동장
- **제주댕댕이애견펜션블랙** - 소·중형견, 개별 운동장
- **서머셋 제주신화월드** - 10kg 미만, 리조트
- **씨사이드아덴** - 소·중·대형견, 리조트
- **소소스테이** - 소·중·대형견, 독채 펜션
- **강생이마당** - 입장료 5,000원, 반려견 5,000원, 중대형견 전용, 무인 시스템
- **이어공공** - 입장료 5,000원, 중소형견·대형견 분리
- **제주브릭스** - 8kg 미만, 가성비 호텔

울릉도·독도

웅장한 절벽과 에메랄드빛 바다, 육지에서 만나본 적 없는 자연을 접할 수 있는 곳이 바로 울릉도다. 이국적인 풍경과 한국의 멋을 동시에 지닌 특별한 매력이 있는 섬. 실내 몇 곳을 제외하고는 반려견과 함께할 수 있는 장소가 많아 애견 동반 여행지로 주목할 만하다. 사람과 반려견 모두에게 힐링을 선물하는 울릉도로 떠나보자.

일정별 추천 코스 ▶ **주말 끼고 알차게! 2박 3일**

울릉도 핵심만 쏙쏙

DAY 1 ▶ 울라웰컴하우스 ←→ 삼선암 ←→ 천부 해중전망대
DAY 2 ▶ 나리분지 ←→ 거북바위 ←→ 만물상전망대
DAY 3 ▶ 행남해안산책로

DAY 1

1. **울라웰컴하우스** — 여행 첫날 필수 방문지 각종 정보 및 꿀팁 획득
2. **삼선암** — 울릉도에서 다른 건 몰라도 이것만큼은 보고 가자
3. **천부 해중전망대** — 수심 6m에서 100% 자연산 아쿠아리움 즐기기

DAY 2

1. **나리분지** — 병풍처럼 둘러싸인 풍경 & 신령수 트레킹
2. **거북바위** — 울릉도 필수 코스 & 독도 강치 포토존
3. **만물상전망대** — 울릉도 최고의 일몰 명소

DAY 3

1. **행남해안산책로** — 피날레는 울릉도 여행의 끝판왕인 행남해안산책로 산책

행남해안산책로

01 울릉도

멋진 해안절벽과 신비로운 해식동굴이 끊임없이 감탄을 자아내게 하는 울릉도 여행의 톱티어다. 도동항과 저동항을 잇는 2.6km의 산책로로, 도동항 – 행남등대구간, 저동항 – 행남등대구간으로 나뉜다. 각자 매력이 있지만 도동항 구간이 더 아름답다. 해식동굴 사이를 지나 나선형 계단과 밑이 훤히 보이는 계단을 통과할 땐 짜릿함이 느껴진다. 짙푸른색과 에메랄드빛이 공존하는 바다를 감상하며 반려견과 산책해 보자.

📍 경북 울릉군 울릉읍 도동길 34 📞 054-790-6573 🌐 https://www.ulleung.go.kr/tour 🕐 24시간 연중무휴 💰 무료
⏱ 1시간 30분 🐾 소형견, 중형견, 대형견 모두 방문 가능.

TIP
울릉도는 눈을 돌리는 모든 곳이 장엄한 자연이다. 지역 특성상 야외 관광지가 많다 보니 기상 악화 또는 현지 사정에 따라 출입 불가한 곳이 종종 생긴다. 따라서 방문 전 **울릉알리미나 울릉도 가이드 어플, 울릉군 관광문화 홈페이지** 등을 통해 **출입 가능 여부를 꼭 확인**하자.

한 걸음 더 Zoom in

울릉도의 번화가

저동항
울릉도에서 가장 큰 번화가로, 여행을 하다 보면 꼭 한 번은 지나치게 되는 곳이다. 각종 편의시설 및 숙소, 식당들이 몰려 있고, 여행 인포메이션 역할을 하는 '울라웰컴하우스'가 있어 여행 정보를 쉽게 얻을 수 있다. 또한 울릉도 오징어 대부분이 취급되는 곳으로 오징어잡이배 불빛으로도 유명하다.

도동항
울릉도의 또 다른 번화가다. 저동항과 마찬가지로 편의시설, 숙소, 식당이 많은데 관광지 분위기가 조금 더 강하다. 울릉도에 입항하는 쾌속선들이 도착하는 곳으로 배가 들어오는 시간에는 사람들로 늘 활기차다.

기념품

울라웰컴하우스

02 울릉도

울릉도 여행 정보를 얻을 수 있는 여행자 센터로 다양한 이벤트를 진행하여 여행을 풍성하게 만들어준다. 간단히 말해, 울릉도 여행 계획을 미리 세우지 않았더라도 이곳에 들르면 웬만한 준비가 모두 해결된다. 볼거리, 먹거리, 즐길 거리 등 알찬 정보가 가득해 여행 첫날 방문을 추천한다. 또한 기념품 및 울릉도 특산품도 판매하고 있어서 선물을 사가기에 좋다.

ⓘ 경북 울릉군 울릉읍 울릉순환로 171 ☎ 054-791-7781 🌐 https://www.instagram.com/sigour.ulla ⏰ 09:00~18:00(휴게 시간 13:00~14:00) 💰 무료
🐕 소형견, 중형견, 대형견 모두 방문 가능. 가방 지참 권장.

TIP

울라웰컴하우스에서는 '울릉도 여행지도'를 배부한다. 한 장에 울릉도 관광 정보가 총망라되어 있어 굉장히 유용하다. 방문하면 꼭 챙기도록 하자(이곳 말고도 식당, 카페에 비치된 경우가 있다).

여기도 Check!

독도문방구

울릉도 기념품 가게 중 가장 핫하고 트렌디한 곳이다. 규모는 작지만 다양한 기념품, 아기자기한 소품을 많이 판매한다. 마그네틱, 키링, 머그컵뿐 아니라 독도 소주, 울릉 화투 등 재밌는 아이템도 많다. 특히 강아지 옷(중형견 사이즈까지)도 판매하고 있어 여행 기념품으로 제격이다. 울라웰컴하우스 위쪽에 있으니 같이 묶어 둘러보자.

ⓘ 경북 울릉군 울릉읍 울릉순환로 164-4 ☎ 0507-1342-6044
🐕 가방 지참하여 방문.

촛대바위

03 울릉도

저동항에 위치한 바위로, 마치 촛대를 세워놓은 것 같다 하여 붙여진 이름이다. 특히 바위 뒤로 떠오르는 해가 아름다워 일출 명소로 손꼽히며, 야경을 감상하기에도 좋은 곳이다. 촛대바위에는 전설이 하나 있는데, 고기잡이하러 나간 아버지를 하염없이 기다리던 딸이 바위로 변해버렸다는 이야기다. 그래서 효녀 바위라 부르기도 한다.

📍 경북 울릉군 울릉읍 도동리 산 1-1 📞 054-791-2191 🌐 https://www.ulleung.go.kr/tour 🕐 24시간 연중무휴 💰 무료 ⏱ 10분 🐕 소형견, 중형견, 대형견 모두 방문 가능.

TIP
- 촛대바위는 행남해안산책로 저동항 구간의 시작점이기도 하다.
- 이곳에서 바라보는 저동항의 경치도 꽤 멋지다.

나리분지

04 울릉도

울릉도에서 유일하게 평지인 곳으로 화산이 폭발할 때 중앙의 분화구가 함몰되어 생긴 지형이다. 넓이는 축구장 28개 정도이며, 가운데는 대부분 옥수수, 감자, 산채나물 등 농사를 짓는 밭이다. 또한 둘레길을 트레킹하며 나리분지의 풍경을 감상할 수 있어, 울릉도 바다와는 또 다른 매력을 느낄 수 있다. 나리전망대에 오르면 병풍처럼 산으로 둘러싸인 나리분지를 한눈에 담을 수 있으니 꼭 들러보자.

📍 경북 울릉군 북면 나리 📞 054-790-6423 🌐 https://www.ulleung.go.kr/tour 🕐 24시간 연중무휴 💰 무료 🐕 소형견, 중형견, 대형견 모두 방문 가능.

TIP
나리전망대는 나리분지 들어가는 초입에 위치해 있다. 전망대만 덩그러니 있어 지나치기 십상이니 눈을 크게 뜨고 잘 보자. 내비에 '나리전망대'를 입력하면 OK! (주소: 울릉군 북면 나리 산 3-5)

천부 해중전망대

 울릉도 05

천부항에 위치한 수중 전망대로, 수심 6m 바닷속까지 내려갈 수 있다. 깨끗한 바닷속이 훤히 들여다보여 울릉도에 서식하는 다양한 물고기와 수중 생물들을 관찰할 수 있다. 전망창 앞에 먹이통이 있어 물고기들이 몰려드는 모습을 가까이에서 볼 수 있는 점도 매력적이다. 입장료가 아깝지 않을 만큼 이용자들의 만족도가 높은 자연 아쿠아리움이다.

- 경북 울릉군 북면 울릉순환로 3137 054-791-6983
- https://www.ulleung.go.kr/tour 하절기 09:00~18:00(동절기 ~17:00) 성인 4,000원 30분 가방 반드시 지참.

TIP
- 독도를 다녀오면 발급받을 수 있는 '독도명예주민증'을 제시하면 입장료가 무료다.
- 근처 천부항은 여름철 해수욕과 스노클링 하기에 좋은 장소다.

여기도 Check!

오징어 맨손 잡기 축제

해마다 여름이면 울릉도에서는 '오징어 축제'를 연다. 저동항, 내수전 해변, 그리고 천부항에서 나누어 진행하며, 축하공연, 만들기 체험, 전통배 타기 등 다양한 프로그램을 운영한다. 그중 천부항에서의 오징어 맨손 잡기가 인기가 많다. 해수풀에 풀어놓은 오징어를 손으로 잡아볼 수 있으며, 잡은 오징어는 가져갈 수도 있고 즉석에서 회로 썰어먹을 수도 있다. 행사 시간보다 일찍 줄이 생기므로, 미리 도착하는 것이 좋다. 참가비는 무료이며 1인당 잡을 수 있는 마릿수는 2마리이다(매해 바뀔 수 있으니 참고만 하자).

- 경북 울릉군 북면 울릉순환로 3137 소형견, 중형견, 대형견 모두 방문 가능.

삼선암

06 울릉도

울릉도 3대 비경 중 제1경으로, 바다 위 우뚝 솟은 세 바위의 풍경이 가히 압도적이다. 가장 높은 바위는 107m, 그 다음 89m, 58m로 멀리서도 한눈에 확 들어온다. 삼선암에는 전설이 하나 있는데, 선녀 셋이 내려와 목욕하다 하늘로 돌아갈 시간을 놓쳤고, 옥황상제의 노여움을 사서 바위가 되었다는 이야기다. 언니 선녀들 바위에는 나무와 풀이 자라지만, 늑장을 부린 막내 선녀 바위는 혼자 떨어져 있고 풀 한 포기도 자라지 않는다고 한다.

* 울릉도 3대 비경은 삼선암, 코끼리바위, 관음도다.

📍 경북 울릉군 북면 천부리 📞 054-790-6454 🌐 https://www.ulleung.go.kr/tour 🕐 24시간 연중무휴 💰 무료 🐕 소형견, 중형견, 대형견 모두 방문 가능.

TIP
- 바로 옆이 도롯가이고 곡선주로라 구경 시 안전에 유의해야 한다.
- 사진을 예쁘게 찍으려면 아침이나 이른 낮에 방문하는 것이 좋다. 오후에는 역광이다.

여기도 Check!

관음도

삼선암과 1.5km 떨어져 있는 관음도 역시 울릉도 3대 비경 중 하나로 손꼽힌다. 정확히는 관음도의 '쌍굴'을 말하는데 산책으로 보기는 어렵고 일주 유람선을 타야 볼 수 있다. 관음도는 사람이 살지 않는 무인도이며 독도, 죽도에 이어 울릉도에서 세 번째로 큰 섬이다. 또한 동백나무, 부지깽이, 참억새 등 다양한 야생 식물의 보고라 알려져 있다. 아쉽게도 2024년도부터 애견 동반 불가로 바뀌어 현재는 반려견과 함께 관람할 수 없다.

📍 경북 울릉군 북면 천부리 📞 054-791-6022 🌐 https://www.ulleung.go.kr/tour 🕐 09:00~18:00(입장 마감 16:30) 💰 성인 4,000원(독도명 예주민증 제시 시 무료) ⏱ 1시간 내외 🚫 불가.

코끼리바위

07 울릉도

울릉도 3대 비경 중 마지막으로 코끼리가 코를 물에 담그고 마시는 것처럼 보인다 하여 붙여진 이름이다. 또한 코 부근에 구멍이 뚫려 (해식동굴) 공암이라 불리기도 한다. 과거에는 울릉도와 이어져있었으나 파도에 의해 깎이면서 바위섬으로 남게 되었다.

📍 경북 울릉군 북면 현포리 📞 054-791-2191 🌐 https://www.ulleung.go.kr/tour ⏰ 24시간 연중무휴 💰 무료 🐕 소형견, 중형견, 대형견 모두 방문 가능.

뒤에 있는 바위가 코끼리 바위다.

TIP
- 현포전망대에서 보면 코끼리의 코 모양이 두드러진 모습을 확인할 수 있다.
- 도로 옆에 있어 지나가다 잠시 내려서 볼 수 있으며, 드라이브 중에 감상하기에도 충분하다.

한 걸음 더 Zoom in

울릉도 일주 유람선

코끼리 바위를 가까이에서 감상하거나 육로로는 보기 힘든 관음도 쌍굴을 보려면 울릉도 일주 유람선을 이용하면 된다. 도동항에서 출발하여 울릉도 섬 주변을 돌아보는 관광 유람선으로 2~3시간 정도 소요된다. 대표적인 유람선으로는 '썬스타호'와 '나리호'가 있다. 썬스타호의 경우 반려동물은 케이지 포함 5kg 이내 동반 가능하나 별도 장소에 따로 보관해야 하고, 나리호는 리드줄만 하고도 입장 가능하다. 둘 다 뱃멀미를 할 정도로 울렁거림이 있으니 멀미가 심하다면 미리 약을 복용하자.

📍 경북 울릉군 울릉읍 도동길 14 도동항 여객선터미널 📞 썬스타호 054-791-2002, 나리호 054-791-0999 💰 성인 30,000원 (10,000원 할인 이벤트 자주 함)

신령수

08 울릉도

나리분지에서 성인봉으로 가는 숲길을 따라 약 2km 정도 들어가면 나오는 곳이다. 가는 길의 풍경이 아름답고 경사로가 완만해 부담 없이 다녀갈 수 있다. 특히 울릉도에서 반려견과 숲 산책을 할 수 있는 몇 안 되는 곳이라 더욱 특별하다. 신령수에 다다르면 약수터가 나오는데 이곳의 기운이 좋아 재벌들도 찾아와 기를 받는다는 소문이 있다. 또한 이곳에서 약수를 마시고 발을 담그면 부자가 된다는 이야기도 전해진다.

📍 경북 울릉군 북면 나리 산35 📞 054-790-6423 🌐 https://www.ulleung.go.kr/tour 🕐 24시간 연중무휴 ₩ 무료 ⏱ 1시간 30분 🐕 소형견, 중형견, 대형견 모두 방문 가능.

신령수 가는 숲길

여기도 Check!

투막집

신령수 가는 길 중간에 위치한 '울릉도 전통가옥'을 가리키며, 학창 시절 사회 시간에 배웠던 '우데기'가 둘러쳐진 집이다. 울릉도는 예로부터 눈이 많이 내리고 바람이 강하게 불어, 집 바깥에 외벽 역할을 하는 우데기를 설치했다. 겨울에는 눈을 막고 농작물을 저장하는 공간으로, 여름에는 햇빛과 비를 막는 용도로 사용했다. 이곳에서는 억새투막집과 너와투막집을 볼 수 있다.

📍 경북 울릉군 북면 나리 🐕 소형견, 중형견, 대형견 모두 방문 가능.

거북바위

09 울릉도

보는 방향에 따라 거북이 6~9마리가 바위 위로 오르는 것 같아 붙여진 이름이다. 안타깝게도 2023년 10월 2일 거북바위의 머리 부분이 낙석하면서 현재는 머리 없이 거북이 등딱지만 남은 모습을 관찰할 수 있다. 비록 머리는 없어졌지만 여전히 울릉도 필수 코스로 사랑받고 있다. 근처에는 독도 강치 포토존이 있다. 강치는 일본군의 무자비한 포획에 의해 멸종된 가슴 아픈 역사를 지닌 바다사자과 동물이다. 그러므로 더더욱 잊지 않고 기억해야 할 것이다.

📍 경북 울릉군 서면 남양리 산 18-1 📞 054-791-2191 🌐 https://www.ulleung.go.kr/tour 🕐 24시간 연중무휴 💰 무료 🐕 소형견, 중형견, 대형견 모두 방문 가능.

TIP
거북바위 건너편 절벽에는 향나무 원종이 자라고 있다. 학술적으로도 가치가 있는 곳이기에 훼손을 막고자 천연기념물 제48호로 지정하여 보호하고 있다.

버섯바위

10 울릉도

상황버섯 또는 영지버섯을 닮은 바위로, 규모는 작지만 임팩트가 있다. 용암이 폭발하면서 쌓인 화산재, 파편 등이 울릉도의 파도와 칼바람에 의해 깎여 만들어졌다. 원래 현재보다 높은 산사면에 위치해 있었는데, 일부가 붕괴되면서 지면에 닿은 채 자리 잡게 되었다. 포토존으로 유명하여 인생샷, 견생샷을 남길 수 있으며, 그냥 지나치기 쉬우니 눈을 크게 뜨고 잘 봐야 한다.

📍 경북 울릉군 서면 남서리 산162-1 📞 054-790-6454 🌐 https://www.koreageoparks.kr/ 🕐 24시간 연중무휴 💰 무료 🐕 소형견, 중형견, 대형견 모두 방문 가능.

태하해안산책로

11 울릉도

행남해안산책로에 비해 덜 알려져 있는 울릉도의 숨은 명소다. 에메랄드빛 바다, 기암절벽 등 수려한 경치를 감상할 수 있고, 여름철 스노클링을 할 수 있는 가재굴도 만날 수 있다. 산책로 끝에는 우리나라 10대 비경 중 하나로 선정된 대풍감이 나온다. 산책로의 절반은 데크길, 나머지 절반은 흙길로 되어 있는데, 흙길은 폭이 좁기 때문에 반려견 통행에 특히 신경 써야 한다.

📍 경북 울릉군 서면 태하리 📞 054-791-2171 🌐 https://www.ulleung.go.kr/tour 🕐 24시간 연중무휴 💰 무료 ⏱ 1시간 40분 🐕 소형견, 중형견, 대형견 모두 방문 가능.

TIP
- 데크 산책로에는 그늘이 거의 없기 때문에 선글라스, 모자 또는 양산이 필수다.
- 산책로 입구에 '태하향목모노레일'이 있다. 이를 타고 올라가면 대풍감에 쉽게 닿을 수 있지만 반려견은 탑승 불가이니 참고하자.

가재굴

대풍감 가는 오솔길

남서일몰전망대

12 울릉도

울릉도의 대표적 일몰 명소로, 깎아지른 절벽과 수평선 사이로 지는 낙조를 바라볼 수 있다. 해발 150m에 위치해 있으며, 모노레일을 타고 올라갈 수 있으나 반려견 탑승은 불가하다. 하지만 입구에 있는 등산로를 따라 20여 분 올라가면 전망대에 닿을 수 있다. 봄, 가을, 겨울에는 수평선으로 지는 해를 볼 수 있지만 여름에는 일몰이 바로 앞 절벽에 가리니 참고하자.

📍 경북 울릉군 서면 남서리 산 100 📞 054-791-6260 🌐 https://www.ulleung.go.kr/tour 🕐 24시간 연중무휴(등산로) 💰 무료 ⏱ 왕복 40분 🐕 소형견, 중형견, 대형견 모두 방문 가능.

만물상전망대

13 울릉도

울릉도 서쪽에 있는 전망대로 '만 가지 상'이 보이는 절경이라 하여 이름 붙여졌다. 태하마을에서 학포항까지 기암절벽들을 감상할 수 있는 것은 물론, 지평선 너머 아름다운 일출과 일몰을 볼 수 있는 명소다. 차에서 내려 바로 구경할 수 있는 곳이라 걷기 싫어하는 이들에게 강추다. 오징어가 많이 잡히는 7월부터 9월 사이에는 오징어잡이배들도 함께 볼 수 있다.

📍 경북 울릉군 서면 울릉순환로 1939-10 📞 054-791-9163~4 🕐 24시간 연중무휴 ⓦ 무료 ♿ 소형견, 중형견, 대형견 모두 방문 가능.

> **TIP**
> 전망대 앞에서 호박쑥빵을 파는데 피가 얇고 쫄깃한 데다 많이 달지 않다. 울릉도 기념품으로도 추천!

완벽한 독도 여행을 위한 STEP 6

울릉도 여행 시 한 번쯤 생각하게 되는 곳이 바로 독도다.
그런데 입도하기가 생각보다 까다롭다. 가고 싶을 때 언제든 갈 수 있는 것이 아니라
여러 조건들이 맞아떨어져야 갈 수 있기 때문이다.
그래서 '3대가 덕을 쌓아야 갈 수 있다'라는 말까지 나온다.
반려견 동반 역시 불가하다. 배 안에는 같이 탑승할 수 있으나 독도에 내릴 수는 없다.
만약 반려견을 데려가야 한다면 배 안에 잠시 둬야 하니 이 점을 고려하자.

STEP 1 예약 전 알아두기

① 독도 여행은 입도 후 약 20여 분간 제한된 구역에서 산책 및 감상이 가능하다.
독도의 서도는 출입 불가하며 동도 일부만 개방하고 있다.

② 기상 상황이 좋아도 입도가 불가할 수 있다.
기본적으로 울릉도와 독도를 오가는 구간은 너울성 파도가 심하며
파도가 잠잠해 보여도 바닷속 상황에 따라 접안 불가한 경우가 있다.

③ 보통 여름이 파도가 심하지 않아 접안 성공 확률이 높으며 12월부터 이듬해 2월까지는
기상 악화가 잦아 독도 운항을 중단한다.

④ 독도 접안에 실패하면 독도 주변을 도는 선회 관광으로 대체된다.

STEP 2 배편

독도 가는 배는 저동항, 도동항, 사동항 세 군데에서 출발한다. 울릉도에서 독도가 가까울 것으로 생각하는 이들이 많지만, 실제로는 87.4km 떨어져 있어 거리가 꽤 된다. 이동은 모두 쾌속선을 통해 이루어지며, 요금은 좌석 등급에 따라 왕복 60,000~70,000원대다.

배

배 안

출발지	저동항		도동항		사동항
선박회사	대저해운		씨스포빌		독도크루즈
선박명	썬라이즈호	씨스타5호	씨스타1호	씨스타11호	퀸스타2호
승선 인원	414명	438명	443명	449명	444명
출발 시각	08:20/14:20	16:00(매주 토)	12:30(매주 금)	07:20/13:40	06:40/14:10
소요 시간	1시간 30분		1시간 35분		1시간 45분
애견 동반	가능 (케이지 필수)		가능 (케이지 포함 5kg 이하)		가능 (케이지 필수)
연락처	1899-8114		1577-8665		1533-3370

(2025년 기준)

* 규정은 변경될 수 있으니 예약 전 선박사에 다시 한번 확인하자.

STEP 3 준비물 챙기기

저동항 제일약국 멀미약

터미널 안

필수 준비물은 신분증과 배표이며 선택 준비물은 멀미약이다. 독도 가는 배는 파도가 심해 울릉도를 벗어나자마자 꿀렁거리는 것을 바로 느낄 수 있다. 따라서 평소 뱃멀미가 있을 경우 멀미약을 미리 복용하는 것이 좋다. 육지에서 준비해오지 못했다면 저동항에 있는 제일약국에서 사도록 하자. 이곳이 멀미약 맛집이라 효과가 아주 좋다. 그 외 태극기(사진 찍을 때 유용)나 독도 경비대에게 줄 선물(먹거리 위주)을 가져가면 좋다.

STEP 4 독도 접안 여부 확인

'독도해양기상정보(https://www.ulleung.go.kr>forecast)'에 접속하면 독도 접안 여부를 알 수 있다. '가능', '가능성 있음', '불가능'으로 안내하기 때문에 미리 파악할 수 있다. 하지만, '가능'이라 떠도 접안하지 못하는 경우가 있으며 '불가능'이라 떠도 접안하는 경우가 있기 때문에 참고용으로 살펴보면 좋다.

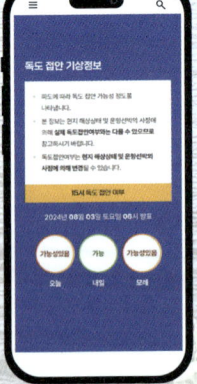

STEP 5 독도 둘러보기

독도 관광엔 보통 20여 분 정도 주어진다. 20분 구경하려고 왕복 3시간 이상 배를 타느냐는 사람도 있겠지만 독도가 주는 의미와 상징성을 생각한다면 투자할 만하다. 반려견은 입도가 불가능하니 잠시 배에서 기다리게 하자.

탕건봉과 촛대바위

삽살개

대한민국 동쪽 땅끝 기념비

서도

촛대바위와 삼형제굴바위

동도

독도이사부길 이정표

독도이사부길
독도는 동도와 서도로 나뉘는데 배는 동도에 도착한다. 동도에는 신라 장군 이사부의 이름을 딴 '독도이사부길'이 있으며 이정표 앞에서 사진을 찍기 위해 많은 사람들이 줄을 선다. 참고로 서도에는 '독도안용복길'이 있다.

대한민국 동쪽 땅끝 기념비
독도가 우리나라 국토임이 명시된 기념비로 1997년 독도 접안 시설 공사 완공을 기념하여 세웠다. 이곳도 포토존이라 줄을 서야 사진을 찍을 수 있다.

독도 경비대
독도 경비대는 군인이 아니라 경찰이다. 경북 경찰청 소속의 육상 경찰부대로, 독도 경비 수행 및 관광객들의 안전도 같이 보고 있다. 이들은 최소 50일씩 순환근무를 하며, 생활물자가 풍족하지 못한 환경에서 지낸다. 많은 여행객이 독도 경비대의 열악한 근무 환경을 생각하며, 독도 수호에 대한 감사한 마음을 담아 간식, 먹거리, 생활용품 등을 챙겨 간다.

독도지킴이 삽살개
독도에서는 삽살개를 만날 수 있는데 독도 경비대와 더불어 독도를 지키는 임무를 수행한다. 일제강점기 우리나라 토종개들에 대한 일본의 무자비한 도살 행위에도 삽살개는 살아남았으며 이러한 상징성 때문에 1998년도부터 독도지킴이 업무를 수행하고 있다. 삽살개도 2년씩 교대근무를 하고, 임무를 마치면 육지로 이동한다.

STEP 6 독도명예주민증 발급

독도를 다녀왔다면 사동항에 있는 독도관리사무소(독도비즈니스센터)에 들러 '독도명예주민증'을 발급받자. 준비물은 독도를 다녀온 티켓과 스마트폰 내 사진만 있으면 되며 발급 비용은 무료다. 울릉도의 각종 관광지 이용료 할인 혜택을 받을 수 있다. 참고로 센터는 평일에만 운영하니, 주말이 껴 있거나 발급받지 못하고 육지로 돌아왔다면 독도관리사무소 홈페이지에서 신청하자.

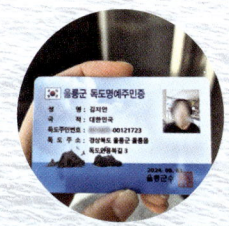

📍 경북 울릉군 울릉읍 울릉순환로 755　📞 054-790-6644　🌐 https://www.intodokdo.go.kr/　🕘 평일 09:00~18:00 (휴게 시간 12:00~13:00)

울릉도 여행 준비

이동 수단

현재 울릉도로 들어가는 교통수단으로는 배가 유일하다. 예전에는 날씨 영향으로 결항이 잦아 배가 뜨지 않는 경우가 많았지만, 요즘엔 대형 크루즈 선박이 운항해 결항률이 현저히 줄어들었다. 또한 사동항 근처에 울릉도 공항(2028년 3월 개항 예정)을 짓고 있으니 몇 년 이내 비행기로도 갈 수 있으리라 본다.

배편

울릉도 배편은 포항, 울진, 동해, 강릉 등 네 군데에서 탑승할 수 있다. 선박 컨디션 및 소요 시간, 반려동물 탑승 규정이 운행사마다 다르므로 사전에 꼼꼼히 확인해야 한다. 가격은 평일 기준 왕복 130,000원대부터 있으며 크루즈 선박은 2인실, 4인실, VIP실 등에 따라 가격이 천차만별이다. 참고로 모든 선박의 반려동물 탑승 요금은 무료다.

썬플라워크루즈 갑판

출발지	포항 (영일만항)	포항 (여객선 터미널)	울진 (후포항)	동해 (묵호항)	강릉 (여객선 터미널)
도착지	사동항	도동항	사동항	도동항	저동항
선박회사	울릉크루즈	대저페리	에이치해운	씨스포빌	씨스포빌
선박명	뉴씨다오펄	엘도라도 익스프레스	썬플라워크루즈	씨스타1호	씨스타5호
수용 인원	1,250명	970명	628명	442명	438명
출발 시각	23:00	09:50	08:10	08:30	요일별 다름
소요 시간	6시간 50분	2시간 50분 (쾌속선)	4시간 30분	2시간 40분 (쾌속선)	3시간 (쾌속선)
차량 선적	가능	불가	가능	불가	불가
펫룸	4인실/6인실 (예매 후 홈피에서 펫룸 요청)	펫존 있음	별도 공간 있음	없음	없음
허용 무게 등 기타	소~대형견 케이지 필수	15kg 이하 케이지 필수	소~중형견 (대형견 문의) 케이지 필수	케이지 포함 5kg 이하	케이지 포함 5kg 이하
연락처	1533-3370	1899-8114	1644-9605	1577-8765	1577-8665

(2025년 기준)

* 규정은 변경될 수 있으니 예약 전 선박사에 다시 한번 확인하자.

작가 코멘트

로니는 중형견이라 선택할 수 있는 옵션이 썬플라워크루즈호와 뉴씨다오펄호밖에 없었다. 고민 끝에 출발 시각, 거주지를 고려하여 울진 후포항에서 출발하는 썬플라워크루즈호를 선택했다. 참고로 썬플라워크루즈호는 펫룸에서 반려견과 보호자가 함께 지낼 수 있기에 가장 저렴한 표를 끊어 객실에는 머물지 않고 펫룸에서 반려견과 함께 있었다. 또한 반려견과 갑판에 나올 수도 있어 펫룸과 번갈아가며 시간을 보냈다. 갑판에서는 딱히 앉을 만한 장소가 없기에 오래 머물 예정이라면 사전에 돗자리를 준비하는 것이 좋다. 당연히 리드줄 착용은 필수다(쾌속선은 갑판에 나갈 수 없다).

예약 전 체크사항

❶ **반려견 허용 무게 확인**

5kg 이하의 소형견은 모든 선박을 이용할 수 있지만 그 이상의 소형견과 중형견, 대형견은 뉴씨다오펄, 썬플라워크루즈를 선택해야 한다. 만약 반려견 무게가 애매한 경우는 선박사에 직접 문의하는 것이 정확하다.

❷ **차량 선적 유무 확인**

육지에서 자차를 갖고 들어갈 예정이라면 차량 선적이 가능한 뉴씨다오펄, 썬플라워크루즈를 선택하자. 다른 쾌속선들은 차량 선적이 불가하다.

❸ **펫룸 컨디션 확인**

울릉도에 취항하는 배들은 모두 펫플레이룸이 없고 펫 시설 컨디션도 기대하기 어려운 실정이다. 그나마 뉴씨다오펄은 4인실/6인실 펫룸이 있어 편하게 머무를 수 있다. 엘도라도 익스프레스와 썬플라워크루즈는 객실이 아닌 별도 공간에 펫존을 마련해두었다.

❹ **출발지 확인**

마음에 드는 옵션이라도 현재 나의 출발지(거주지)를 확인하고 예매하자. 배 이동 시간, 출발 시각도 중요하지만 육지에서 항구로 이동하는 소요 시간도 가벼이 여기면 안 된다.

현지 교통

현지에서 이용할 수 있는 교통수단은 크게 **버스와 택시, 렌터카, 자차**로 나눌 수 있다.

버스/택시(뚜벅이 여행자)

울릉도는 경사가 많고 도보로 둘러보기에는 큰 섬이라 뚜벅이 여행자라면 버스 또는 택시를 이용해야 한다.

❶ 버스는 총 7개의 노선이 운행 중이며 웬만한 관광지는 거의 다 간다고 봐도 될 정도로 잘 되어 있다. 단, 하루 운영하는 횟수가 적고 배차 간격이 길다. 이 점을 염두에 두고 잘 이용한다면 뚜벅이에게는 좋은 선택이다. 버스 노선과 시간표는 '울릉도 가이드' 어플을 확인하거나 네이버에서 '울릉도 버스 시간표'를 검색하면 쉽게 정보를 얻을 수 있다.

❷ 울릉도에는 카카오택시가 없다. 또한 지나가는 택시를 세워서 타는 것도 아니며 거의 대부분 콜택시로 운영하고 있다. 버스에 비해서 이동이 자유롭지만 육지보다 가격이 비싼 편이다. 또한 반려견을 동반하기에 탑승 거부 등 리스크가 있다.

렌터카

울릉도에는 렌터카 업체들이 꽤 있다. 또한 애견 동반을 허용하는 곳들도 많다. 단, 렌터카 수가 많지 않기 때문에 성수기에는 원하는 차종이 없을 수 있다. 가격도 제주도에 비하면 비싼 편이다. 하지만 운전면허증이 있다면 버스보다는 확실히 낫다.

❶ 울릉도 렌터카는 직접 전화해서 문의하는 것이 빠르다. 원하는 차량 및 애견 동반 여부 등 확답을 얻은 후 예약하자.
❷ 울릉도에는 대기업 렌터카가 없다.
❸ 특히 주의할 점은 인수 직후 차량의 상태를 사진과 영상으로 꼼꼼히 남겨놓는 것이다. 반납 때 얼굴 붉히는 일이 간혹 발생한다.

자차(차량 선적)

반려견과 함께 여행한다면 최선의 선택이다. 울릉도에서의 대중교통 이용이 마냥 편리하지 않기 때문에 자차를 가지고 들어가는 것이 여러 각도에서 봤을 때 가장 나은 옵션이다.

❶ 육지에서 기름을 가득 채워오자. 울릉도는 육지보다 기름값이 L당 200~300원가량 더 비싸다.
❷ 울릉도에는 주유소가 3개밖에 없다. 도동항 근처에 두 곳, 서면에 한 곳이다.
❸ 연비가 좋지 않다. 일부 해안도로 빼고는 거의 다 경사가 있고 구불구불한 곳도 있다. 그래서 기름이 빨리 소모된다.

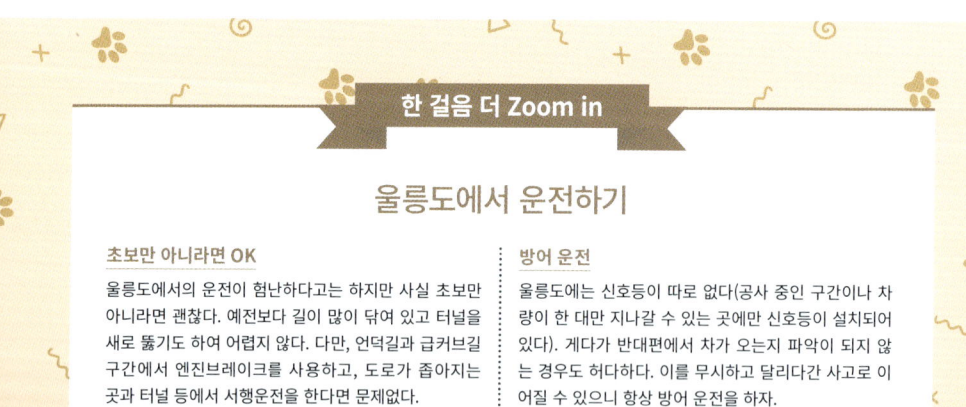

한 걸음 더 Zoom in

울릉도에서 운전하기

초보만 아니라면 OK
울릉도에서의 운전이 험난하다고는 하지만 사실 초보만 아니라면 괜찮다. 예전보다 길이 많이 닦여 있고 터널을 새로 뚫기도 하여 어렵지 않다. 다만, 언덕길과 급커브길 구간에서 엔진브레이크를 사용하고, 도로가 좁아지는 곳과 터널 등에서 서행운전을 한다면 문제없다.

방어 운전
울릉도에는 신호등이 따로 없다(공사 중인 구간이나 차량이 한 대만 지나갈 수 있는 곳에만 신호등이 설치되어 있다). 게다가 반대편에서 차가 오는지 파악이 되지 않는 경우도 허다하다. 이를 무시하고 달리다간 사고로 이어질 수 있으니 항상 방어 운전을 하자.

낙석 주의
울릉도에서는 낙석 사고가 심심치 않게 들리곤 한다. 그렇다고 미리 겁을 먹을 필요까지는 없지만 주의는 해야 한다. 특히 해빙기에 해당하는 봄철에 잦은 편이므로 유의하자.

여행 시 유용한 앱

'울릉알리미'와 '울릉도 가이드' 앱을 울릉도 여행 전 스마트폰에 미리 설치해두면 좋다. '울릉알리미'는 실시간 기상과 생활 안전정보, 선박 결항 및 변경 정보를 제공해 여행 중 매우 유용하다. 또한 각 여행지의 운영 여부를 알려줘 헛걸음을 막을 수 있다. '울릉도 가이드'는 현재 위치를 기반으로 한 관광 지도는 물론, 독도 Live 영상과 여행에 관한 다양한 정보를 제공한다.

울릉도 물가

울릉도 물가는 비싼 편이다. 식당에서 밥 한 끼 하려면 평균 15,000원에서 20,000원 사이며, 음료나 주류를 곁들일 경우 값이 더 뛴다. 하지만 생각해 보면 모든 물자를 배로 실어 나르기 때문에 이는 당연하기도 하다. 만약 여행 중 모든 식사를 식당에서 사 먹는 것이 부담된다면 편의점을 이용해보자. 울릉도 편의점들은 육지와 상품, 가격이 거의 동일하며 달걀, 고기, 채소, 빵 등 다양한 품목을 취급한다.

* 추천 편의점: GS25 울릉도동점, CU 울릉저동항점, CU 울릉현포점

> **TIP**
> - 울릉도에는 이마트, 홈플러스 같은 대형 마트가 없다.
> - 하나로마트는 있지만 가격표가 없는 경우가 많고, 편의점과 가격 차이도 크지 않다.

반려견 동반 식당/카페

울릉도에는 반려견 동반 식당과 카페가 많지 않다. 애견 동반이 가능했다가 불가로 바뀌는 경우도 있고, 재료가 소진되면 일찍 문을 닫는 경우들도 많기 때문에 **방문 전 먼저 연락하는 것을 추천한다.** 또한 1인 식사가 안 되는 식당도 있으니 혼자 여행하는 경우 1인 식사 가능 여부도 알아놓도록 하자.

신비섬 횟집

울릉도 물회 맛집으로 유명한 곳이며 점심시간에 가면 웨이팅이 있다. 처음엔 비빔회처럼 비벼 먹고 그 후엔 육수를 부어 먹는다. 속초, 포항, 제주 등 물회 맛집에 여럿 가보았지만 신비섬 횟집이 평생 먹어본 물회 중 최고! 겨울에는 운영하지 않으니 참고하자.

📍 경북 울릉군 울릉읍 울릉순환로 592 📞 0507-1387-4460 🕐 10:00~20:00 (브레이크 타임 15:00~17:00) 🐕 반드시 가방 지참하여 방문.

따개비칼국수

박가네따개비칼국수&죽

대표 음식은 따개비칼국수와 따개비죽으로 웨이팅이 있는 맛집이다. 따개비를 통째로 갈아 넣어 국물이 엄청 진하고 고소하며 호불호 없이 맛있게 한 그릇 뚝딱할 수 있다.

* 따개비란 갯바위에 붙어사는 삿갓 조개를 가리키며 배말이라 부르기도 한다.

📍 경북 울릉군 울릉읍 도동1길 5-28 📞 054-791-0965 🕐 06:00~21:00 🐕 소형견, 중형견, 대형견 모두 가능. 가방이나 케이지 반드시 지참.

천금수산

독도새우 맛집으로, 싱싱한 독도새우와 머리튀김, 새게탕(새우+게)을 맛볼 수 있는 곳이다. 독도새우는 닭새우, 꽃새우, 도하새우 등 독도에서 잡히는 새우를 총칭하는 말인데 달콤하고 비리지 않으며 입안에서 사르르 녹는다. 가격대는 있지만 울릉도에 왔으면 꼭 한 번 먹어볼 것을 추천한다.

📍 경북 울릉군 울릉읍 봉래길 6 📞 0507-1353-0122 🕐 11:00~21:30 🐕 반드시 가방 지참하여 방문.

오징어내장탕

아리랑식당

시원 칼칼한 오징어내장탕과 매콤 새콤한 따개비비빔면 맛집이다. 대부분 울릉도 식당들은 노포 분위기가 많은데 이곳은 내부가 깔끔하다. 1인 식사도 가능하여 혼밥하는 사람들도 많다.

📍 경북 울릉군 울릉읍 울릉순환로 212-19 📞 0507-1355-2695 🕐 06:20~21:00(브레이크 타임 14:40~17:00) 🐕 소형견, 중형견, 대형견 모두 가능. 가방이나 케이지 반드시 지참.

오징어전

나리촌식당

산채비빔밥과 나물이 유명한 맛집이다. 고소한 참기름 향과 맛있게 무쳐진 나물의 조화가 감동이다. 울릉도는 산나물로 유명하니 꼭 한 번 맛보도록 하자.

📍 경북 울릉군 북면 나리1길 31-115 📞 054-791-6082 🕐 07:00~19:00(라스트 오더 18:30) 🐕 소형견, 중형견, 대형견 모두 가능. 가방이나 케이지 반드시 지참. 대형견은 실외만 가능.

카페 울라

울릉도 캐릭터인 '울라'가 있는 카페로 핫플레이스다. 송곳봉을 배경으로 서 있는 메가 울라와 함께 견생샷을 남길 수 있다. 실내는 반려견 동반이 불가하며 야외 테라스에서만 가능하다.

📍 경북 울릉군 북면 추산길 88-13 📞 0507-1441-7916 🕐 10:00~17:30(라스트 오더 17:00) 🐕 소형견, 중형견, 대형견 모두 방문 가능. 실내 X, 야외 테라스 O.

반려견 동반 숙소

울릉도에서 애견 동반 숙소 구하는 일은 쉽지 않다. 반려견을 받아주는 숙소가 적은 데다 그마저도 소형견 위주로 받는 곳이 많아 중형견, 대형견 보호자들은 손품을 좀 팔아야 한다. 숙소 리스트에 동반 가능 견종 정보를 적어두었으나 **반드시 사전 문의**를 해야 함을 잊지 말자. 또한 육지보다 컨디션 대비 가격이 비싼 편임을 염두에 두어야 한다. 일단 배 예약을 마치면 가장 먼저 숙소 예약부터 하자.

⭐ 석포산장

관음도, 죽도가 한눈에 내려다보이고 날씨가 좋을 때는 독도도 보이는 울릉도 최고의 뷰맛집 숙소이다. 친절하고 인기가 많은 곳이라 일정이 정해지면 바로 예약을 하자. 울릉해담길 제3코스에 위치해 있어 일반 차량은 진입이 불가하고 주차 후 6~7분가량 도보 이동을 해야 한다(픽업 시엔 트럭 이동).

📍 경북 울릉군 북면 석포길 681-18 📞 010-2506-1773, 010-9944-4335 🌐 https://www.instagram.com/seokpo/ 🐾 소형견, 중형견, 대형견 가능.

바닷가하얀펜션

사동항과 가깝고 해안 도로 평지에 위치해 있는 펜션이다. 바로 앞 바다에서 스노클링이 가능하여 물놀이를 즐길 예정이라면 좋다.

📍 경북 울릉군 울릉읍 울릉순환로 576 📞 010-5304-6977 🌐 https://cafe.naver.com/ulleungbada 🐾 소형견, 중형견, 대형견 가능.

윤아농원 펜션

나리분지 들어가는 길에 위치해 있으며 저동항, 사동항 픽업이 가능하다(사전 문의 필수). 다른 펜션 대비 가성비가 좋다.

📍 경북 울릉군 북면 천부3길 266-21 📞 010-2825-6236 🌐 네이버 '윤아농원 펜션' 검색 🐾 소형견, 중형견 가능.

기타

늘푸른민박펜션
5kg 미만,
에어비앤비 예약
사동항 근처

휴행복한펜션
소형견, 중형견 가능
북면 추산길 40
0507-1426-9701

미타임하우스
소형견, 중형견, 대형견 가능
울릉읍 옥천2길 13
0507-1429-5509

리스테이
5kg 미만
북면 천부1길 19-6
010-5556-0306

...d that ne... ...vity can be strong en... ...of gravitation and t... ...ject exceeds the sp... ...al Relativity to in... ...ents of any kind

PART 3

떠나기 전
숙지하개!

여행 준비

안전하게 대비하개 — 안전수칙

1 안전한 이동 환경 보장

차량이나 대중교통 이용 시 켄넬이나 가방을 반드시 준비해야 한다. 특히 자동차에서 반려견을 안고 운전하는 사람들을 가끔 목격하는데 이는 명백한 불법이다. 도로교통법 제39조 제5항에 따르면 '동물을 안고 운전하는 것은 금지'로 되어 있다. 운전자와 반려견 모두의 안전을 위해 반드시 이동 켄넬 또는 가방에서 반려견이 쉴 수 있도록 하자.

2 혼자 두지 않기

간혹 숙소에 반려견을 혼자 두고 놀러나가는 사람들을 볼 수 있는데 이런 행동은 절대 삼가야 한다. 낯선 장소에서 혼자 고립되는 것은 불안과 패닉을 가져오게 된다. 집을 나서는 순간부터 반려견을 혼자 두지 않도록 하자.

3 멀미약 준비

사람과 마찬가지로 차를 타면 유독 멀미를 하는 강아지들이 있다. 이 경우 수의사와 상담하여 약을 미리 처방받도록 하자.

4 절대 무리하지 않기

반려견과의 여행은 사람이 아닌 반려견 중심으로 생각했으면 한다. 하루에 30분 산책하던 강아지가 여행 중 2시간, 3시간 산책한다면 체력이 금방 바닥나고야 만다. 따라서 여행 일정을 느슨하게 잡되 중간중간 휴식을 많이 취하는 것이 좋다. 물론 평소 체력이 좋은 반려견이라면 얘기가 달라질 수 있다.

5 24시간 동물병원 체크

반려동물이 여행 중 아프거나 사고를 당할 경우를 대비해 미리 여행 지역의 동물병원 리스트를 알아두는 것이 좋다. 특히 한밤중 응급 상황 발생 시 신속히 대응할 수 있는 24시간 동물병원을 체크하는 것이 꼭 필요하다.

❶ **인터넷 검색**
'지역명+24시 동물병원'을 검색하면 쉽게 정보를 얻을 수 있다.

❷ **국가동물보호정보시스템 활용**
국가동물보호정보시스템(https://www.animal.go.kr)에 접속해 '우리 지역 동물병원'에서 '업체 더보기'를 클릭한 뒤, 해당 지역을 검색하면 24시 동물병원 리스트가 상단에 표시된다.

❸ **네이버 지도 또는 카카오맵 활용**
검색창에 '24시 동물병원' 입력 시 현재 위치를 기준으로 가까운 병원 목록을 확인할 수 있다.

이것만은 지키개 — 반려인의 의무와 펫티켓

1 동물등록

동물등록제란 2014년 1월 1일부터 시행 중인 제도로 동물보호법 제14조에 의거하여 동물 보호, 유기 및 유실 방지를 위해 만들어졌다. 전국적으로 의무 시행하고 있으며 미등록 시 최대 100만 원 이하의 과태료가 부과된다.

❶ 등록 대상: 2개월 이상의 개
❷ 등록 기한: 입양 후 30일 이내 등록
❸ 등록 기관: 가까운 시, 군, 구청에 방문 접수/지자체 지정 동물병원 또는 동물보호센터
❹ 등록 비용: 내장형 마이크로칩 기본(2025년부터 변경) 3만~5만 원
❺ 등록 후 관리: 정보 변경(주소, 연락처, 소유자 변경, 사망 등) 시 신고 및 등록증 보관
❻ 동물등록 장점: 반려동물 실종 시 신속하게 보호자 확인 가능, 일부 공공시설 이용 가능(반려동물 놀이터 등)

2 식별장치

내장형과 외장형이 있다. 내장형은 반려견 양측 어깨 사이 마이크로칩(무선 식별장치)을 주입하는 것이고, 외장형은 목걸이나 펜던트 형태로 반려견 목에 걸어주는 방식이다. 중요한 점은 **내장형을 했다 하더라도 반려견 동반 외출 시 인식표를 꼭 착용해야 한다**는 것이다. 또한 인식표에는 보호자 연락처와 동물등록번호가 반드시 포함되어야 한다. 위반 시 50만 원 이하의 과태료가 부과되니 유의하자.

3 목줄/하네스

반려견과 외출 시 목줄 또는 가슴줄을 착용하는 것은 의무다. 만약 목줄을 하지 않고 오프리시(Off-leash)하여 자유롭게 돌아다니도록 한다면 최대 50만 원까지 벌금이 부과된다. 또한 목줄 길이도 2m 이내로 제한되어 있으니 숙지하자.

4 배변 처리

반려견의 배변을 처리하는 것은 반려인의 의무이자 함께 살아가는 사회 구성원들에 대한 예의다. 산책, 외출, 여행 시 반드시 배변봉투를 휴대해야 하며 즉시 치워야 한다. 만약 어길 경우 배변 미처리 과태료로 최대 50만 원까지 부과될 수 있다.

이렇게 준비하개 — 반려견 준비물

여행 준비물은 일정이 짧든 길든 최대한 간소화하는 것이 좋다. 짐을 싸다 보면 사람 짐보다 반려견 짐이 더 많아질 때도 있는데, 짐이 많으면 부담만 될 뿐이다. 특히 뚜벅이 여행자의 경우 미니멀이 핵심이다.

1 체크리스트

1박 이상 필수 준비물	
식기	V
사료	
간식	
물통	
배변봉투	
인식표	

선택 준비물	
배변패드	V
양치 도구	
물티슈(펫티슈)	
장난감	
옷/비옷/신발	
약/영양제	
샴푸/린스	

1) 밥그릇과 물그릇
가장 편리한 것은 실리콘 재질의 접이식 식기다. 하지만 여행을 위해 굳이 구매할 필요는 없고, 집에서 콤팩트한 식기를 쓰고 있다면 그대로 가져가도 상관없다. 만약 무겁거나 휴대하기 불편하다면 접이식 그릇 또는 시에라컵을 추천한다.

2) 사료
평소 먹는 것과 같은 것을 챙겨 가자. 여행 중 특별식을 너무 주다 보면 사료를 거부하는 사태가 발생한다. 특별식도 조절해가며 주도록 하자.

3) 간식
아무래도 자동차, 기차 등을 타고 장시간 이동해야 하는 경우가 많으니 스트레스 해소용으로 넉넉히 챙기자. 단, 사료를 거부하는 사태에 대비하여 양은 적당히!

4) 물통, 배변봉투
산책 필수품이듯 여행에서도 필수품이다.

5) 인식표
여행 중 잃어버리는 불상사가 생기면 안 되겠지만 무조건 착용하도록 하자.

6) 기타 선택 준비물
배변패드, 양치 도구, 물티슈(펫티슈), 장난감, 해충기피제, 보조가방(산책가방), 옷/비옷/신발, 약/영양제, 샴푸/린스 등이 있으며 당일치기냐 1박 이상이냐에 따라 준비물이 달라지니 상황에 맞게 가져가도록 하자.

2 반려견 짐 줄이는 팁

반려견과 처음으로 여행을 준비하다 보면 생각보다 챙길 짐이 많다는 사실을 깨닫게 된다. 사료나 간식은 지퍼백 또는 비닐백에 소분해 가져가고, 옷이나 액세서리는 최소화하는 것이 좋다. 또한 숙소에 있는 펫어메니티를 적극 활용하면 식기, 배변패드, 펫수건 등을 따로 챙기지 않아도 돼 짐을 줄일 수 있다.

제대로 알고 타개 — 교통수단별 가이드

이동 수단 중 가장 편리한 것은 '자차'다. 하지만 대중교통을 이용한 반려견 여행도 얼마든지 가능하다. 단, 대중교통 이용 시 반려견 동반 규정을 꼼꼼히 확인할 필요가 있으며 여행지에서의 버스, 택시, 렌터카 등 이동 수단도 미리 체크해놓으면 좋다.

1 자동차

자차는 반려견과 여행 시 가장 편리한 교통수단이다. 이때 반려견이 안전하게 이동할 수 있도록 켄넬이나 가방, 카시트를 마련하도록 하자. 반려동물을 안고 운전하는 것은 불법이니 절대 하지 않도록 한다.

2 기차 (일반, KTX, SRT)

일반기차/KTX – 이동장 무게 포함 10kg 이내 반려동물로 제한되며 광견병 등 필요 예방접종이 완료된 상태여야 한다. 이동장 규격은 100cm (45x30x25cm) 이내로 머리, 몸체, 털이 밖으로 나오지 않도록 해야 한다. 참고로 반려견 탑승은 무료이며, 무릎 위나 발 아래에 둘 수 있지만 다른 승객에게 피해를 주어서는 안 된다. 옆 좌석에 반려견을 두고 싶다면 성인 요금으로 좌석을 하나 더 예매해야 한다. 승무원이 예방접종 확인서를 요구할 수 있으니, 건강수첩이나 필요 서류를 챙기자.

SRT – 이동장 무게 포함 10kg 이내의 반려동물이어야 하며 발부터 머리까지 60cm 이내일 경우 가능하다. 이동장 크기 규정은 따로 없으나 좌석 발밑에 둬야 하므로 크기를 가늠하여 준비하자.

TIP 기차는 규정상으로는 소형견까지만 가능할 것 같지만, 실제로는 10kg이 넘는 반려견도 열차에 타고 다니니 참고할 것.

3 고속버스 시내버스

우선 운송회사마다 규정이 제각기 다르므로 직접 문의하는 것이 가장 정확하다. 서울 고속버스터미널 기준 이동장 규격은 50x40x20cm 미만이며 무게는 반려동물과 케이지를 합하여 10kg 이하로 제한하고 있다. 또한 소리, 행동, 냄새 등으로 다른 고객에게 불편함을 줄 경우 탑승이 거절될 수 있다.

4 전철

서울메트로 기준 이동장 규격은 길이, 너비, 높이 합이 158cm 미만, 반려동물과 이동장 무게 합은 32kg 미만이어야 한다. 이 역시 지역별로 규정이 다르므로 각기 확인이 필요하다.

5 뚜벅이 여행 팁

뚜벅이 입장에서 대중교통 중 가장 편리한 교통수단은 바로 '기차'다. 버스는 각 회사 규정을 알아봐야 하며 버스기사 '복불복'(불쾌함을 드러내는 경우 등)도 존재한다. 하지만 기차는 그럴 일이 현저히 적다. 여행지 도착 후에는 가려는 곳의 동선을 최대한 짧게 잡는 것을 추천한다. 숙소를 예약할 때도 여행지들과 최대한 가까운 곳을 미리 확인해 선택하고, 절대 무리한 일정은 세우지 않도록 하자.

인덱스

ㄱ

가사리 갈대밭	258
가실벚꽃길	79
가평휴개소	114
각원사	217
감악산 출렁다리	120
강아지숲	155
강천섬	104
개암벌용소관광농원	160
개항장거리	123
갯골생태공원	100
거북바위	358
경암동 철길마을	232
경의선 숲길	56
계족산	202
고라데이마을	157
고석정	171
곤륜산 활공장	305
공룡알 화석산지	92
광교호수공원	66
광양매화마을	245
교촌마을	295
구갈레스피아	81
구룡포 시장	303
구룡포 일본인 가옥거리	302
구문소	173
구시포노을캠핑장	245
구시포해수욕장	244
국제중앙시장	88
궁평항	97
근대골목	273
근포땅굴	312
금광호수 하늘전망대	101
금은모래캠핑장	105
기흥 롯데프리미엄아울렛	82
기흥호수공원	84
김유정 레일바이크	153
김유정역 폐역	154
꽃게다리	221
꽃지해수욕장	218

ㄴ

나리분지	353
낙산공원	50
낙안읍성	246
남산공원	53
남산공원(전남 여수)	256
남서일몰전망대	359
남애항 전망대	191
남원 큰엉해안경승지	330
남이섬	148
내리문화공원	90
네이처월드	219
노추산 모정탑길	165
노추산 힐링캠프	166
농다리	207
능파대	178
니지모리스튜디오	112

ㄷ

다대포해수욕장	280
단대호수	216
달기약수터	284
닭머르해안길	322
당남리섬	103
대관령 순수양떼목장	146
대부도 탄도항	91
대장봉 전망대	235
대포항	184
더위크앤리조트	130
더케이호텔 경주	300
더현대 서울	62
덕평자연휴게소	74
도깨비촬영지	167
독산성 세마대지	106
돌산공원	249
동국사	235
동묘 구제시장	55
동문야시장	321
동박낭	331
동백섬	278
동양염전 베이커리	128
동촌유원지	272
동탄 센트럴파크	96
동탄 타임테라스	96
동탄여울공원	95
동탄호수공원 루나쇼	92
동피랑	307
두물머리	76
드라마촬영장	247
등기산 등대공원	288

ㄹ

라마다호텔	147
라크몽 메리그라운드	94
로컬스티치 크리에이터 타운	64
롯스퀘어	208

ㅁ

마장호수 출렁다리	119
만골근린공원	82
만물상전망대	360
말랭이마을	234
망원시장	55
매미성	311

멍비치	189
멍우리협곡캠핑장	117
명동닭갈비 골목	152
명사해수욕장	313
목포해상케이블카	248
몽산포제빵소	220
몽토랑 산양목장	174
무슬목해변	253
무심천	206
문무대왕릉	298
미사 경정공원	88
미산분교캠핑장	173

ㅂ

바람의 언덕	296
반려동물 테마파크	107
방화수류정	65
배다리생태공원	90
백사장항 수산시장	222
백운호수	108
버섯바위	358
법륜사	86
보문정	293
북서울꿈의숲	58
북악스카이웨이&팔각정	52
분지울작은캠프장	75
불영사	289
비내섬	208
빈티지패션팩토리	85
빛누리정원	300

ㅅ

사계해변	327
산수유마을	72
산정호수	116
삼부연폭포	169
삼선암	355
삼악산 케이블카	150

삼원레저타운 캠핑장	212
상당산성	203
생각을 담은 정원	275
서귀다원	329
서낭바위	180
서문시장 야시장	272
서부시장	194
서순라길	61
서시장	254
서우봉둘레길	320
서울 윈터페스타	62
서울숲	60
서피랑	309
서해랑 케이블카	98
선녀바위해수욕장	128
선돌	193
선바위	287
섭지코지	325
성안길	204
성이시돌목장	323
소노캄 고양	122
소양강둘레길	172
속초관광수산시장	186
속초해수욕장	184
송대소	170
송도 센트럴파크	129
송림공원	307
송악산둘레길	328
송월동 동화마을	126
수성못	274
수원 스타필드	70
수월봉 지질트레일	324
수풀로 운심리	78
스누피가든	322
스타벅스 구리갈매DT점	110
시몬스테라스	73
신령수	357
신흥동 일본식가옥	233

실버벨교회	146
쏠비치 삼척	194

ㅇ

아바이마을	182
아우라지	161
안면암	218
안반데기	166
안성 스타필드	102
양남 주상절리	297
양수발전소	283
여주 프리미엄아울렛	105
연당림	287
영금정	186
영도해녀촌	278
영랑호수윗길	188
영월 섶다리	192
영월 오일장	191
영일대	304
영흥숲공원	70
예당호 출렁다리	213
예산시장	214
예술의 섬 장도	254
오목대	240
오산천	107
오수휴게소	242
외암민속마을	212
외옹치바다향기로	189
요선암 돌개구멍	193
용담저수지	80
용문산 계곡	77
울라벨컴하우스	352
월령리 선인장군락지	323
월송정	290
월정교	294
월정리해수욕장	320
웰컴투동막골 촬영지	148
유탑마리나 호텔	258

육백마지기	144	
육십마지기	145	
은어다리	289	
은평한옥마을	51	
을왕리해수욕장	127	
의성 펫월드	282	
의암호 스카이워크	153	
의왕 롯데프리미엄아울렛	108	
이가리닻 전망대	305	
이순신공원	309	
이순신광장	250	
인제캠핑타운	172	
임진각 관광지	118	

ㅈ

자만벽화마을	241
자유공원	126
장림포구	281
장자도 호떡마을	236
장태산 자연휴양림	202
전주한옥마을	238
전주향교	240
전촌용굴	299
정북동 토성	206
정선아리랑시장	162
제부도	98
제주민속촌	330
중앙시장	151
중앙탑사적공원	210
지중해마을	211
직탕폭포	171

ㅊ

차이나타운	124
창실고택	286
천부 해중전망대	354
첨성대	292
청간정	177

청남대	203
청보리밭	243
청산수목원	217
청송 얼음골	283
청연루	242
청초호 유원지	181
청화공간	100
초원사진관	233
촛대바위	353
추암촛대바위	195
출판단지 근린공원	120

ㅋ

카페 감자밭	155
캠프202	209
켄싱턴리조트 설악밸리	178
켄싱턴리조트 충주	209
코끼리바위	356
큰끝등대	257

ㅌ

태안로컬푸드직매장 반려견 놀이터	223
태하해안산책로	359
테라로사 커피공장	168
테일45	85
통영 케이블카	308
통인시장	54
통일전망대	176

ㅍ

팔공산 동산계곡	276
퍼플섬	248
펄베이풀빌라	223
펫704	157
풀빌라 더하루	306
피플앤독 느티캠핑장	216

ㅎ

하남 스타필드	86
하멜등대	252
하이원 펫클럽	162
하조대 전망대	190
한탄강 하늘다리	115
해운대	277
햇빛샤워	64
행남해안산책로	351
행리단길	68
향일암	250
허브아일랜드	114
현대프리미엄아울렛 휜디하우스	111
호미곶	302
홍시	158
홍천 소노펫	158
화개장터	306
화성화서문	65
화순곶자왈	326
황리단길	290
황지연못	175
횡성호수길	156
휘닉스파크 리조트	147
휴일도	75
흰여울문화마을	279

알파벳

BMW드라이빙센터	130

COUPON

휴일도
1인 1견 20% 할인
* 현장 결제 시 미리 쿠폰 제시 / 2026년 12월 31일까지

COUPON

테일45
반려견 입장권 5,000원 할인(정가 15,000원)
* 현장 결제 시 메인홀에서 미리 쿠폰 제시 / 2026년 6월 30일까지

COUPON

서해랑 케이블카
1인 2,000원 할인(최대 4인까지 적용)
* 현장 발권 시 미리 쿠폰 제시 / 2026년 12월 31일까지

COUPON

니지모리 스튜디오
펫하모니데이(월·화·수·토·일) **강아지·견주 입장권 각 10% 할인**
* 현장 결제 시 미리 쿠폰 제시 / 2026년 12월 31일까지

COUPON

홍시
10,000원 할인(최소 주문 금액 없음)
* 주문 시 본도서 미리 제시 / 상시 적용

절취선을 따라 잘라주세요.

COUPON

켄싱턴리조트 설악밸리

웰컴드링크 2잔 제공

* 체크인 시 미리 쿠폰 제시 / 상시 적용

COUPON

캠프202

반려견 동반 요금 무료(숙박 일수 관계 없이)

* 체크인 시 미리 쿠폰 제시 / 2026년 6월 30일까지

COUPON

켄싱턴리조트 충주

웰컴드링크 2잔 제공

* 체크인 시 미리 쿠폰 제시 / 2026년 12월 31일까지

COUPON

펄베이풀빌라

반려견(중소형견) 1마리 무료 or 인원 추가 1인 무료

* 체크인 시 미리 쿠폰 제시 / 2026년 12월 31일까지

COUPON

더케이호텔 경주

숙박 시 펫그라운드 이용권 4장 제공(투숙 기간 중 사용 가능)

* 체크인 시 미리 쿠폰 제시 / 2026년 12월 31일까지

COUPON

울릉도 석포산장

2만 원 상당의 명이나물 증정

* 체크인 시 미리 쿠폰 제시 / 2026년 12월 31일까지

반려견 여행은 휘닉스 파크에서!

반려견 동반이 가능한 휘닉스 파크 시설 둘러보기

phoenix PARK

액티비티 Activity

펫 곤돌라
곤돌라를 타고 해발 1,050m 몽블랑의 광활한 절경과 그림같이 펼쳐진 포레스트 파크를 감상해 보세요.

루지랜드
무동력 썰매 루지를 타고 트랙 위를 달리는 놀이시설! 누구나 즐길 수 있는 액티비티로 다양한 코스로 구성되어 있습니다.

포레스트 파크
파란 하늘 아래 탁 트인 잔디밭에서 마음껏 뛰어놀 수 있는 포레스트 파크입니다. 반려견과 함께 즐거운 추억을 만들어 보세요.

식음업장 F&B

중식당 청림
면류, 밥류, 요리류, 사이드 단품 등 다양한 중식 메뉴 기반! 별도의 펫 식사 공간이 구비되어 있어 편안한 식사를 제공합니다.

한식당 온담
감자옹심이, 메밀 칼국수 전골 등 강원도 전통 한식 메뉴 기반! 별도의 펫 식사 공간이 구비되어 있어 편안한 식사를 제공합니다.

펫 BBQ
포레스트 파크 잔디 광장에서 낭만적인 캠핑 BBQ를 즐겨 보세요. 프라이빗하게 세팅된 텐트에서 편리하게 이용하실 수 있습니다.

편의시설 Facility

뽀송하개
반려동물과 재미있는 야외 활동 후 뽀송하개에서 깨끗하게 목욕하세요! 소형견용, 대형견용 셀프 목욕 시설이 구비되어 있습니다.

나랑 놀아주개
울창한 숲속, 광활하게 펼쳐진 포레스트 파크를 반려동물과 함께 힘차게 뛰어놀고, 봄바람을 느끼며 쉬어 가세요.

쉬어가개
잠시 쉬어 갈 수 있는 반려동물 임시 보호 공간으로 햇살 가득한 따뜻한 공간에서 반려동물이 편안히 쉴 수 있도록 준비된 작은 쉼터입니다.

더 많은 정보는 인스타그램 @phoenixhnr에서 확인하세요.

프렌즈 테마여행 시리즈 03

멍캉스 대백과

발행일 초판 1쇄 2025년 10월 7일

지은이 시바견문록

발행인 박장희
대표이사·제작총괄 신용호
본부장 이정아
편집장 문주미
책임편집 허진
기획위원 박정호
마케팅 김주희, 한륜아, 이현지
표지 디자인 데일리루틴
내지 디자인 권경덕

발행처 중앙일보에스(주)
주소 (03909) 서울시 마포구 상암산로 48-6
등록 2008년 1월 25일 제2014-000178호
문의 jbooks@joongang.co.kr
홈페이지 jbooks.joins.com
인스타그램 @friends_travelmate

ⓒ 시바견문록, 2025

ISBN 978-89-278-1350-7 14980
ISBN 978-89-278-8119-3(세트)

- 이 책은 저작권법에 따라 보호받는 저작물이므로 무단 전재와 무단 복제를 금하며 책 내용의 전부 또는 일부를 이용하려면 반드시 저작권자와 중앙일보에스(주)의 서면 동의를 받아야 합니다.
- 책값은 뒤표지에 있습니다.
- 잘못된 책은 구입처에서 바꿔 드립니다.

중앙books 는 중앙일보에스(주)의 단행본 출판 브랜드입니다.